权威·前沿·原创

皮书系列为
"十二五""十三五""十四五"时期国家重点出版物出版专项规划项目

BLUE BOOK

智 库 成 果 出 版 与 传 播 平 台

河北蓝皮书

BLUE BOOK OF HEBEI

河北人才发展报告
（2024）

TALENT DEVELOPMENT REPORT
OF HEBEI(2024)

强化现代化建设人才支撑

Strengthen Talent Support for Modernization Construction

主　　编／吕新斌
执行主编／王建强
副 主 编／姜　兴　赵　萌

社会科学文献出版社
SOCIAL SCIENCES ACADEMIC PRESS（CHINA）

图书在版编目（CIP）数据

河北人才发展报告.2024：强化现代化建设人才支撑/吕新斌主编.--北京：社会科学文献出版社，2024.7
（河北蓝皮书）
ISBN 978-7-5228-3417-7

Ⅰ.①河… Ⅱ.①吕… Ⅲ.①人才-发展战略-研究报告-河北-2024　Ⅳ.①C964.2

中国国家版本馆 CIP 数据核字（2024）第 065423 号

河北蓝皮书
河北人才发展报告（2024）
——强化现代化建设人才支撑

主　　编／吕新斌
执行主编／王建强
副 主 编／姜　兴　赵　萌

出 版 人／冀祥德
组稿编辑／高振华
责任编辑／方　丽
文稿编辑／王雅琪
责任印制／王京美

出　　版／社会科学文献出版社·生态文明分社（010）59367143
　　　　　地址：北京市北三环中路甲 29 号院华龙大厦　邮编：100029
　　　　　网址：www.ssap.com.cn
发　　行／社会科学文献出版社（010）59367028
印　　装／天津千鹤文化传播有限公司

规　　格／开　本：787mm×1092mm　1/16
　　　　　印　张：19.75　字　数：291 千字
版　　次／2024 年 7 月第 1 版　2024 年 7 月第 1 次印刷
书　　号／ISBN 978-7-5228-3417-7
定　　价／138.00 元

读者服务电话：4008918866

主编简介

吕新斌 河北省社会科学院党组书记、院长，中共河北省委讲师团主任，河北省社会科学界联合会第一副主席，中国李大钊研究会副会长。

吕新斌同志长期在宣传思想文化战线工作，曾先后在原中国吴桥国际杂技艺术节组委会办公室、原省文化厅、省委宣传部任职。在省委宣传部工作期间，先后在文艺处、城市宣传教育处、宣传处、办公室、研究室（舆情信息办）、理论处等多个处室工作，后任省委宣传部副部长、省文明办主任，长期分管全省理论武装、哲学社科、政策研究、舆情信息、精神文明建设等工作。

吕新斌同志多次参与中宣部和省委重大活动，组织多批次重要文稿起草和重要读物编写等工作。高质量参与完成《习近平新时代中国特色社会主义思想学习纲要》编写任务，得到中宣部办公厅、省委主要领导同志肯定，受到省委宣传部通报表扬；曾牵头完成中央马克思主义理论研究和建设工程重大课题，参与编写或主编完成多部著作；在《求是》《光明日报》《人民日报》等中央大报大刊组织刊发多篇成果。

摘　要

《河北人才发展报告（2024）》坚持以习近平新时代中国特色社会主义思想为指导，深入贯彻落实党的二十大及河北省委十届四次、五次全会精神，为奋力谱写中国式现代化建设河北篇章和加快建设经济强省、美丽河北提供有力人才支撑。《河北人才发展报告（2024）》是对深入实施科教兴冀战略、人才强省战略和创新驱动发展战略的重点、难点和热点问题进行深入调查研究的年度报告，展现了河北人才工作和人才发展的总体情况，分析了强化现代化建设人才支撑面临的重大任务，提出了有针对性的对策建议。

2023 年，河北省各级各部门深入学习贯彻习近平总书记重要指示精神和党中央决策部署，牢牢把握培养造就大批德才兼备的高素质人才这个国家和民族长远发展的根本大计，深入实施人才强冀战略，出台更加积极、更加开放、更加有效的政策举措，广泛聚集创新人才，努力培养造就了一大批科技领军人才、创新团队、青年科技人才、卓越工程师、大国工匠和高技能人才，助力经济社会高质量发展。同时，河北省人才工作面临高层次创新创业人才、高技能人才所占比重较低、新兴产业领域人才严重短缺等问题。2024年，河北省要牢牢把握高质量发展这个首要任务，围绕实施重大国家战略强化人才保障，抓好京津冀协同创新共同体建设，促进创新人才自由流动、创新资源充分共享，围绕发展新质生产力建强人才队伍，推动科技、产业深度对接，优化职业教育专业设置，组织开展创新大赛和职业技能竞赛，培养更多能工巧匠、大国工匠。要围绕激发创新创造活力优化人才环境，创新人才评价和收益分配方式，让各类优秀人才及创新成果脱颖而出，在全社会形成

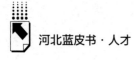
"四尊"氛围。

本书由河北省社会科学院人力资源与劳动经济研究所组织院内外专家学者撰写，包括1篇总报告和17篇专题报告。对2023年河北人才工作取得的新成效进行全面、系统研究。对人才评价、人才队伍建设、城市与乡村人才、数字人才、年度热点等进行专题研究。总报告分析了2023年河北省人才工作的主要成就和面临的主要问题，提出了推进人才工作高质量发展的对策建议。人才评价篇由3篇研究报告组成，从技能人才、网信单位职称评定、设区市人才吸引力等角度阐述了人才评价现状、提出了相应的对策建议。人才队伍建设篇由4篇研究报告组成，分析了企业家人才、农村实用人才、高校心理健康教育人才、机器人产业人才等方面人才队伍建设的成效及不足，并提出了具体建议。城市与乡村人才篇由4篇研究报告组成，围绕创新型城市建设中的人才发展、石家庄市急需人才培育、乡村人才振兴、新乡贤助力乡村人才振兴实践路径总结现状、指出问题并提出对策建议。数字人才篇由3篇研究报告组成，就文化创意产业人才、"双碳"人才、数字经济背景下人才集聚开展研究，并提出对策建议。年度热点篇由3篇研究报告组成，分析了新时代背景下正定"人才九条"对河北省的现实启迪、新业态灵活就业者劳动权益保障面临的突出制约、环首都地区医养结合康养产业创新发展的现实路径等有关问题。

关键词： 人才评价　人才队伍　乡村人才　数字人才　人才资源

Abstract

Talent Development Report of Hebei（2024） thoroughly implements the spirit of the 20th National Congress of the Communist Party of China and the 4th and 5th Plenary Sessions of the 10th Party Committee of Hebei Province, to compose Chinese modernization construction in Hebei chapter and speed up the construction of a strong economic province, beautiful Hebei provide strong talent support. *Talent Development Report of Hebei（2024）* is to further implement the strategy of science and education xing ji, talent strong province strategy and innovation driven development strategy of the key and difficult and hot issues of thorough investigation and study of the annual report, shows the overall situation of talent development, analyzes the important task, targeted countermeasures and Suggestions are put forward.

In 2023, all departments at all levels in Hebei province thoroughly study and apply xi important indicator spirit and the CPC Central Committee decision deployment, firmly grasp the large number of high-quality talents of having both ability and political integrity the country and national long-term development, further implement the strategy of talent strong ji, a more active, more open, more effective policy measures, widely gathered innovative talents, efforts to cultivate a large number of science and technology talents, innovation team, young science and technology talents, outstanding engineers, craftsmen and highly skilled personnel, power economic and social development of high quality. At the same time, the talent work in Hebei Province is also faced with a low proportion of high-level innovative and entrepreneurial talents and highly skilled talents, and the serious shortage of talents in emerging industries. In 2024, Hebei province to firmly grasp the high quality development the top priority, around the implementation of major national strategy to strengthen talent guarantee, pays special attention to the Beijing-Tianjin-Hebei collaborative innovation community construction, promote the free flow of innovative talents, innovation resources fully sharing, around the development of new quality productivity strong-built talent team, promote science and technology, industry depth, optimization of vocational education professional setting, organization to carry out the innovation competition and vocational skills competition, cultivate more skilled craftsman, power. We need to optimize the talent environment around stimulating innovation and creativity, innovate the ways of talent evaluation and income distribution, so that all kinds of outstanding talents and innovative achievements can come to the fore, and form an atmosphere of "four talents" in the whole society.

This book is written by experts and scholars from inside and outside the Institute of Human Resources and Labor Economics of Hebei Academy of Social Sciences, including 1 general report and 17 special reports. Conduct a comprehensive and systematic study on the new achievements of Hebei's talent work in 2023. Conduct special research on talent evaluation, talent team construction, urban and rural talents, digital talents, and annual hot topics. The first section is the general report, which analyzes the main achievements and problems of the talent work in Hebei Province in 2023, and puts forward countermeasures and suggestions to promote the high-quality development of the talent work. The second section is the talent evaluation, which consists of three research reports, which expounds the current situation of the above talent evaluation from the aspects of skilled talents, professional title of network information units, talent attraction of districts and cities, and puts forward corresponding countermeasures and suggestions. The third section is the talent team construction, which consists of four research reports, which analyzes the achievements and deficiencies of entrepreneurial talents, rural practical talents, mental health education talents in colleges and universities, and robot industry talent team construction, and puts forward specific suggestions. The fourth section is urban and rural talents, which consists of four research reports, focusing on the development of talents in the construction of innovative city, the urgently needed cultivation of talents, the revitalization of rural talents, and the revitalization of rural talents, summarizes the current situation, points out the problems and puts forward countermeasures and suggestions. The fifth section is digital talents, which consists of three research reports, which carries out research on talents in cultural and creative industries, "double-carbon" talents and talent gathering under the background of digital economy, and puts forward countermeasures and suggestions. Section 6 is, the annual hot spot, composed of three research report, analyzes the practical enlightenment of Zhengding's "Nine Talents" policy on Hebei Province in the context of the new era, the prominent constraints faced by the protection of labor rights and interests of flexible employment in new industries, and the practical path for the innovative development of the medical and elderly care industry in the surrounding capital area.

Keywords: Talent Evaluation; Talent Team; Rural Talent; Digital Talent; Talent Resources

目 录 ⬨

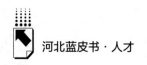

皮书数据库阅读**使用指南**

CONTENTS ⟩

I   General Report

II   Talent Evaluation

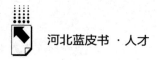

III Talent Team Construction

IV Urban and Rural Talent

V   Digital Talent

VI   Annual Hotspots

总报告

B.1

2023~2024年河北人才发展报告

河北人才发展报告课题组*

摘 要： 2022年以来，河北省坚持以习近平新时代中国特色社会主义思想为指导，全面贯彻落实党的二十大精神和中央人才工作会议精神，深入学习贯彻习近平总书记视察河北重要讲话精神，坚持教育、科技、人才"三位一体"协同推进，全省人才工作取得重要阶段性成效。新时代新征程，推动党的二十大精神在河北扎根落地，河北的人才工作面临实现教育、科技、人才"三位一体"协同推进，加快建设世界重要人才中心和创新高地，深入推进京津冀协同发展和高标准高质量建设雄安新区等新形势，为此要牢固树立"人才资源是第一资源"的理念，采取深入推进京津冀人才一体化、在雄安新区加快建设人才创新创业高地、深化人才发展体制机制改革、大力培养使用青年科技人才等举措加强人才工作，为奋力谱写中国式现代化建设河北篇章，加快建设经济强省、美丽河北提供有力人才支撑。

---

* 课题组执笔人：王建强，河北省社会科学院人力资源与劳动经济研究所所长、研究员，主要研究方向为人才制度与人才开发；赵萌，河北省社会科学院人力资源与劳动经济研究所研究实习员，主要研究方向为劳动经济。

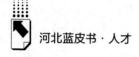

关键词： 中国式现代化　人才　河北

党的二十大报告将人才与教育、科技并列确定为全面建设社会主义现代化国家的基础性、战略性支撑，认真学习宣传贯彻党的二十大和河北省委十届四次、五次全会精神，奋力谱写中国式现代化建设河北篇章，必须坚持"人才资源是第一资源"的理念，坚持教育、科技、人才"三位一体"协同推进，深入推进京津冀协同发展，高标准高质量建设雄安新区，大力实施人才强省战略，真心爱才、悉心育才、倾心引才、精心用才，推动河北人才工作再上新台阶。

一　新时代新征程河北人才工作新进展

2023年以来，河北坚持以习近平新时代中国特色社会主义思想为指导，全面贯彻落实党的二十大精神和中央人才工作会议精神，深入学习贯彻习近平总书记视察河北重要讲话精神，坚持把人才工作放在全省大局中的突出位置来抓，全省经济社会发展提升了人才发展的内生动力，各级党委、政府的人才战略意识不断增强，人才在经济社会发展战略全局中的地位、作用日益凸显，"四个尊重"的社会氛围进一步形成。全省上下努力推进人才强省战略的实施，人才发展体制机制改革迈出新步伐，重点区域、重点领域人才政策体系建设取得重要进展，各级党委、政府及有关部门从实际出发，制定出台了一系列政策文件，全省人才工作取得新进展。

（一）后备人才数量稳步增长

《河北省2022年国民经济和社会发展统计公报》显示，2022年全省研究生教育招生2.89万人，同比增长7.0%；在校研究生8.18万人，同比增长12.2%；毕业生1.93万人，同比增长10.3%。普通高等学校124所，招生55.79万人，同比增长7.9%；在校生177.37万人，同比增长4.1%；毕业生 48.81 万人，同比增长 19.4%（见表1）。中等职业学校在校生 92.27 万人，普通中学在校生 495.39 万人。后备人才总体规模呈扩大趋势。

表1　2022年河北省各类学校招生、在校生和毕业生情况

单位：所，万人

学校类别	学校数	招生数	在校生数	毕业生数
普通高等学校	124	55.79	177.37	48.81
中等职业学校	622	32.66	92.27	28.78

资料来源：《河北省2022年国民经济和社会发展统计公报》。

（二）高层次人才培养取得突破性进展

2023年11月22日，中国工程院公布2023年院士增选结果，河北省燕山大学亚稳材料制备技术与科学国家重点实验室主任刘日平教授以及华北理工大学校长、长期致力于先进钢铁材料基础理论和关键技术研究的张福成教授增选为化工、冶金与材料工程学部院士。2023年评选河北新一批享受政府特殊津贴人员共86人，其中高层次专业技术人才62人、高技能人才24人。2023年2月，河北省表彰了30名杰出专业技术人才、10名优秀回国人员和5个科技创新团队。在2022年认定全职引进的20名国家高层次创新型科技人才后，2023年又对34名国家高层次创新型科技人才进行认定。

（三）人才投入力度持续加大

2022年，河北省共投入研究与试验发展（R&D）经费848.90亿元，比上年增加103.40亿元，增长13.9%；R&D经费投入强度（R&D经费占GDP的比重）为2.00%，比上年提高0.15个百分点（见图1和图2）。分活动类型来看，全省基础研究经费为27.3亿元，比上年增长61.6%；应用研究经费为76.4亿元，比上年增长27.3%；试验发展经费为745.2亿元，比上年增长11.5%（见表2）。基础研究、应用研究和试验发展经费所占比重分别为3.2%、9.0%和87.8%。分活动主体来看，各类企业R&D经费支

出为 707.0 亿元，比上年增长 11.0%；政府属研究机构 R&D 经费支出为 78.8 亿元，比上年增长 16.5%；高等学校 R&D 经费支出为 55.2 亿元，比上年增长 63.9%。企业、政府属研究机构和高等学校 R&D 经费合计占全省 R&D 经费的 99.1%。分地区来看，R&D 经费位居全省前三的地区分别为唐山市、石家庄市和保定市，分别为 171.83 亿元、168.37 亿元和 135.20 亿元，分别占全省总量的 20.2%、19.8% 和 15.9%。R&D 经费投入强度超过全省平均水平的有 4 个地区，分别为保定市、秦皇岛市、石家庄市和辛集

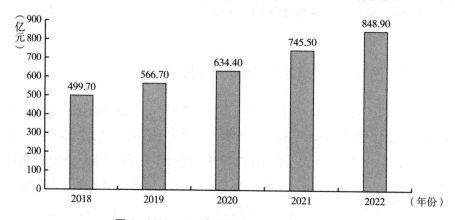

图1 2018~2022 年河北 R&D 经费投入情况

资料来源：2018~2022 年《全国科技经费投入统计公报》。

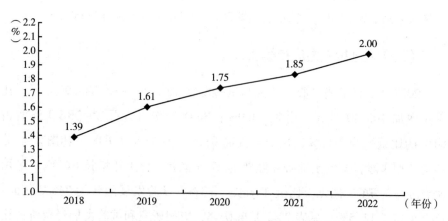

图2 2018~2022 年河北 R&D 经费投入强度情况

资料来源：2018~2022 年《全国科技经费投入统计公报》。

市，分别为 3.48%、2.68%、2.52% 和 2.32%，分别高于全省平均水平 1.48 个、0.68 个、0.52 个和 0.32 个百分点（见表3）。

表2 2022 年河北 R&D 经费分类情况

单位：亿元，%

活动类型	金额	占比	比上年增长
基础研究	27.3	3.2	61.6
应用研究	76.4	9.0	27.3
试验发展	745.2	87.8	11.5

资料来源：《2022 年河北省科技经费投入统计公报》。

表3 2022 年全省及各地区 R&D 经费投入情况

单位：亿元，%

地区	R&D 经费	R&D 经费投入强度
全省	848.91	2.00
唐山市	171.83	1.93
石家庄市	168.37	2.52
保定市	135.20	3.48
邯郸市	83.31	1.92
廊坊市	65.80	1.85
沧州市	64.74	1.48
秦皇岛市	51.10	2.68
邢台市	37.34	1.47
承德市	23.44	1.32
衡水市	19.36	1.08
辛集市	10.02	2.32
张家口市	8.65	0.49
雄安新区	5.37	1.56
定州市	4.38	1.15

资料来源：《2022 年河北省科技经费投入统计公报》。

（四）人才创新平台及科技成果产出不断增加

河北省级及以上企业技术中心有 811 家，比上年增加 21 家；技术创新中心（工程技术研究中心）有 1028 家，比上年增加 52 家；重点实验室有 334 家，比上年增加 27 家。组织实施的国家和省高新技术产业化项目有 609 项，其中在建国家重大专项和示范工程项目 16 项，新增国家重大专项和示范工程项目 4 项。专利授权 115314 件，截至 2022 年底，有效发明专利有 51946 件，比上年增长 24.7%。全年共签订技术合同 15246 份，技术合同成交金额为 1009.7 亿元，比上年增长 34.3%。

（五）各地人才政策和创新实践不断升级

石家庄市作为省会城市，其人才政策一直引领全省。2022 年 5 月，石家庄市委、市政府围绕贯彻落实中央和省委人才工作会议精神，聚焦新一代电子信息、生物医药两大产业率先突破，致力于打造 5 个以上千亿元级产业集群、实现经济总量过万亿元，推出了一系列含金量十足的人才新政：进一步拓展人才绿卡服务范围，将市五大主导产业企业新引进的省属骨干院校全日制硕士学位研究生纳入市人才绿卡 B 卡服务范围；建立"周转池"制度，单列 1000 个编制，为事业单位引进人才提供空间；支持国内外知名人力资源服务企业在产业园设立分支机构，5 年内每年给予分支机构主营业务收入 3% 的奖励，累计最高奖励 100 万元；围绕打造 5 个以上千亿元级产业集群，对带技术、带项目来石家庄创业的科技领军人才给予最高 1000 万元的创业启动资金；加大市校合作支持力度，开展"携手名校、共建省会"活动，支持各县（市、区）与省骨干大学开展科技项目合作，根据技术合作、成果转化落地等情况，市、县两级给予最高 100 万元的支持①。邢台市出台《关于鼓励人才回邢来邢创业就业助力太行泉城建设的若干措施（试行）》②，提出对回邢来邢自主创业的人才给予创业补贴、租金补贴和担保贷款扶持，为持有燕赵英才卡 A 卡、B 卡以及符合 A 卡、B 卡条件的人才提

---

① 《石家庄出台人才新政：科技领军人才最高可获 1000 万元创业启动资金》，网易，2022 年 5 月 13 日，https：//www.163.com/dy/article/H79EC0G70530N70L.html。

② 《邢台面向各类人才发出"招贤令"》，凤凰网，2023 年 5 月 14 日，http：//hebei.ifeng.com/c/8Plx55INx6P。

供最高500万元的贷款服务，亦可按照投资额1∶1配比贷款或提供基金支持；鼓励国有企事业单位自主引进特殊人才，引才资格条件放宽到"双一流"建设高校及建设学科的全日制本科学历毕业生；全市建立不少于800人的事业编制"周转池"。唐山市在2023年4月发布"凤凰英才"政策4.0①，推动人才工作不断深化和拓展，由面向人才个体到面向用人主体、由面向高层次人才到面向唐山高质量发展需要的各层次人才、由单纯政策奖励到建设人才生态；加大用人主体支持力度，发挥用人主体在人才培养、引进、使用中的积极作用；推动重点产业人才集聚，聚焦"新工业、大港口、高科技"三大支柱建设，每年遴选20家人才工作成效突出的重点企业，分别给予最高50万元的人才引进培养奖励，每年遴选5个创新团队和5个创业团队，分别给予最高100万元的项目经费资助；激发用人单位引才活力，按照引才数量，每年分别确定10家国有企业、20家非公经济和社会组织引才优胜单位，分别给予最高100万元的奖励，引才工作做得好的100家企业可分别推荐1名市管优秀专家，合格直接命名；强化柔性引才引智，柔性引进的人才，每年在唐工作6个月以上的，视同全职引进；着力强化各领域各层次人才队伍建设，大力加强技能人才、银发人才、开发区管理人才、涉外服务人才队伍建设，实施"唐人回唐"工程，完善"凤凰英才"服务卡制度。

雄安新区作为河北的特殊区域，其人才新政更加吸引眼球，在2023年5月习近平总书记考察雄安新区后，为了落实习近平总书记重要讲话精神，为雄安新区建设提供人才支撑，雄安新区出台了《关于打造创新高地和创业热土聚集新人才的若干措施》，推出了16条有关顶尖人才、技能人才、青年人才等各类人才引进及重大平台落地奖励的政策措施（以下简称"雄才十六条"）②。在人才引进方面，明确围绕新一代信息技术、现代生命科学和生物技术、新材料、空天信息、绿色能源、金融科技等重点发展产业，

---

① 《唐山市发布"凤凰英才"政策4.0》，凤凰网，2023年4月2日，https：//hebei.ifeng.com/c/8OcnQ5tnJ5K。

② 《雄安新区发布"雄才十六条"人才措施》，观察者网，2023年1月7日，https：//www.guancha.cn/politics/2023_11_07_714769.shtml？s＝syyldbkx。

积极引进顶尖科学家到雄安新区工作，提供2000万～5000万元的科研经费和300万元的生活补贴，奖励一套不小于200平方米的住房；围绕疏解企业产业链上下游配套所需的关键技术，支持海内外高层次人才及团队带技术、带项目、带资金来雄安新区创办企业，给予最高5000万元的资金支持；对企业引进的世界技能大赛、中华技能大奖获奖者和全国技术能手，给予20万～100万元的补贴；为外籍人才开辟出入境绿色通道，发放人才签证和工作类居留证件，开设外籍人员子女学校，提供医疗、教育、金融、出行、住宿等方面的便利化服务。在就业方面，高校优秀应届毕业生来雄安新区参加求职应聘考试可免费入住"人才驿站"；入职后5年内，每月按博士生3000元、硕士生2000元、本科生1000元发放生活补贴。在创业方面，雄安新区将定期举办"雄才杯"创新创业项目大赛，为"初创期""成长期"项目提供落地平台，获奖项目落地后给予10万～50万元的奖励并提供两年免费办公和住宿场所；对引进落地的全国重点实验室、国家技术创新中心、国家工程研究中心、国家重大科技基础设施等，给予最高3亿元的支持；对企业、高校、科研院所共建的重点创新联合体，给予5000万～1亿元的支持并明确规定支持经费中用于人才资助、生活补贴的比例不低于30%。为特定重点人才发放"雄才卡"，人才可凭"雄才卡"在行政事务、子女教育、医疗健康、交通出行、文体休闲等方面享受优质便捷服务。"雄才十六条"的发布将进一步吸引人才落户雄安新区。各地大力推进人才工作，进一步扩充了河北省人才队伍、提升了人才素质，为各类优秀人才创新创业打下了坚实的基础。

二 新时代新征程河北人才发展面临的新形势

当前我国正加速迈步在全面建设社会主义现代化国家新征程上，党中央、国务院一直高度重视人才工作，尤其是"十三五"以来，我国人才工作取得了历史性成就，发生了历史性变革。2021年9月召开的中央人才工作会议进一步提出了我国实施人才强国战略的总体目标和分目标，即加快建设世界重要人才中心和创新高地。党的二十大报告也强调要实施科教兴国战略，强化现代化建设人才支撑，深入实施人才强国战略，为实施新时代人才强国战略擘画了蓝图、指明了方向。中央人才工作会议、党的二十大及河北省委十届四次、五次全会的召开，"十四五"时期人才发展规划纲要的颁布与实施，使河北人才工作面临新形势，对人才工作也提出了更高的要求。

（一）实现教育、科技、人才"三位一体"协同推进的要求

党的二十大报告设"实施科教兴国战略，强化现代化建设人才支撑"专章，将教育、科技、人才确定为全面建设社会主义现代化国家的基础性、战略性支撑并摆在极其重要的位置，突出了三者在全面推进中华民族伟大复兴历史进程中的协同作用。将教育、科技、人才放在战略任务中进行统筹部署、系统谋划，将科教兴国战略、人才强国战略、创新驱动发展战略摆在一起，共同服务社会主义现代化国家建设，这在党的大会报告中是第一次，具有重要的现实意义和深远的战略考量。教育、科技、人才是有机联系的整体，共同支撑社会主义现代化强国建设。教育强国、科技强国、人才强国同气连枝，科技强国要求高水平科技自立自强，成为世界主要科学中心，人才强国要求提高自主培养质量，成为世界重要人才中心，科技和人才共同依附高质量教育体系。三大强国战略的统筹部署、协同推进是党在更高起点、更高层次、更高目标上对以中国式现代化全面推进中华民族伟大复兴做出的顶层设计，表明党对教育、科技、人才与全面建设社会主义现代化国家之间的关系有了更加精准的把握和更加全面的认识。要贯彻党中央关于教育、科技、人才"三位一体"的部署，河北省必须坚持教育、科技、人才"三位一体"协同推进，使它们同向发力、同频共振，形成"教育链、科技链、人才链"与"产业链、创新链、资金链"深度融合并高效循环的战略格局，推动人才工作与教育工作、科技工作深度融合。

（二）加快建设世界重要人才中心和创新高地的要求

治国理政，人才为本。在 2021 年的中央人才工作会议上，习近平总书

记提出要深入实施新时代人才强国战略，加快建设世界重要人才中心和创新高地①，明确了新时代人才工作的一系列重大理论和实践问题，对人才强国战略做出了顶层设计和战略谋划，提出了一系列新理念新战略新举措。同时明确了新时代人才工作的重要战略目标——建设世界重要人才中心和创新高地，提出要在北京、上海、粤港澳大湾区建设高水平人才高地，一些高层次人才集中的中心城市也要着力建设吸引和集聚人才的平台，并以2025年、2030年、2035年为节点擘画了"三步走"战略路线图，致力于为2035年基本实现社会主义现代化提供人才支撑，为2050年全面建成社会主义现代化强国打好人才基础②。当前雄安新区已被纳入北京建设高水平人才高地的战略布局，要利用重大人才战略布局机遇，在雄安新区加快建设高水平人才高地，使之成为世界科学前沿领域和新兴产业技术创新、全球科技创新要素的汇聚地。同时可利用石家庄高层次人才集中的优势，进一步将其建成吸引和集聚人才的平台，利用京津冀协同发展优势为河北人才事业发展提供强大牵引力和驱动力，加快形成河北的区域人才竞争比较优势。

（三）深入推进京津冀协同发展和高标准高质量建设雄安新区的要求

2023年5月，习近平总书记第10次视察河北，对深入推进京津冀协同发展和高标准高质量建设雄安新区做出重要指示，提出"5个新"的要求，同时指出京津冀拥有数量众多的一流院校和高端研究人才，创新基础扎实、实力雄厚，要强化协同创新和产业协作，在实现高水平科技自立自强中发挥示范带动作用。在创新成果转化方面，要提升科技成果区域内转化效率和比重。要把集成电路、网络安全、生物医药、电力装备、安全应急装备等战略性新兴产业发展作为重中之重，着力打造世界级先进制造业集群。在雄安新

---

① 《习近平出席中央人才工作会议并发表重要讲话》，中国政府网，2021年9月28日，https://www.gov.cn/xinwen/2021-09/28/content_5639868.htm。
② 《习近平出席中央人才工作会议并发表重要讲话》，中国政府网，2021年9月28日，https://www.gov.cn/xinwen/2021-09/28/content_5639868.htm。

区疏解北京非首都功能方面，要牢牢牵住疏解北京非首都功能这个"牛鼻子"，有力有序有效推进疏解工作，着力抓好标志性项目向外疏解，接续谋划第二批启动疏解的在京央企总部及二、三级子公司或创新业务板块等。同时要继续完善疏解激励约束政策体系，充分发挥市场机制作用，通过市场化、法治化手段增强向外疏解的内生动力①。为了贯彻落实习近平总书记重要指示精神，河北省委十届四次全会审议通过了《中共河北省委关于全面学习贯彻习近平总书记重要讲话精神高标准高质量推进雄安新区建设的决定》《中共河北省委关于全面学习贯彻习近平总书记重要讲话精神深入推进京津冀协同发展的决定》，并研究出台一揽子政策推进落实。面对当前京津冀协同发展深入推进之机，人才工作必须紧跟战略部署，在全面落实《京津冀人才一体化发展规划（2017—2030年）》的基础之上，大力推动实体产业协同发展，深入推进五大战略性新兴产业发展并以此集聚人才落户河北。要牢牢把握党中央关于雄安新区的功能定位、使命任务和原则要求，高标准高质量推进雄安新区建设，吸纳雄安新区疏解北京非首都功能过程中转移的高端人才，全面落实"雄才十六条"等人才政策，加快建设雄安人才创新高地。

（四）进一步加强青年科技人才培养和使用的要求

2023年8月，中共中央办公厅、国务院办公厅印发了《关于进一步加强青年科技人才培养和使用的若干措施》，对加强青年科技人才培养和使用做出部署。青年科技人才作为国家战略人才力量的重要组成部分，一直以来受到党中央高度重视。2018年，中共中央办公厅、国务院办公厅印发了《关于分类推进人才评价机制改革的指导意见》，指出要完善面向企业、基层一线和青年人才的评价机制，通过破除论资排辈、重显绩不重潜力等陈旧观念，重点遴选支持一批有较大发展潜力、有真才实学、堪当重任的优秀青

---

① 《习近平在河北考察并主持召开深入推进京津冀协同发展座谈会》，中国政府网，2023年5月12日，https：//www.gov.cn/yaowen/liebiao/202305/content_6857496.htm？eqid=c872125d00109c82000000026461d0e9。

年人才。习近平总书记多次就加强青年科技人才的培养和使用做出重要指示批示，要求把培育国家战略人才力量的政策重心放在青年科技人才上，给予青年人才更多的信任、更好的帮助、更有力的支持，支持青年人才挑大梁、当主角，造就规模宏大的青年科技人才队伍[①]。党的二十大对加快建设包括青年科技人才在内的国家战略人才力量提出明确要求，中央人才工作会议对加强青年科技人才队伍建设做出具体部署，培养用好青年科技人才对加快实现高水平科技自立自强、建设科技强国和人才强国意义重大，也是当前人才工作的重要抓手。要充分利用我国当代青年科技人才的职业生涯与到 21 世纪中叶全面建成社会主义现代化强国的时间高度契合的重大机遇，全面落实中央政策要求，加强青年科技人才队伍建设，重点做好培养使用工作，充分激发青年科技人才创新创造活力。

三　加强新时代河北人才工作的思路与对策建议

党的二十大报告提出以中国式现代化全面推进中华民族伟大复兴，河北省委十届四次、五次全会提出深入学习贯彻习近平总书记重要讲话精神，特别是省委十届四次全会提出深入推进京津冀协同发展战略和高标准高质量建设雄安新区。新时代新征程要想在新一轮竞争中奋力谱写中国式现代化建设河北篇章，必须树牢"人才资源是第一资源"的理念，坚持统筹谋划和高位推动人才工作布局，紧扣京津冀协调战略需求和河北实际，把人才和重大战略实施深度融合，在区域上加强雄安新区人才高地建设，充分激发各类人才创新创造活力，营造良好的人才发展环境。

（一）牢固树立"人才资源是第一资源"的理念

坚持人才引领发展的工作布局。人才是创新的核心要素，创新驱动实质

---

① 《科技部负责同志解读〈关于进一步加强青年科技人才培养和使用的若干措施〉》，"光明网"百家号，2023 年 8 月 28 日，https://baijiahao.baidu.com/s? id = 17754136424303785 90&wfr = spider&for = pc。

上是人才驱动，培养人才是事关国家和民族长远发展的大计。综合国力竞争归根到底是人才竞争，哪个国家拥有人才上的优势，哪个国家最后就会拥有实力上的优势，新时代新征程必须树牢"人才资源是第一资源"的理念。一是持续学习贯彻习近平总书记关于人才工作的新理念新战略新举措，深入贯彻落实中央及省委人才工作会议精神，站在河北省建设全局角度狠抓人才工作，大力推进人才强省战略，树立人才引领发展的鲜明导向。二是从国内国际竞争形势出发，深刻领悟"人才资源是第一资源"的内涵，认清人才竞争优势是赢得未来主动权的最核心支撑，把人才工作作为中心任务着力抓好，以厚植人才优势实现创新发展。三是把人才资源开发放在优先位置，坚持人才投资优先保障，巩固"人才投入是效益最大的投入"的投资理念，优先保障并持续加大人才发展投入力度，不断提高人才投资效益。坚持人才制度优先创新，聚焦人才发展的突出矛盾和主要问题，坚持"四个面向"，切实做好人才的引育留用，增强政策的延续性、前瞻性、创新性，把各方面优秀人才集聚到河北建设实践中来，真正把"第一资源"转化为推动高质量发展的"新质生产力"。

（二）统筹谋划和高位推动人才工作总体部署

坚持"四个面向"，突出高端引领和急需紧缺导向，创新人才政策，对引才措施、推进机制、服务配套等环节进行总体部署。构建以战略科学家人才为引领、以领军人才和创新团队为重点、以青年人才为支撑、以潜力人才为基础的人才发展"雁阵"格局，形成"头雁"领航、"强雁"护航、"雏雁"续航的发展态势。进一步明确当前和今后一个时期加快建设经济强省、美丽河北过程中的人才工作重点任务，适时开展对河北省"十四五"时期人才发展规划的中期评估，依托京津冀协同发展和高标准高质量建设雄安新区人才政策优势，加大人才培育引进力度，理顺人才工作部门落实政策、提供服务的职责，压实用人单位引才聚才主体责任，形成上下联动的运行机制。同时要强抓目标责任考核和机制保障建设，坚持把人才工作摆在突出位置，细化人才考核目标，对各级党政领导加大人才工作考核力度，严格落实

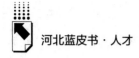

党委（党组）书记人才工作第一责任人职责，形成科学的人才工作考核机制。

（三）充分激发企业自身培育引进人才的主体意识

发挥重点领域企业作为人才培育引进主体的作用。增强企业对人才培育引进的主动投入意识及其对人才开发重要性的认知，引导企业更加积极主动培育引进人才，坚定不移地走人才引领驱动创新的道路。

减少企业引才育才成本。一是将企业为人才配套的科研启动资金、安家费等人才开发投入列入企业成本核算并在缴纳企业所得税时进行税前扣除，全面落实研发费用税前加计扣除、加速折旧、高新技术企业所得税减免等政策；二是对企业自主或与中介机构合作全职引进的人才给予相应奖励或补助；三是政府出资购买市场中介机构人才库或各种招聘软件使用权，将高端人才推送给市场主体。

（四）依托河北省重点产业和高校科研院所学科建设优势，培育创新型人才

加强河北省现有产业与国内外创新资源的深度融合。充分利用河北省经济技术开发区、高新技术开发区等产业集聚区的优势，实施大规模对外招商，着力建设或引进一批创新型、智慧型企业及研发机构，开展前沿基础与应用技术创新研究，吸引京津乃至国际技术成果在河北省转移转化，从而吸引创新型人才落地河北。

利用河北省高校现有优势学科与京津高校合作培养重点领域需要的人才。例如，可利用河北工业大学、河北大学的信息技术优势与清华大学、北京理工大学等院校联合办学，加强对新一代网络技术人才的培养；利用华北电力大学、河北大学等高校优势加强新能源学科建设，吸引新能源产业发展所需的高级复合型人才、高级技术研发人才来冀创新创业；利用河北农业大学与河北师范大学生物学学科优势，加强与京津及全国高校的联系，大力培育吸引生物医药类人才。

（五）坚持产才融合发展，持续推动高校对接重点领域，加强相关学科、相关专业建设

充分发挥教育部门的作用，积极研究制定鼓励省内高校开设和调整重点领域产业相关专业或课程的细则，制定加强新工科建设等有关方面的政策。建立层次分布完善的重点领域人才培养体系。根据市场需求调整相关专业招生规模，提高培养质量，为河北省重点领域发展提供充足的本土人才。

（六）充分利用京津冀协同发展重大契机，进一步推进京津冀人才一体化向纵深发展

深入推进京津冀区域人才协同创新体制机制优化。深化京津冀高端人才合作机制改革，搭建科技联合攻关、产业协作共建、人才联合培养平台。大力发展跨区域产业技术创新联盟，聚焦行业产业技术需求和发展需要，整合优势资源，联合开展技术攻关、标准创制，以实质性的举措促进创新资源集成，提升人才协同创新能力。进一步落实《京津冀人才一体化发展规划（2017—2030年）》，在人才户籍制度改革方面尽全力"破冰"，携手浇灌京津冀人才一体化发展"幸福之花"，在对接京津、服务京津中加快发展。

在重点区域领域推动京津冀三地共建新型创新基地。依托滨海—中关村科技园区、京冀曹妃甸协同发展示范区、京津两地未来科技城、"通武廊"、"通宝唐"、"平蓟三兴"等重点创新区域，推动产业进一步融合发展，完善人才协同创新体制机制，促进优质科技资源相互开放，推动众创空间、创业孵化基地等互联互通，建设区域性创新人才开发培养基地。

利用"1小时通勤圈"优势，加强京津冀区域内重点领域人才交流。鼓励京津高端人才通过柔性流动参与河北省重点领域项目开发、成果转化、知识创新、产业培育和管理咨询等，进一步推进河北省科技计划（项目）对外开放，支持京津高层次人才领衔或参与。在河北省自然科学基金中增设"京津合作与交流项目"和"京津青年学者研究项目"，柔性开发京津高端智力。支持通过任务外包、产业合作、学术研讨等方式加强交流，依靠生效

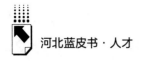

的京津冀人才一体化发展体制机制，提升河北省对重点领域人才的吸引力，吸引京津人才、产业向河北省流动。

（七）在高标准高质量建设雄安新区过程中打造雄安人才创新创业高地

雄安新区作为千年大计、国家大事，是未来最能吸纳高端创新人才的区域，打好雄安新区"人才牌"、下好人才"先手棋"刻不容缓。

第一，加快建设"雄安新区人才管理改革试验区"。利用雄安新区疏解北京非首都功能的契机，吸引北京大批高端人才落地雄安新区。充分发挥雄安新区政策联动优势，在人才管理、投融资、税收、股权激励、成果转化等方面实施具有辨识度、创新性的改革举措，搭建与国际规则接轨，具有引才引智、创业孵化、专业服务保障等功能的国际化综合性创业平台，推进创新链、产业链、资金链、人才链深度融合。着重在人事管理制度、人才引进培养、评价激励等方面加强制度创新，在高端人才激励和评价、科研管理改革等重点难点领域大胆探索，最大限度地激发人才创新创业活力。例如，可借鉴南京紫金山实验室建设"科研人才特区"的经验，在雄安新区建设"科研人才特区"，让科研人员在此工作没有经费使用、编制等束缚，且能得到相应支持。推进人才政策先行先试，赋予产业主体更大的人才"育引留用管"自主权。擦亮雄安新区"雄才大厦"标志性人才建筑品牌，并在此基础上进一步扩充功能，打造雄安新区海外人才离岸创新创业基地，形成多层次的离岸创新创业服务支持系统。

第二，构建开放式创新的体制机制。实施更加有利于总部企业、跨国公司地区总部、研发中心、国际组织及国际性智库等入驻的政策措施，辐射带动雄安新区人才国际化发展。支持高校、科研院所、企业整合利用国内外创新资源，在雄安新区建设一批国际一流的开放实验室和产业技术创新中心等平台。

第三，开展《河北雄安新区人才发展"十四五"规划》中期评估。特别是对该规划提出的有序承接北京非首都功能和人才转移，实现产业落地、人才集聚，形成示范效应，人才资源总量、密度，人才贡献率，战略科学家、顶尖科技领军人才、优秀青年科技人才数量等指标进行评估，根据评估情况采取相应举措保证实现目标。

（八）系统谋划人才"引用留"，构建人才发展生态链

建立省级牵头、各市联动的人才工作机制，消除各地各自为政形成的恶性竞争和内耗，形成"引用留"一体化政策链。"引"要突出同类政策的力度和错位政策的吸引力，"用"要突出评价的公正性和激励的个性化，"留"要突出平台的适应度和文化的亲和度。要利用河北省的优势政策，确保既要引得到，又要留得住、用得好；要做好人才政策的具体落实与跟踪督导，对发布的人才政策要逐条落实到责任单位和责任人，对做出的政策承诺要及时兑现。

实行有利于人才发展的税收改革试点。在对高端人才的个税缴纳、资金支持等方面，要切实保障人才权利；在对高端人才的股权和分红激励方面，要实施分期纳税或取得收益再纳税的政策；对河北省认定的各类高端人才、重点引进的人才，在所获支持经费方面实行分期纳税或者免税制度。可借鉴粤港澳大湾区等地区对高端人才的税收政策，将超过15%的税收用财政补贴的方式返给人才。

优化有利于人才创新创业的科技金融支持体系。加大财政资金投入力度，引导产业资本、金融资本共同组成多种类型的基金，重点服务种子期、初创期企业发展，形成对不同阶段创新创业高端人才及所在重点领域单位的金融支持体系。鼓励天使投资、风险投资、商业银行等机构开发股、债、贷相结合的融资产品与服务。支持创业板、新三板、本省区域性股权市场、机构间私募产品报价与服务系统等多层次资本市场发展，通过资本市场的价格和竞争机制自主配备人才。落实多地已出台的"人才贷"政策。

深化人事薪酬制度改革。推动省直相关部门出台改革创新方案，分类落实重点产业领域"管委会+公司"管理制度，大胆推行"编制备案

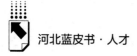
制"改革，针对聘用直引人才，允许并鼓励实行弹性工资制、特岗特薪制、协议工资制、项目工资制等新型薪酬制度，以薪酬制度改革吸引大批高端人才。

（九）加强重大平台载体建设，培植吸引和涵养人才的最佳沃土

推动从以"奖人"为重点到以"奖平台"为重点的转变。支持鼓励用人主体特别是头部企业积极搭建创新平台，大力支持企业与高校、科研院所共建院士工作站、重点实验室、企业技术中心等平台，并根据平台发挥的作用给予相应奖励或补助。

打造特色产业集群。特色产业集群是产业人才最大的载体。要紧密围绕国家区域发展总体战略和主体功能区规划、京津冀产业调整及河北省重点领域产业发展规划，以智能绿色技术改造提升现有特色产业集群发展水平，完善配套企业与设施，延伸产业链，扩大现有特色产业集群规模并推动技术、产品升级。推动潜在特色产业集聚区向产业集群转型升级，大力发展未来产业，建设一批特色和优势突出、产业链协同高效、核心竞争力强、公共服务体系健全的重点领域示范基地，实现特色产业集群对人才的吸引与集聚。

建设创新平台。一是积极吸引集聚全球高端技术、资本等创新资源以及世界知名跨国公司和研发机构，与河北省联合建立国际实验室、国际研究中心、国际产业技术创新中心、国际科技合作基地；二是建设一批特色鲜明、要素集聚、成果富集的创新型园区，支持有条件的园区争创国家创新型产业集群、国家新型工业化产业示范基地；三是支持企业建立多种类型的研发机构、重点实验室、工程实验室、企业技术中心、工程（技术）研究中心、工业设计中心、院士工作站、博士后科研工作站、检验检测中心等创新平台；四是不断扩大博士后"两站"招收规模，支持中小型科技企业建立博士后创新实践基地和博士后站点；五是深化与中央驻冀科研院所的创新合作，共同建设一批研发机构、中试基地和示范项目，共享科技创新成果。

（十）构建具有全国竞争力的开放创新人才生态环境

习近平总书记深刻指出："环境好，则人才聚、事业兴；环境不好，则人才散、事业衰。"① 人才活力的形成与提升，既依赖人的内在因素，又受外部环境影响。做好人才工作，必须高度重视各类环境的营造，为人才的工作和生活、成长与成才创造良好环境。

第一，积极营造尊重人才的社会环境。要积极营造尊重人才、求贤若渴的社会环境，各级党政领导要树牢人才意识、带头联系服务人才，以尊重、善待、信任人才的真诚为人才解难题、办实事。要大力倡导科学家精神、企业家精神和工匠精神，广泛宣传表彰有突出贡献的优秀人才和团队，以榜样典型激励引导广大人才为经济强省、美丽河北建设做出贡献，推动形成尊重人才的社会风尚。要适时展现人才工作的进度与突出成效，在全社会营造识才、爱才、敬才、用才的良好环境。

第二，鼓励人才释放创新创造活力。要紧盯制约人才发展的突出问题，着力在破除人才发展体制机制壁垒上下更大功夫，革新人才管理体制，最大限度地激发广大人才的创新创造活力，加快形成有利于人才成长的培养机制、有利于人尽其才的使用机制、有利于人才各展其能的激励机制、有利于人才脱颖而出的竞争机制。要鼓励人才创新、大胆使用人才，为各类人才搭建干事创业的平台，积极营造鼓励创新、勇于创新、包容失败的工作环境。要尊重知识，不拘一格选拔和使用人才，持续探索创新"揭榜挂帅"等新型项目组织管理方式，对能干事、干成事的人才在平台、荣誉和激励方面多给予支持。要建立保障科研人员专心科研的制度，减少科研人员的非科研事务性工作。

第三，优化人才生活服务环境。要完善线上线下"一条龙"人才服务平台，"一站式"解决人才住房置业、配偶安置、子女入学、医疗保健、出

① 《为创新人才创造良好环境》，新华网，2023 年 3 月 31 日，http：//www.xinhuanet.com/politics/20230331/6056280d126644b691bd45cd36796c45/c.html。

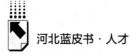

入境和居留等问题，切实解决人才生活保障相关问题，不断提升人才服务保障水平。要鼓励用人单位为人才建立企业年金，支持高校、科研院所等建立养老信托基金，为人才提供高标准、全方位的保障。着力营造待遇适当、保障有力的生活环境，落实并保障各级各类人才应享待遇和权利，持续增强人才的满意度和获得感，让人才能安心为经济社会发展做贡献。

人才评价篇

B.2
高端制造业技能人才生态
评价指标体系研究

——以河北为例

邢明强　梁高杨*

摘　要： 本文首先分析了我国高端制造业发展现状及高端制造业技能人才生态特点。高端制造业近年来发展迅速，上市公司市值表现卓越，营收和盈利水平持续提高，研发投入大幅增加，数字化转型趋势明显。高端制造业技能人才生态特点包括技能需求多样化，技能人才短缺、市场需求较大，技能培训愈加重要等。依据以上现状，从高端制造业技能人才的培育生态、势能生态、动能生态、创新生态和服务与支持生态 5 个方面出发，构建"高端制造业技能人才生态评价指标体系"，包括 5 项一级指标、14 项二级指标和34 项三级指标，并利用 MATLAB 2020 软件和离散型 Hopfield 神经网络、

---

* 邢明强，博士，河北省人力资源社会保障科学研究所研究员、硕士研究生导师，主要研究方向为组织数字化创新管理；梁高杨，博士，河北经贸大学公共管理学院讲师，主要研究方向为人才与人力资源开发、公共经济、人口资源环境。

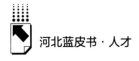

AHP-熵值法模型对指标进行权重模拟、测算和评级，评估结果显示河北高端制造业技能人才的培育生态最优，势能生态良好，动能生态一般，服务与支持生态一般，创新生态相对较差。基于模型结果，提出了培育高端制造业技能人才生态的对策建议。

关键词： 高端制造业　技能人才生态　评价指标体系　河北

　　"十四五"时期是推进中国式现代化的关键时期，立足新发展阶段、贯彻新发展理念、构建新发展格局，人才既是第一资源，也是创新的关键。习近平总书记提出，要创新人才评价机制，建立健全以创新能力、质量、贡献为导向的科技人才评价体系[①]。为应对新时代新要求，国家高度重视人才生态建设、人才发展体制机制改革等工作，积极改善人才成长环境、激发人才活力，因而积极探索人才生态评价机制具有重要意义。在新时代新阶段，河北省制造业迎来了新契机，明确了"以新型工业化为主线，加快制造业高端化、智能化、绿色化转型"的新目标。激发制造业产业人才活力、创新人才生态评价机制能够助力河北高端制造业高质量发展。在此背景下，对高端制造业技能人才生态评价指标体系开展研究具有重要意义。

一　研究动态

　　人才生态是一个受生态学启发而形成的概念，旨在描述和理解人才及其生命活动与环境生态系统之间的交互作用规律及其机理[②]。它包括人才与外部环境（如政治、经济、社会等宏观因素）[③] 以及内部环境（如组织、团队

————————

① 《建设科技强国，习近平提出这五点要求》，"中国日报网"百家号，2018 年 6 月 7 日，https://baijiahao.baidu.com/s? id=1602578356089314122&wfr=spider&for=pc。

② 沈邦仪：《关于人才生态学的几个基本概念》，《人才开发》2003 年第 12 期。

③ 叶忠海：《人才学基本理论及应用》，《中国人才（上半月）》2007 年第 1 期。

和局部环境)① 的相互作用。简而言之，人才生态反映了人才在各种环境中的生存和发展状态②，以及这些环境如何相互作用以影响人才的整体状况和潜力。进一步来看，技能人才生态指的是一个专注于技能人才的生存、发展和互动的系统③，关注技能人才与外部的政治、经济、社会环境以及内部的组织、团队和局部环境之间的相互作用④，技能人才如何适应这些环境并成长和进步⑤，以及这些环境如何塑造和影响技能人才的技能发展、职业路径和创新能力⑥。技能人才生态不仅着重于人才本身的技能提升和职业发展⑦，还包括创建支持性以及可持续的环境⑧，以促进技能人才的全面发展。

目前针对技能人才生态评价的研究，基本上是先构建相应的评价指标体系，再对技能人才生态评价的各模块、环节、机制等进行分析。但仍有一定的不足。一是针对高端制造业技能人才生态评价的研究较少。现有研究多集中于管理型人才、科技型人才、研究型人才生态评价，针对高端制造业技能人才生态评价的研究相对较少。二是高端制造业技能人才生态评价指标体系有待构建。为顺应新形势，需纳入技能人才创新管理、技能人才激励与需求等因素。三是缺少技能人才生态评价量化研究。现有研究多为定性的理论分析，针对技能人才生态评价的量化研究较少，对技能人才生态评价中各模块的量化以及程度性评价的分析探索也较少。

---

① 陈建俞、沈慧青：《中国人才生态学研究现状及发展趋势》，《科技导报》2019 年第 10 期。
② 王永桂：《政府行为与人才生态环境的改善》，《重庆科技学院学报》（社会科学版）2010年第 21 期。
③ 李援越、吴国蔚：《高技能人才生态失衡及其对策》，《科技管理研究》2011 年第 12 期。
④ 熊凡：《试论人才与生态环境》，《科学学与科学技术管理》1986 年第 6 期。
⑤ 宁高平、王丽娟：《新时期技能人才培养培训机制研究》，《宏观经济管理》2019 年第 8 期。
⑥ 顾然、商华：《基于生态系统理论的人才生态环境评价指标体系构建》，《中国人口·资源与环境》2017 年第 S1 期。
⑦ 张红霞：《创新驱动战略下科技人才生态环境系统评价指标体系构建》，《经济论坛》2019年第 11 期。
⑧ 彭瑞华：《人才成长与生态环境》，《行政人事管理》1994 年第 4 期。

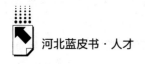

二 高端制造业发展现状及高端制造业技能人才生态特点

（一）高端制造业发展现状

高端制造业是一个国家或地区工业化过程中的必然产物。迄今为止，学术界对高端制造业还缺乏统一的界定。本文认为，高端制造业是指在技术含量、附加值和市场竞争力等方面处于较高水平的制造业领域。它侧重高新技术以及高附加值产品的设计、研发、生产和销售，涉及航空航天、半导体、先进机械、生物医药、新能源等领域。

我国高端制造业近年来取得显著进展。第一，高端制造业发展迅速。2018~2022年，高端制造业上市公司数量已增长69.7%，达到2121家。第二，高端制造业上市公司市值表现卓越。市值在100亿元以上的上市公司数量从2017年的338家增加到2021年的664家。第三，营收和盈利水平持续提高，产品附加值不断提升。高端制造业上市公司的营收从2017年的7.47万亿元增长至2021年的11.79万亿元，年均复合增长率为12%，2021年同比增长20.1%。第四，研发投入大幅增长，研发人员数量不断增加。高端制造业上市公司在2017~2021年的研发支出从3127.7亿元增加至6425.9亿元，年均复合增长率为19.7%。同时，研发人员数量从82.5万人增加至136万人。第五，数字化转型趋势明显。高端制造业企业已具备一定的数字化转型基础，在供应链管理、生产管理和数据分析等方面充分拓展数字化转型的应用场景。高端制造业的进步反映了我国制造业的强大潜力和未来发展前景①。

（二）高端制造业技能人才生态特点

高端制造业技能人才生态正处于快速发展和变化中，呈现如下特点。一

---

① 资料来源：国家统计局、中国上市公司协会、wind数据库。

是技能需求多样化，包括行业差异、技术、创新、跨学科和软技能。不同行业需求各异，科技、金融、医疗等领域需求显著。技能需求多样化反映了行业需求和技术发展的多变性，技能人才需不断提升能力以应对挑战。二是技能人才短缺、市场需求较大。由于技能需求的多样化和快速变化，许多行业和领域都面临技能人才短缺的问题。这种短缺在某些领域尤为突出，如信息技术、人工智能、大数据等。三是技能培训愈加重要。技能人才短缺和市场需求较大的情况在许多领域都存在，促使企业和培训机构加大对技能人才的培训和教育投入力度，以满足市场需求。四是技能认证和标准化。其在技能人才生态中起着重要的作用，对于评估和验证个人的技能水平、促进职业发展和提供可靠的参考标准至关重要，也有助于雇主更好地评估和招聘技能人才。五是自主性强、创业倾向大。这反映了技能人才具备自主精神、创新意识和追求个人发展的特点。

三 高端制造业技能人才生态评价指标体系构建

技能人才生态评价的实质是确定技能人才在专业领域人才生态中所处的生态位置[①]，并通过一定的手段来识别、评估和显现其生态位置所代表的生态能力和生态动力[②]。本文将从高端制造业技能人才的培育生态、势能生态、动能生态、创新生态和服务与支持生态 5 个方面进行高端制造业技能人才生态评价指标体系构建。

（一）培育生态（A1）

在培育生态方面，本文将从技工院校、就业训练中心、民办职业技能培训机构 3 个培养技能人才的主体出发，这 3 个主体是培养高端制造业技能人

---

① 耿子恒、汪文祥：《人才生态视域下的人才集聚策略研究——河北雄安新区的探索》，《经济论坛》2020 年第 4 期。
② 孙锐、孙雨洁：《我国地方创新创业人才引进政策量化研究》，《科学学与科学技术管理》2021 年第 6 期。

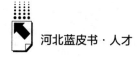

才的重要基础，需评价其发展情况。设有"技工院校""就业训练中心""民办职业技能培训机构"3项二级指标。

（二）势能生态（A2）

本文认为，人才的势能生态主要指人才的特定价值、能力、贡献以及对领域的影响力等方面。为进一步评价高端制造业技能人才势能生态，本文选取"人才存量及占比""经济贡献""能力价值"3项二级指标进行评价。

（三）动能生态（A3）

本文认为，人才的动能生态主要指人才在生态位置上的发展潜力。为进一步评价高端制造业技能人才动能生态，本文选取"人才增量及增速""产值增量及增速""产业活性"3项二级指标进行评价。"人才增量及增速"包含三级指标"高端制造业人才增量""高端制造业人才增速"；"产值增量及增速"包含三级指标"高端制造业产值增量""高端制造业产值增速"；"产业活性"包含三级指标"与商品和服务业的耦合协调度""与科技类行业的耦合协调度"。其中需要解释的是"产业活性"的测度，本文借助耦合协调度模型的测度方法，分析高端制造业与其他行业协调发展的程度。耦合协调度模型在研究多个系统之间的耦合协调关系方面有广泛的应用，特别是生态服务与经济发展等系统之间的耦合协调关系。计算公式为：

$$D = (C \times T)^{1/2}$$
$$C = 2 \times \{[(U_1 \times U_2)/(U_1 + U_2)^2]^{1/2}\}$$
$$T = A \times U_1 + B \times U_2$$

其中，D 为耦合协调度，取值范围为[0，1]。D 越大，说明两个产业之间的发展越协调，两个产业之间的活性越好；D 越小，说明两个产业之间的发展越不协调，两个产业之间的活性越低。C 为耦合度，取值范围为[0，1]。C 越大，说明两个产业之间的耦合状态越好；C 越小，说明两个产业之间的耦合状态越差，将趋向无序发展。T 为两个产业之间的综合协调指数，U_1 和 U_2 分别代表两个产业的从业人数，A 和 B 则为两个产业与 GDP 的比重。"与商品和服务业的耦合协调度""与科技类行业的耦合协调度"运用对应人才和产值增量及增速进行计算。

（四）创新生态（A4）

技能人才的创新生态是为了培养和发展具备科技创新能力的技能人才而建立的一种有机系统。这种有机系统涵盖了科研投入、创新环境、技术创新、数字化效能等多个方面，旨在提供一个培养科技创新人才的全面、持续和协调的科技创新环境。为进一步评价高端制造业技能人才的创新生态，本文选取"研发投入""技能专利""数字化转型"3项二级指标进行评价。须说明的是，由于缺少高端制造业数字化转型相关数据，本文选取"工业企业数字化转型程度""工业企业数字化转型指数"来衡量。

（五）服务与支持生态（A5）

技能人才的服务与支持生态是为技能人才提供全面服务和支持的有机系统。这个有机系统包括了就业创业培训、就业服务、职业发展、政府政策等多个方面，旨在为技能人才提供良好的工作环境、发展机会和福利待遇。为进一步评价高端制造业技能人才的服务与支持生态，本文选取"孵化基地"与"政策支持"作为二级指标。

综上所述，高端制造业技能人才生态评价指标体系共包含5项一级指标（A1~A5）、14项二级指标（B1~B14）、34项三级指标（C1~C34），各指标对应的数据来源及说明详见表1。

表1　高端制造业技能人才生态评价指标体系

一级指标	二级指标	三级指标	数据来源及说明
培育生态 A1	技工院校 B1	技工院校数量（个）C1	2020~2022年《中国劳动统计年鉴》
		教职工数量（人）C2	
		就业学生数量（人）C3	
		获取职业资格证书人数（人）C4	

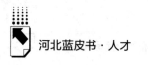

续表

一级指标	二级指标	三级指标	数据来源及说明
培育生态A1	就业训练中心B2	就业训练中心数量(个)C5	2020~2022年《中国劳动统计年鉴》
		教职工数量(人)C6	
		参与技能培训人数(人)C7	
		获取职业资格证书人数(人)C8	
	民办职业技能培训机构B3	技能培训机构数量(个)C9	
		教职工数量(人)C10	
		参与技能培训人数(人)C11	
		获取职业资格证书人数(人)C12	
势能生态A2	人才存量及占比B4	高端制造业人才存量(人)C13	数据来源:河北人社网(https://rst.hebei.gov.cn/index.html)。高端制造业人才占比为高端制造业人才数量占制造业就业人数的比重
		高端制造业人才占比(%)C14	
	经济贡献B5	高端制造业总产值(万元)C15	数据来源:《河北省制造业高质量发展"十四五"规划》;河北人社网(https://rst.hebei.gov.cn/index.html)。高端制造业总产值占比为高端制造业总产值占制造业总产值的比重
		高端制造业总产值占比(%)C16	
	能力价值B6	平均工资收入(元)C17	《河北人才发展报告(2020~2022)》;2020~2022年《中国劳动统计年鉴》
		平均职业技能水平C18	2020~2022年《中国劳动统计年鉴》;依据每年通过考核鉴定的人数和等级取均值得到,等级量化标准为技工的初级、中级、高级分别计1、2、3分,技师和高级技师分别计4、5分
动能生态A3	人才增量及增速B7	高端制造业人才增量(人)C19	《河北人才发展报告(2020~2022)》;河北人社网(https://rst.hebei.gov.cn/index.html)
		高端制造业人才增速(%)C20	
	产值增量及增速B8	高端制造业产值增量(万元)C21	《河北省制造业高质量发展"十四五"规划》《河北经济发展报告(2020~2022)》
		高端制造业产值增速(%)C22	
	产业活性B9	与商品和服务业的耦合协调度C23	数据来源:2020~2022年《中国城市统计年鉴》。"商品和服务业"指批发和零售业;租赁和商务服务业;交通运输、仓储和邮政业;居民服务、修理和其他服务业
		与科技类行业的耦合协调度C24	数据来源:2020~2022年《中国城市统计年鉴》。"科技类行业"包括科学研究和技术服务业;信息传输、软件和信息技术服务业

一级指标	二级指标	三级指标	数据来源及说明
创新生态 A4	研发投入 B10	R&D 投入额(万元)C25	2020~2022 年《中国城市统计年鉴》
		R&D 占 GDP 的比重(%)C26	
	技能专利 B11	技能专利授权量(件)C27	2020~2022 年《中国城市统计年鉴》
		技术市场成交额(万元)C28	国家统计局网站(https://data.stats. gov.cn/)
	数字化 转型 B12	工业企业数字化转型程度(%)C29	《"十四五"信息化和工业化深度融合 发展规划》提到,工业企业的关键工序 数字化率约为 55.3%
		工业企业数字化转型指数 C30	根据 2020 年 A 股上市公司企业年报 计算
服务与支 持生态 A5	孵化基地 B13	省、市、县级创新创业基地及众创 空间数量(个)C31	河北人社网(https://rst.hebei.gov.cn/ index.html);河北各市人社局网站
		服务技能人才数量(人)C32	
	政策支持 B14	技能人才激励政策数量(件)C33	河北人社网(https://rst.hebei.gov.cn/ index.html);河北各市人社局网站
		科学技术财政支出(万元)C34	2020~2022 年《中国城市统计年鉴》

注:河北高端制造业人才存量缺少准确公开数据,选取高技能人才数量代替,高技能人才通常是高端制造业的主要组成部分。截至 2021 年 6 月底,河北省技能人才总量达到 1046.6 万人,其中高技能人才 309.7 万人,约占技能人才总量的 30%。

四 高端制造业技能人才生态评价指标体系的 实证探索——以河北为例

学术界关于人才生态评价的研究方法较多,本文提出的高端制造业技能人才生态评价指标体系的数据主要为客观数据,并非主观打分数据。为进一步科学合理地评价和衡量高端制造业技能人才生态,本文选取"AHP-熵值法"对高端制造业技能人才生态进行评价,以确定各指标的权重,再通过离散型 Hopfield 神经网络对 5 项一级指标进行评价,尝试分析河北高端制造业技能人才生态的发展状况。

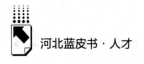

（一）评价方法、思路及数据来源

为确定高端制造业技能人才生态评价指标体系中各指标权重，并考虑技能人才生态的动态性，本文将采用主观、客观相结合的方法进行计算和评价。采用主观赋权法（AHP）和客观赋权法（熵值法）相结合的组合赋权方法（即"AHP-熵值法"）可以弥补单一赋权的不足。

客观数据来源：对三级指标（C1～C34）进行了客观数据来源的界定，主要反映河北高端制造业技能人才生态的客观发展现状。主观数据来源：对各层级指标进行两两评价打分，邀请专家进行评判打分，构建判断矩阵。

（二）指标权重确定

依据模糊层次分析法的计算步骤，选取置信系数 0.6（中等模糊程度）、乐观系数 0.6（风险偏好中性），综合专家的评判数据，得到最终判断矩阵，计算权重并进行一致性检验，如表 2 所示。最大特征值 A_{max} 为 3.168，特征向量为［0.425，0.173，0.147，0.162，0.093］。通过此算法依次形成对比矩阵，计算结果全部通过一致性检验。

依据权重结果，一级指标中，培育生态权重最高（0.425）；位列第二的是势能生态，权重为 0.173；服务与支持生态权重为 0.162，位列第三；动能生态位列第四，权重为 0.147；创新生态权重最低，为 0.093（见表 2）。

表 2　高端制造业技能人才生态评价指标权重

一级指标	ω_A	二级指标	单排序权重	三级指标	合成权重	Top 10
培育生态 A1	0.425	技工院校 B1	0.404	技工院校数量（个）C1	0.037	1
				教职工数量（人）C2	0.032	6
				就业学生数量（人）C3	0.029	—
				获取职业资格证书人数（人）C4	0.029	—

续表

一级指标	ω_A	二级指标	单排序权重	三级指标	合成权重	Top 10
培育生态 A1	0.425	就业训练中心 B2	0.314	就业训练中心数量（个）C5	0.032	4
				教职工数量（人）C6	0.030	—
				参与技能培训人数（人）C7	0.031	10
				获取职业资格证书人数（人）C8	0.030	—
		民办职业技能培训机构 B3	0.282	技能培训机构数量（个）C9	0.034	2
				教职工数量（人）C10	0.032	7
				参与技能培训人数（人）C11	0.032	5
				获取职业资格证书人数（人）C12	0.029	—
势能生态 A2	0.173	人才存量及占比 B4	0.222	高端制造业人才存量（人）C13	0.030	—
				高端制造业人才占比（%）C14	0.027	—
		经济贡献 B5	0.486	高端制造业总产值（万元）C15	0.031	8
				高端制造业总产值占比（%）C16	0.030	—
		能力价值 B6	0.292	平均工资收入（元）C17	0.029	—
				平均职业技能水平 C18	0.030	—
动能生态 A3	0.147	人才增量及增速 B7	0.312	高端制造业人才增量（人）C19	0.028	—
				高端制造业人才增速（%）C20	0.029	—
		产值增量及增速 B8	0.453	高端制造业产值增量（万元）C21	0.033	3
				高端制造业产值增速（%）C22	0.031	9
		产业活性 B9	0.235	与商品和服务业的耦合协调度 C23	0.027	—
				与科技类行业的耦合协调度 C24	0.024	—
创新生态 A4	0.093	研发投入 B10	0.362	R&D 投入额（万元）C25	0.026	—
				R&D 占 GDP 的比重（%）C26	0.027	—
		技能专利 B11	0.221	技能专利授权量（件）C27	0.026	—
				技术市场成交额（万元）C28	0.025	—
		数字化转型 B12	0.417	工业企业数字化转型程度（%）C29	0.029	—
				工业企业数字化转型指数 C30	0.030	—
服务与支持生态 A5	0.162	孵化基地 B13	0.417	省、市、县级创新创业基地及众创空间数量（个）C31	0.030	—
				服务技能人才数量（人）C32	0.030	—
		政策支持 B14	0.583	技能人才激励政策数量（件）C33	0.028	—
				科学技术财政支出（万元）C34	0.027	—

进一步分析二级指标发现，培育生态中，技工院校的权重为 0.404，排在第 1 位；排在第 2 位的是就业训练中心，权重为 0.314；民办职业技能培训机构排在第 3 位，权重为 0.282。势能生态中，经济贡献权重为 0.486，排在第 1 位；排在第 2 位的是能力价值，权重为 0.292；人才存量及占比排在第 3 位，权重为 0.222。动能生态中，产值增量及增速权重为 0.453，排在第 1 位；人才增量及增速权重为 0.312，排在第 2 位；产业活性权重为 0.235，排在第 3 位。创新生态中，数字化转型权重为 0.417，排在第 1 位；研发投入权重为 0.362，排在第 2 位；技能专利权重为 0.221，排在第 3 位。服务与支持生态中，政策支持权重为 0.583，排在第 1 位；孵化基地权重为 0.417，排在第 2 位。

再继续分析三级指标结果，由于指标众多，主要介绍权重排在前 10 位的指标（Top10），分别是技工院校数量（C1，0.037）；技能培训机构数量（C9，0.034）；高端制造业产值增量（C21，0.033）；就业训练中心数量（C5，0.032）；参与技能培训人数（C11，0.032）；教职工数量（C2，0.032）；教职工数量（C10，0.032）；高端制造业总产值（C15，0.031）；高端制造业产值增速（C22，0.031）；参与技能培训人数（C7，0.031）。

（三）高端制造业技能人才生态等级评价分析

1. 等级评价思路

依据上述数据，对高端制造业技能人才生态各指标进行等级评价，构建离散型 Hopfield 高端制造业技能人才生态评价模型。分析过程为"设定合理的等级评价指标—对等级评价指标进行编码—等级评价指标编码分类—创建离散型 Hopfield 神经网络—仿真模拟结果"，同时验证模型稳定性。

本文将预期的等级评价结果分为 5 个等级，建立评价的等级标准集 V，V = {v1, v2, v3, v4, v5} = {A（优），B+（良），B-（一般），C+（较差），C（差）}。为便于后文对各指标进行等级评价，依据 11 位专家的打分结果和各指标权重建立等级标准。

2.等级评价指标编码与仿真模拟

离散型 Hopfield 神经网络神经元的状态只有 1 和 –1 两种情况，所以将评价指标映射为神经元状态时，需要将其进行编码。编码规则为当大于或等于某个等级的指标值时，对应的神经元状态设为"1"，否则设为"–1"。理想的等级评价指标编码如图 1 所示，其中○表示神经元状态为"1"，即大于或等于对应等级的理想评价指标值，反之则用●表示。

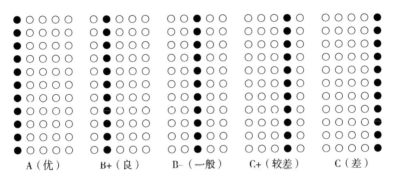

A（优）　　B+（良）　　B–（一般）　　C+（较差）　　C（差）

图 1　理想的等级评价指标编码

依据上述标准，以 11 位专家对"河北高端制造业技能人才生态"的打分结果为初始数据进行输入。同时，将人才生态等级评价指标的平均值作为各个等级的理想评价指标值，即离散型 Hopfield 神经网络的平衡点。

将本文设定的"A（优）、B+（良）、B–（一般）、C+（较差）、C（差）"5 个等级评价指标编码后，即可利用 MATLAB 自带的神经网络工具箱函数创建离散型 Hopfield 神经网络（由于篇幅所限，仿真模拟过程不再展示）。

3.结果分析

高端制造业技能人才生态的分等级评价结果如图 2 所示。其中，第一排表示 5 项理想的人才生态等级评价指标编码，第二排表示 5 项待评级的人才生态评价指标编码，第三排为设计的离散型 Hopfield 神经网络分析的结果。离散型 Hopfield 神经网络可以有效地进行分类和评价，同时与前文权重分析结果相呼应，从而在一定程度上反映河北高端制造业技能人才生态的现状。

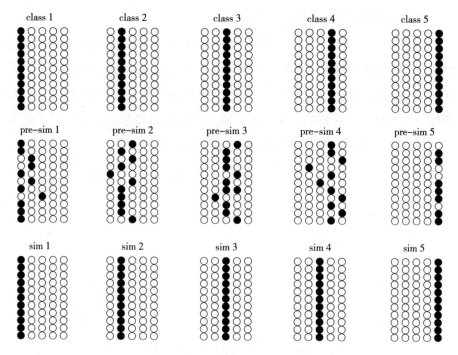

图2 高端制造业技能人才生态的分等级评价结果

依据离散型 Hopfield 神经网络分析的结果，河北高端制造业技能人才培育生态的等级评价为 A（优），势能生态的等级评价为 B+（良），动能生态的等级评价为 B-（一般），服务与支持生态的等级评价为 B-（一般），创新生态的等级评价为 C（差）。

五 主要结论、对策建议与展望

（一）主要结论

一是河北高端制造业技能人才生态中，培育生态相对较好。河北在技工院校发展、技能人才教育和培训方面有一定优势，具有较充足的人才储备。

二是河北高端制造业技能人才的势能生态中，经济贡献的权重相对突出，说明河北制造业处于支柱地位；人才存量及占比的权重较低，说明高端制造业的人才存量及占比、行业从业者数量有待进一步提升。

三是河北高端制造业技能人才的动能生态中，产值增量及增速的权重较为突出，略显不足的是产业活性，说明高端制造业与其上下游产业的联系、跨行业合作有待加强，同时高端制造业技能人才的跨行业交流有待加强。

四是河北高端制造业技能人才的创新生态中，数字化转型趋势明显，而技能专利方面相对较弱，说明河北亟须进一步推动高端制造业的技术创新、技能提升。

五是河北高端制造业技能人才的服务与支持生态中，政策支持的力度相对较大，而技能人才创新创业的孵化基地建设有待加强。

（二）对策建议

第一，大力优化技能人才的培育生态。建议制定综合性人才培养计划，并覆盖多个领域，包括技术培训、领导力发展、创新能力培养等，以确保技能人才全面发展。此外，应积极推动产学研合作，鼓励企业、学术界和研究机构之间的合作，以促进知识的传递。提供跨学科的教育和培训，帮助技能人才更好地适应不断变化的制造业环境。积极开展国际交流和合作，吸引国外的优秀技能人才来河北学习和工作，同时鼓励国内技能人才到国外交流经验，以促进全球技能人才的互通和共享。

第二，稳步改善人才的势能生态，提供持续的专业培训。技能人才需要不断更新自己的知识和技能，以适应制造业的不断发展和变化。同时，应完善行业标准和职业资格认证体系，确保技能人才的能力得到认可，并提供多样化的职业晋升与发展机制，以鼓励他们不断提高自己的绩效。此外，引入绩效导向的薪酬体系可以激励技能人才做出更大贡献。

第三，持续激活技能人才的动能生态，建立良好的学习和发展机制。为技能人才提供多样化的学习机会，鼓励技能人才不断提高自己的知识和技能水平。同时，设立晋升通道，制定职业规划，帮助技能人才明确职业发展方向。建立反馈和评估机制，不断完善人才评价和人才自评工作。另外，提高

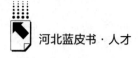

技能人才的社会地位可以鼓励更多的人才加入高端制造业，从而产生更多的创新成果。

第四，着力探索技能人才的创新生态。建设创新实验室与实践基地，为技能人才提供更多的创新和实践机会。同时，应积极传承工匠精神，激发技能人才的创新动力。合理设立创新奖励与支持机制，提升技能人才的数字素养，以适应数字化制造的需要。

第五，升级完善技能人才的服务与支持生态，建立智能化的职业规划咨询体系。帮助技能人才更好地规划职业生涯，找到适合自己的职业发展道路。同时，构建跨领域的技能人才交流平台，促进不同领域专业人士之间的交流和合作。实施复合型技能培训计划，帮助技能人才不断提高自己的技能水平。建立技能人才终身发展体系，确保其在职业生涯的不同阶段都能得到支持和培养。

（三）展望

未来，高端制造业技能人才生态将愈加丰富。对其的评价需要在内容、方法、逻辑等方面持续更新。第一，利用大数据和人工智能技术尝试对高端制造业技能人才生态进行评价。应用大数据和人工智能技术可以更好地解决数据获取与处理的难题，提高评价的准确性和有效性。第二，尝试制定个性化的评价与培养方案。针对不同领域的高端制造业技能人才，应该制定个性化的评价与培养方案，充分考虑行业特点和需求，促进人才的专业化和多样化发展。第三，加强跨界合作。高端制造业技能人才生态评价涉及多个领域的专业知识，需要跨界合作，将教育、产业、政府等各方力量整合起来，共同推动评价指标体系的完善和应用。

B.3
河北省网信单位职称评定研究

邢明强　魏月*

摘　要：　职称制度作为科学评价、用好用活人才的指挥棒，是激发人才创新活力的重要杠杆，直接影响社会经济环境、用人制度及经济的发展。现阶段网络安全和信息化专业技术人才的职称评定体系并不完善，无法及时满足网信领域人才评价需求，需要建立一个科学的人才评价机制。本文收集了我国部分省市制定网信专业职称评定制度的相关经验和做法，分析了网信领域职称设置现状，提出了建立专业评定体系、明确评定工作标准、引入多种评定机制、加强职称评定监督等对策建议。

关键词：　网络安全　信息化　职称

一　引言

新时代互联网迅速发展，新的科技革命和产业变革呈加速趋势，信息技术席卷全球，5G 技术、人工智能和云计算等技术迅速发展[①]。近年来，我国加快了信息化服务的普及，人民群众分享了互联网发展的成果，广泛应用于线上学习、网络购物、协同办公等方面。

网络安全和信息化领域涵盖了各种重要的专业技术，如网络安全、人工

---

*　邢明强，博士，河北省人力资源社会保障科学研究所研究员、硕士研究生导师，主要研究方向为组织数字化创新管理；魏月，河北师范大学法政与公共管理学院硕士研究生，主要研究方向为组织数字化创新管理。

①　蒋翠莲、裴聪：《让创新的动力更澎湃》，《西藏日报》（汉文版）2023 年 11 月 16 日；李心萍：《职称改革，以实绩论英雄》，《人民日报》2021 年 11 月 15 日。

智能、数字经济、物联网、云计算、大数据、通信工程、区块链等。网络安全和信息化不仅关乎国家安全和发展，也影响着人民群众的生活和工作①。网络空间的竞争实际上是人才的竞争，为了建设一个强大的网络国家，需要集聚大批优秀人才，组建一个出色的团队。因此，工业和信息化部于2022年10月10日出台《关于加强和改进工业和信息化人才队伍建设的实施意见》，提出了一系列举措，包括建设一支强大的科学家队伍、支持杰出科技领军人才和创新团队的快速成长、培养年轻的科技人才作为后备力量、加强高素质技术技能人才的培养以及加强企业经营管理人才队伍建设等，以促进工业和信息化的高质量发展②。职称制度可以反映专业技术人才的学术水平、专业素质和技术能力。它不仅可以提高专业技术人才的能力和水平，还能促使他们在职业道路上取得更好的发展。同时，职称制度是评价和管理专业技术人才的重要制度，能为人才提供更好的发展机会和激励措施，进而推动整个社会的科技进步和发展，满足国家对高技能人才的需求。

习近平总书记关于网络强国的重要论述为全力推动新时代新征程网信事业高质量发展提供了方向和根本遵循。大数据、云计算、人工智能、网络安全等网信领域迫切需要专业技术人才的支持。而这些领域却没有完善的专业技术人才培养标准体系，缺乏整套职称评定标准，阻碍了人才的职业发展。因此，为了深入贯彻落实习近平总书记关于人才评价机制改革的重要指示精神，在网信领域迫切需要完善职称评定制度的背景下，本文收集、整理、总结了当前国内部分省市网信领域职称设置状况，剖析网信领域职称评定存在的问题，针对河北省网信单位当前的职称评定情况提出对策建议，以推动河北省完善网信人才评价机制，引导人才发展，促进优秀人才在队伍中脱颖而出，支持网信领域专业技术人才的职业发展，最大限度地发挥各类人才的创新性和主动性，充分激发人才干事创业的活力，促进河北省网信单位的顺利发展。

---

① 《习近平：阔步迈向网络强国》，《中国建设信息化》2023年第19期。
② 《工信部印发〈关于加强和改进工业和信息化人才队伍建设的实施意见〉》，《产城》2022年第10期。

二　职称相关概念和发展情况

（一）相关概念

1.职业资格

职业资格是对劳动者从事某一职业所要达到的知识和技能水平的要求，分为从业资格和执业资格。从业资格在《国家职业资格目录》中属于"水平评价类"，具有较强的专业性和社会通用性，且技术技能要求较高；而执业资格则属于"准入类"，其对于公众利益、国家安全和公众安全来说至关重要，并且以法律法规或国务院的决定作为依据，一般通过专门的技能培训和统一命题考试取得。从开始新一轮职业资格改革以来，国家更新了《国家职业资格目录（2021年版）》。与2017年版相比，优化后的目录中国家职业资格大幅减少，专业技术人员职业资格缩减至59项（其中包括33项准入类和26项水平评价类），技能人员职业资格缩减至13项。在新的职业资格制度中，职称与职业资格之间存在对应关系：高级职称对应国家一级职业资格；中级职称对应国家二级职业资格；初级职称对应国家三级职业资格。

2.职业资格制度与职称制度的关系

在职业资格制度改革方面，应该注重推动职业人才的专业化和国际化。而在职称制度改革方面，应该强调自主管理、职务管理、单位管理，建立包含职称和职业资格两个框架的全新评价体系。职称制度是针对公共部门人才评价的制度，与具体岗位紧密相连，所以人才评价与使用之间的联系紧密，更适合综合考虑评聘关系。职业资格制度是针对社会化人才的评价制度，更注重人才评价过程，因此更适合评聘分开考虑，以满足不同需求[1]。

---

① 孙一平、谢晶：《深化职称制度改革背景下职称评聘模式研究》，《中国行政管理》2017年第10期。

（二）职称制度发展历程

1. 积极创建阶段

在新中国成立初期，我国需要大量专业技术人才，因此借鉴苏联的科学技术人员管理模式，对专业技术人员已取得的技术职务给予认可和保留。1954年，国务院组织起草了专业技术职务任命条例，这标志着我国职称制度开始建立。1955年与1962年国家曾尝试建立"学术技术称号制度"及"学衔制度"，但因为多种因素影响未能成功实行。1977年，国家建立了职称评定制度，同时引入了技术岗位责任制，"职称"这个概念也被正式提出。自1978年起，国家先后恢复了教师、卫生等专业技术人才的评价工作。1979年，我国正式开始了科技干部技术职称评定工作，在这个阶段，职称仅用来反映一个人的学术和技术水平，并不影响工资和待遇，职称评审也没有具体要求和限制①。

2. 恢复过渡阶段

积极创建阶段的体系建设不够完善，职称评定制度在实施过程中出现了一系列问题和偏差，所以这一阶段相当于我国职称制度的转折时期。1985年底，中央书记处讨论后决定改革职称评定制度，以应对中央将等级工资制改为职务工资制的政策变化，并实施专业技术职务聘任制度，这个新制度以职务为核心，同时引入了结构工资制和岗位责任制。1986年，相关政策文件相继颁布，如《关于改革职称评定，实行专业技术职务聘任制度的报告》《国务院关于实行专业技术职务聘任制度的规定》。这意味着我国正式开始实施专业技术职务聘任制度，取代了以前的职称评定制度，专业技术人才的管理制度正式形成。1990年经调整后，全国开始实行专业技术资格考试制度，这时我国初步形成了职务、工作、资格相分离的管理体系，进入职称系列分级分类管理、评聘分离的阶段。1993年11月通过的《中共中央关于建

---

① 高畅：《职称自主评审助力企业创新发展的探索与思考》，《中小企业管理与科技》2023年第14期。

立社会主义市场经济体制若干问题的决定》提出国家开始实行职业资格制度和学历制度，并在 1994 年正式建立了职业资格制度；2017 年 12 月，国务院办公厅颁布的《关于清理规范各类职业资格相关活动的通知》在职称制度的框架体系中纳入了职业资格。2009 年的全国专业技术人才工作会议提出，要建立一个新的职称框架体系，其中包括职业水平评价和许可类职业资格。以上改革都是为了更好地管理和评价专业技术人才的能力和水平，以促进专业技术人才发展①。

3.深化发展阶段

我国的职称制度经过十几年的发展变得越来越完善，并且逐步用考试来评估专业技术人才的能力和水平，促使人才获取专业技术资格。同时，对于高级专业技术职称，考试和评审都很重要，要综合考虑能力和工作成绩。这种评价体系奠定了我国现行职称评定制度的基础。2016 年，职称制度改革被纳入人才发展体制机制改革总体布局，中共中央办公厅、国务院办公厅印发了《关于深化职称制度改革的意见》，从制度体系、评价机制、评价标准、服务管理等方面进行了新的规划，明确了职称制度改革的指导思想和主要目标，全面开展新时期职称制度改革工作。中共中央办公厅、国务院办公厅在 2018 年 2 月和 7 月连续发布了《关于分类推进人才评价机制改革的指导意见》《关于深化项目评审、人才评价、机构评估改革的意见》两个重要文件，强调了职称评定在人才选拔中的重要性，并特别强调了职称评定是人才选拔中的指挥棒和风向标。为了确保职称评审的规范性和有效性，2019 年我国颁布了《职称评审管理暂行规定》，明确了职称评审的法律地位。党的十八大以来，党中央、国务院对人才评价机制进行了一系列改革探索，评价质量逐步提高，职称制度基本健全②。

（三）职称制度未来发展

我国的职称制度在不断的改革中越来越完善，改革有效促进了职称制度

---

① 郑伟、李蕊：《职称制度发展历程与现状浅析》，《智慧中国》2022 年第 8 期。
② 董志超：《我国职称制度的发展与改革》，《中国卫生人才》2011 年第 5 期。

与人员招聘、考核、晋级等管理制度的衔接，有助于选拔品德高尚、能力出众和贡献突出的人才。但随着科技经济和专业技术领域的发展，还需要新一轮的职称制度改革，及时满足新职业领域人才评价需求。人社部的有关负责人表示，接下来，职称制度改革将会向纵深发展。一方面，以促进高水平科技自立自强为目标，不断完善职称评价新标准，全面准确反映专业技术人才的科技水平，激励更多人才；另一方面，拓展新时代产生的新职业，逐步将一些已经成熟的新职业纳入职称评审范围，畅通新职业人才的职业发展道路，营造方便人才创新的良好环境。

三　网信领域职称评定现状

（一）部分省市网信专业职称评定情况

1. 广东省网信专业职称评定情况

2019 年 9 月，广东省人力资源和社会保障厅、广东省科学技术协会联合发布了《广东省网络空间安全工程技术人才职称评价改革实施方案》，这是全国首个涉及网络空间安全工程技术人才职称评价的方案。该方案的出台对于网络空间安全工程技术人才来说非常重要。该方案提出，网络空间安全工程技术人才职称评价的专业设置包括网络空间安全系统设计、网络空间安全系统评测、网络空间安全技术应用、网络空间安全管理监测、网络空间安全技术研究①。另外，为了让网络空间安全工程技术人才的职称评价和人才培养制度更好地衔接，该方案规定，已获得工程类硕士、博士专业学位的人员可以提前 1 年参加相关专业职称评价。

2. 天津市网信专业职称评定情况

2020 年 11 月，天津市人力资源和社会保障局、天津市网信办发布了

---

① 《关于印发〈广东省网络空间安全工程技术人才职称改革评价实施方案〉的通知》，广东省人力资源和社会保障厅网站，2019 年 10 月 24 日，http: //hrss. gd. gov. cn/zcfg/zcfgk/contend/post_2653691. html。

《关于开展网信专业职称评价工作的通知》，首次设置了网信专业职称，包括网络空间安全、互联网治理、网络技术应用 3 个方向，涵盖计算机、数字经济、电子信息、通信工程等专业。该通知提到的网信专业职称评价既包括传统的技术岗位，如网络空间安全产品生产和互联网治理法律法规研究等，也包括大数据、5G、物联网和云计算等新技术行业管理或开发应用的岗位[①]。另外，符合网信专业资格条件的高技能人才可申报相应层级的网信专业职称。

3. 四川省网信专业职称评定情况

2021 年 1 月，四川省网信办、四川省人力资源和社会保障厅联合印发了《四川省网络信息安全工程技术人员职称申报评审基本条件（试行）》，这个基本条件主要面向网络信息安全工程技术领域，包括 4 个子专业：网络信息传播、网络舆情管理、网络安全服务、网络生态治理。具体而言，网络信息传播主要涉及网络信息策划与宣传、网络评论引导以及相关新技术和网络平台运营等工作；网络舆情管理主要涉及网络舆情监测研判和行业标准研究等工作；网络安全服务主要涉及网络信息安全系统规划设计、建设运维和成果转化推广等工作；网络生态治理主要涉及网络辟谣、网络侵权和网络空间教育等工作[②]。

（二）网信领域职称设置现状

在网信领域，对于通过全国计算机技术与软件专业技术资格（水平）考试或通信专业技术人员职业水平考试并且获得相应职业资格证书的人员，国家认可其已经具备从事网信相关工作的职业技能。这也意味着其具备相应职称资格，可以申请更高层级的职称。2023 年，《工业和信息化部高级职称评审工作实施细则（试行）》印发，提出在工程系列信息与通信工程、无

---

① 《天津市人社局市网信办关于开展网信专业职称评价工作的通知》，天津网信网，2020 年 12 月 29 日，http://www.tjcac.gov.cn/wxdt/tjs/202012/t20201229_5228001.html。

② 《四川省网络信息安全工程技术人员职称申报评审基本条件（试行）》，光明网，2021 年 1 月 19 日，https://m.gmw.cn/2021-01/19/content_1302051067.htm。

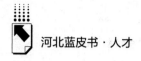
线电管理与技术、网络信息安全、电子信息工程与机械工程、标准化与计量、工业互联网、科技管理、工程管理与技术咨询 8 个专业开展高级职称评审。

四 网信专业技术人才职称评定设置问题分析

（一）当前部分省市网信专业技术人才职称评定设置存在的问题

1. 网信专业技术人才职称评定设置不全面

根据现有资料了解到，目前只有天津、广东、四川、北京、山东、浙江、贵州、上海等省市对网信专业技术人才进行职称评定，但是在职称制度体系改革中并没有网信领域。在我国对人工智能、云计算、网络安全、区块链及大数据等网信领域专业技术人才的需求显著增长的背景下，现有的职称评定标准无法适应新时代产生的新职业，导致网信领域的人才无法得到应有的认可和鼓励，限制了他们的职业发展和工作积极性，阻碍了专业技术的发展。

2. 网信专业技术人才职称评定设置方向和申请条件不统一

已设置网信专业职称的省市，如广东、四川和天津为网信专业职称评定设置了不同的细分领域和申请条件。举例来说，广东设置的网络空间安全专业职称有不同的方向，包括网络空间安全管理检测、网络空间安全技术研究、网络空间安全系统设计、网络空间安全系统测评、网络空间安全技术应用；四川将网络信息安全工程技术专业职称细化为网络生态治理、网络舆情管理、网络信息传播 3 个方向；天津网信专业职称则包括网络空间安全、互联网治理、网络技术应用 3 个方向。

3. 网信专业技术人才职称评定缺乏互相认同

北京市人力资源和社会保障局发布的《北京市职称评审管理暂行方法》规定，京津冀三地的职称资格可以互相认可，即北京、天津及河北三地的职称证书具有同样的效力，能更好地促进专业技术人才的职业发展。但目前的职称评定制度有地域或单位的限制，具体的标准存在差异，导致不同地方或单位的职称评定无法相互认同，人才到了新的省市或单位需要重新进行职称评定。在这样的背景下，部分省市设置的网信专业技术人才职称评定仅限于本区域，几乎没有跨区域或跨单位的专业职称互认制度，导致网信专业技术人才积极性受挫；同样地，对地方和用人单位来说，重新评定会造成人力、财力、物力的浪费，也不利于人才流动。

（二）河北省缺少网信专业技术人才职称评定机制

2023 年 8 月 9 日，河北省职称改革领导小组办公室印发了《河北省高、中级职称申报评审条件》，但没有涉及网信专业职称评定的内容。河北省网信单位专业技术人才很多，却没有系统的职称评定机制，不仅加大了专业技术人才的竞争压力，更对部分专业技术的发展造成了一定的影响，削弱了网信人才的工作积极性。习近平总书记在网络安全和信息化工作座谈会上提出了一系列新理念新战略，强调聚天下英才而用之，为网信事业发展提供有力的人才支持，采取特殊政策，并建立适合网信特点的人才评价机制①。

五　关于河北省网信单位职称评定工作的对策建议

为贯彻落实习近平总书记关于网络强国的重要论述和网络安全"四个坚持"的原则，进一步深化河北省职称制度改革，加强网信专业技术人才队伍建设，推动河北省网信事业高质量发展，在工程技术系列职称中增设网信专业已迫在眉睫。

---

① 陈力丹：《习近平在网络安全和信息化工作座谈会上的讲话》，《新闻前哨》2018 年第 2 期。

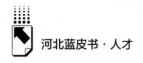

（一）建立专业评定体系

1. 设置职称评定专业类别

中共中央办公厅、国务院办公厅在 2017 年 1 月印发了《关于深化职称制度改革的意见》，目的是解决职称制度存在的问题，如体系不够健全、评价标准不够科学、评价机制不够完善等。建全职称制度体系是为了保持现有职称系列的稳定性，同时增设新兴职业的职称系列，根据专业领域设置相应的专业类别①。2019 年 4 月，人力资源和社会保障部办公厅、市场监管总局办公厅和统计局办公室印发了《关于发布人工智能工程技术人员等职业信息的通知》，确定了大数据工程技术人员、人工智能工程技术人员、建筑信息模型技术员、物联网工程技术人员、云计算工程技术人员、数字化管理师等网信领域新职业②。为了更科学、更有效地评价这些专业技术人才的职称，国家职称制度改革相关政策还提出了根据职业属性和岗位需求细化网信人才专业分类的要求。建议针对在河北省网信单位从事网络安全研发、人工智能、云计算、技术服务、互联网治理等相关工作的专业技术人才，根据河北省网信单位的实际工作情况并结合相关政策文件设置职称评定专业类别。

2. 健全职称层级设置

根据国家发布的《关于深化职称制度改革的意见》，各职称系列均设置初级、中级和高级职称。初级职称分为员级和助理级两个级别，也可以只设置助理级。高级职称则包括正高级和副高级两个级别。初级职称对应的资格名称分别是技术员、助理工程师，中级职称对应的资格名称是工程师，高级职称对应的资格名称分别是高级工程师和正高级工程师。因此，网信专业职称设置也应该分为初级、中级和高级三个层次。

① 《中共中央办公厅　国务院办公厅印发关于深化职称制度改革的意见》，《财会学习》2017 年第 3 期。

② 苗银凤：《三部门联合发布人工智能工程技术人员等职业信息》，《中国培训》2019 年第 4 期。

3. 促进职称制度与职业资格制度相对应

为了进一步完善职业分类和职业标准，需要及时发布新的职业，并建立完善动态调整机制、更新职业资格目录，还需要按照职业资格制度和职称制度的框架，在相关领域建立相应的关联。根据原人事部、原信息产业部于2019 年印发的《通信专业技术人员职业水平评价暂行规定》《通信专业技术人员初级、中级职业水平考试实施办法》，通信专业技术人员初级、中级职业水平考试合格者将获得职业资格证，可以被视为具备相应系列和级别的职称，网信单位可以直接聘任这些专业技术人员。

（二）明确评定工作标准

1. 注重德才兼备，坚持以德为先

把政治品德和职业道德放在评定标准的首位，对于网信领域专业技术人才的职业道德和职业纪律需要重点考察。通过个人述职、民意调查和年度考核等方式加强审核，强化网信领域专业技术人才的社会责任，对于学术不端、弄虚作假等行为按有关规定严肃处理。

2. 突出能力水平和业绩贡献

将重点放在网信领域专业技术人才的专业能力、贡献和业绩上。摒弃过于看重论文、学历、资历和奖项的倾向，以职业属性和岗位需求为基础，减少对学历的限制性要求，仅将学历作为基本要求。对于专利数量和论文，不设置硬性要求，而注重评估网信领域专业技术人才的专业性、实践经验、技术水平和创造力等方面。探索评审和考试相结合的方式，将社会效益和实际贡献作为重要指标，制定一套符合现实情况的评定标准[①]。

3. 将国家标准、地区标准和单位标准相结合

河北省网信单位要以国家制定的《实验技术人才职称评价基本标准》为基础，根据本省实际对各单位进行分类，体现具体岗位特点，按要求制定单位职称评定或推荐标准。地区标准和单位标准不应低于国家标准。

---

① 施云燕：《我国职称评价改革现状及未来发展策略研究》，《中国科技人才》2021 年第 6 期。

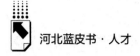
（三）引入多种评定机制

1. 采用多种职称评定方式

以高层次专业技术人才为工作重点，建立以高级职称同行专家评审为基础、个人评级和团队评价相结合的业内评价制度。为了确保职称评定的公平性，应采用多种评定方式，包括考试、个人表现认定、现场面试和业绩展示等。评审专家将负责提供客观公正的专业意见，以促进评定结果的公平性，并提高职称评定的科学性和可行性。将申报材料提前送审或盲审，以应对评审时间短和专家对申报人了解不足的情况。对于初级职称，采用单位聘任方式，用人单位按照本市相关规定，对符合资格条件的人员进行业绩考核，合格后自主聘任。而中级、高级职称由专业评审委员会负责，按照考核评价方式进行评审。

2. 畅通职称申报渠道

为了促进人才的全面发展，建议进一步消除户籍、档案等制约，使更多人才能参与职称评定，打破"天花板"，鼓励高技能人才参加职称评定，同时建立一个能让高技能人才和专业技术人才互相交流的平台。建议针对与河北省网信单位签订聘用合同的专业技术人才开通职称评定"直通车"，同时放宽资历和任职年限要求，让符合条件的海外高层次人才和急需紧缺人才更容易申报高级职称。

3. 开发职称管理信息服务平台

完善河北省网信单位的职称评定程序，建立一个公平公正的职称管理信息服务平台，推动实现职称申报、审核、评定、公示和查询全面"上网"，让人才可以通过互联网完成职称评定相关申请。进一步简化职称申报渠道和审核环节，减少证明材料，优化审核过程，并确保信息可以在多个地方共享。加强职称评定信息库建设，探索推行职称电子证书，逐步实现职称证书网上查询验证，提升职称管理服务水平，从整体切实提高职称评定工作效率①。

---

① 高雪桃、高培唐、王仁祥：《专业技术职称信息化管理平台建设的探索与实践》，《中国管理信息化》2022年第1期。

（四）加强职称评定监督

1.加强职称评定委员会专家库建设

明确职称评定委员会的具体组织管理要求，切实将评定专家和委员会工作人员的责任落到实处，制定严格的工作程序和评定规则。尽最大努力提升评定的公正性和透明度，对评定过程进行实时监控，严禁相关评定单位及工作人员违反组织规定，对于违反规定、产生严重问题的主体责任人，按照相关规定给予处罚。突出职称评定的合理性和公正性，同时加强自我约束和外部监督。加强职称评定委员会专家库建设，定期对委员会成员进行更新，并形成动态优化机制，让专家们更好地发挥自己的作用。

2.完善职称评定公开制度

明确职称公示的要求，同时探索建立职称申报评定的失信黑名单和诚信档案制度，以进一步完善诚信承诺和失信惩戒机制。坚决不容忍学术不端行为，并严厉打击通过弄虚作假和不正当手段取得职称的行为。评定单位及相关工作人员严格遵守评定纪律，加强专业技术人才考试监督，严防考试泄密，保证考试公平。依法规范专业职称评定、收费和发证等事项，同时加大力度查处制作、贩卖假证和虚假网站等违法行为，严厉打击考试舞弊、侵害专业技术人才利益和干扰职称评定秩序等违法行为。完善职称评定公开制度，职称申报材料要接受公众的监督，确保政策、标准、程序和结果公开，保证评定的公平性和透明度。

六　结束语

职称制度对畅通人才职业发展道路、激发人才创新活力具有重要作用①。职称评定是一项政策性强、原则性强的工作，它与人才的培养和使用

---

① 高雪桃、高培唐、王仁祥：《专业技术职称信息化管理平台建设的探索与实践》，《中国管理信息化》2022年第1期。

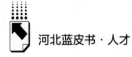
密切相关。随着新时代产生越来越广泛的新产业领域,河北省网信单位根据自身实际调整职称评定工作至关重要。应建立一个科学、专业、规范的职称评定系统,确保那些真正想做事、能做事、做出成绩的人才能够得到评价和认可,让职称评定真正反映岗位需求和个人实际贡献①。

建立一个网络强国首先要注重人才培养,人才是推动网络强国建设的关键。对网信专业技术人才进行职称评定,不仅能适应新时代的快速发展,推动河北省深化职称制度改革,还能有效提升河北省网信单位的人才管理水平,满足河北省网信专业技术人才的职业发展需要,不断激发他们的积极性和工作热情,进一步提升他们的专业技术水平,形成全方位的学习和提升氛围,切实提高河北省网信单位的工作质量和效率。同时,这些举措能吸引更多网信专业技术人才来河北省发展,为河北省网信事业的发展提供坚实支撑。

_____

① 董媛媛、杨舒文:《工程技术人才职称评审机制初探》,《人才资源开发》2022年第13期。

B.4
河北省设区市科技人才吸引力评价及提升策略研究

张亚宁*

摘　要： 科技人才是地区发展最核心的要素之一，对于推动科技进步、促进经济社会发展和提升地区综合竞争力都具有至关重要的作用。本文针对河北省11个设区市的科技人才吸引力建立了评价模型，并从经济发展水平、自然生态环境、公共服务水平、社会生活环境、科技创新环境5个方面建立了城市科技人才吸引力综合评价指标体系，利用熵值法确定指标权重，进行科技人才吸引力定量评价，并对这11个设区市进行系统聚类分析，根据研究结果分析了这些城市的优势和劣势，并提出提升科技人才吸引力的对策建议，包括加快经济发展，增强经济实力；提高公共服务可及性和均等化水平，为科技人才提供更优质的公共服务；多部门统筹协调，推动自然生态环境优化；优化科技人才管理机制，提升科技转化效能，营造更有吸引力的科技创新环境；优化社会生活环境，提升科技人才的生活幸福感。

关键词： 科技人才　吸引力　河北

创新是引领发展的第一动力，创新的主体是人才。作为科技创新的重要支撑，科技人才能够为地区的科技创新和经济发展提供源源不断的动力，可以带动整个行业或领域的发展，不断提高地区的综合竞争力并推动经济社会

---

* 张亚宁，博士，河北省社会科学院人力资源与劳动经济研究所助理研究员，主要研究方向为区域产业发展与人才队伍建设。

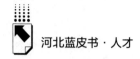
发展，因此全国各地对科技人才的需求不断增长。从全国来看，科技人才总体呈现"东强西弱、南强北弱"的不均衡分布态势①，由此可见，各地对科技人才的吸引力存在一定差异。对于河北省来说，只有理清省内 11 个设区市的科技人才吸引力情况，才能根据地区特点有的放矢地采取措施，有效增强对科技人才的吸引力，从整体上提升本省的科技创新能力，加速科技产业发展。因此，如何对 11 个设区市的科技人才吸引力进行定量评价、如何在定量评价的基础上找到各地的优势和劣势并据此进行提升策略研究是亟待解决的问题。

一 概念界定及理论基础

（一）科技人才的概念及特点

1. 科技人才的概念

科技人才的概念是一种广义、抽象、与时俱进且其特征随人们对品德、知识、才能理解的变化而变化的动态概念，同时是一个具有中国特色的概念。不同研究对科技人才的概念有所侧重，但总体内涵基本一致。目前国内普遍采用《国家中长期科技人才发展规划（2010—2020 年）》对科技人才的界定，即"科技人才是具有一定的专业知识或专业技能，从事创造性科学技术活动，并对科学技术事业即经济社会发展做出贡献的劳动者"。

2. 科技人才的特点

科技人才与其他产业人才相比普遍具有综合素质较高、知识结构较完善、主动性较高的特点。

（1）综合素质较高

科技工作存在一定的就业门槛，对从业人员的技术、创新、学习等方面的综合素质要求较高，因此科技人才一般具有较高的综合素质。

---

① 赵晨、牛彤：《我国区域科技型人才分布不均衡的风险研究》，《经营与管理》2021 年第 1 期。

（2）知识结构较完善

绝大部分的科技人才学历都在本科以上，完整系统地接受了较高水平的教育，建立了比较完善的知识结构。由于职业要求，科技人才将在工作中保持不断学习新知识、新理论的习惯，对自己的知识构成进行更新换代。

（3）主动性较高

科技人才一般具有较高的知识水平和相对较高的收入，所从事的工作基本能满足一般生活需要，具有较高的成就欲、社交欲①，更倾向于主动追求高水平的自我实现，因此科技人才倾向于发挥主动性并体现自己的价值。

3.科技人才的分类

根据不同的分类标准，可以将科技人才划分成不同的类别。

本文根据李久佳等学者②的研究成果与《关于开展科技人才评价改革试点的工作方案》等文件，从不同角度将科技人才进行分类，如图1所示。

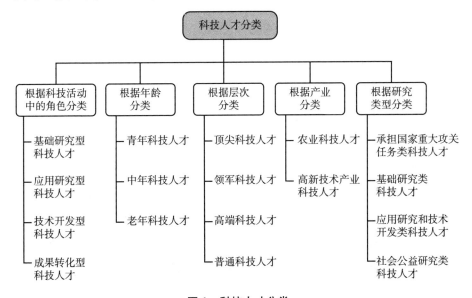

图1　科技人才分类

① 郑文力：《论势差效应与科技人才流动机制》，《科学学与科学技术管理》2005 年第 2 期。

② 李久佳、许优美、杨雪：《关于提升城市科技人才吸引力的对策研究》，《科技与创新》2021 年第 19 期；张欣：《创新链视角下科技人才分类评价指标体系构建研究》，《科学与管理》2020 年第 6 期。

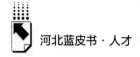

（二）城市科技人才吸引力的概念及相关理论

杭沿达等多位学者[①]都曾对科技人才吸引力进行界定，将科技人才吸引力定义为"地区客观吸引力和人才政策吸引力共同作用的结果""一个城市在吸引人才、留住人才及挖掘人才潜力方面的综合表现""城市的各种要素共同作用于科技人才，使科技人才愿意在该城市工作、生活的能力"。

上述研究对科技人才吸引力的定义较为一致，本文综合以上定义，将城市科技人才吸引力定义为城市在吸引、留住科技人才方面的能力，是城市各种要素共同作用的结果。

二 构建城市科技人才吸引力综合评价指标体系

（一）影响科技人才流动的影响因素分析

根据上述研究对科技人才特点及分类的分析，本文参考朱贤祺等学者[②]的研究，将影响科技人才流动的主要因素归结为经济发展水平、自然生态环境、公共服务水平、社会生活环境和科技创新环境5个方面。

1.经济发展水平

经济发展水平不仅是国家或区域生产力和生产关系的重要体现，还影响人们在各种社会活动中产生的其他社会关系。一个地区的经济实力对科技人才的吸引是全方位的。一般而言，经济发展水平越高，对科技人才的吸引力就越强。经济实力较强的地区可以为科技人才提供更多就业岗位和发展空间，同时薪酬待遇和生活质量也较高。科技政策是地区吸引科技人才的重要

---

① 杭沿达：《河南省科技人才吸引力影响因素分析》，《合作经济与科技》2020年第10期；刘淑芳：《基于云模型的城市科技人才吸引力评价研究》，硕士学位论文，青岛理工大学，2022；刘妍：《西安地区科技人才吸引力评价研究》，硕士学位论文，西北大学，2014。

② 朱贤祺：《江苏省城市科技人才吸引力综合评价研究》，《经营与管理》2022年第6期；林静霞、何金廖、黄贤金：《城市舒适性视角下科研人才流动的城市偏好研究》，《地域研究与开发》2020年第1期。

手段，政府是科技政策的发布者，通过提供完善的人才政策、优惠的税收政策，设立科技园区以及加强知识产权保护等措施吸引科技人才，而这些政策措施力度的大小往往由财政收入总额直接决定。总之，经济较发达地区能够提供更好的生活环境和发展机会，从而吸引更多科技人才。

2. 自然生态环境

科技人才更注重生活品质和环境质量，对于自然生态环境有着更高的要求。自然生态环境对于科技人才的身心健康和创造力有着积极的影响，美丽的自然环境能够激发科技人才的创造力和想象力，提高他们的生活质量和工作效率。因此，一个具有良好自然生态环境的地区可以吸引更多科技人才落户。

3. 公共服务水平

马斯洛认为，人们需要稳定、安全、免除恐惧和焦虑的保护。较高的城市公共服务水平可以满足人才的安全需求。充足且高质量的医疗服务、广泛覆盖的失业保险和医疗保险等公共服务保障可以为突然失业、突发疾病等事件提供基础保障，有效免除科技人才的后顾之忧。此外，子女可获得的教育资源也是影响科技人才选择工作地区的重要因素，有时甚至是决定性因素。综上所述，公共服务水平对科技人才吸引力具有显著影响。政府应对本地公共服务短板进行系统分析并及时补齐，为科技人才提供更好的生活和发展环境。

4. 社会生活环境

根据马斯洛的需求层次理论，在满足生理需求和安全需求后，更高层次的社交和尊重成为主要需求。城市提供的社会生活环境是满足科技人才社交需求和尊重需求的基础。图书馆、博物馆等公共场所具有浓厚的文化氛围和人文气息，不但可以获取知识、增长见闻，同时是重要的公共社交场所，科技人才可以通过阅读图书、欣赏展览等方式有效丰富自身的精神文化生活。此外，城市规模、城市道路、商品交易市场也都影响着科技人才的生活品质。规模较大的城市往往具有更便利的外部交通条件和更完备的基础设施；城市道路建设水平决定着市内交通状况；商品交易市场提供多样化的商品和服务，可以满足科技人才的不同消费需求。以上因素对科技人才的生活质量

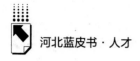
都有着重要的影响。

5.科技创新环境

良好的科技创新环境可以为满足科技人才自我实现的需求提供重要的助力。科技创新环境不仅为科技人才提供了展现才华的舞台，更是激发其创新力和创造力的关键因素。科技创新环境对科技人才的成长方式同样具有重要影响。在充满挑战和机遇的科技创新环境中，科技人才会更加注重加强团队协作和交流、拓展知识视野、增强跨领域合作能力，通过深入的研讨与合作，不断提升自身的专业素养和技术水平。

（二）建立城市科技人才吸引力综合评价指标体系

综合考虑指标数值的可信性、可得性，结合评价指标的代表性、科学性，从以上5个方面来构建城市科技人才吸引力综合评价指标体系。基于马斯洛需求层次理论和已有文献研究，综合考虑科技人才需求，本文构建的城市科技人才吸引力综合评价指标体系共包括5项一级指标和30项二级指标，如表1所示。

表1　城市科技人才吸引力综合评价指标体系

一级指标	二级指标	单位	指标属性
经济发展水平	人均 GDP X1	元	正向
	城镇居民人均可支配收入 X2	元	正向
	进出口总额 X3	万元	正向
	第三产业占 GDP 的比重 X4	%	正向
	社会消费品零售总额 X5	亿元	正向
	一般公共预算收入 X6	亿元	正向
自然生态环境	城市区域环境噪声等效声级 X7	分贝（A）	负向
	$PM_{2.5}$ 平均浓度 X8	微克/立方米	负向
	水环境质量 X9	%	正向
	公园面积 X10	公顷	正向
	空气质量优良天数比例 X11	%	正向
	绿化覆盖面积 X12	公顷	正向

续表

一级指标	二级指标	单位	指标属性
公共服务水平	卫生健康支出占财政预算的比重 X13	%	正向
	每每万人拥有医师数 X14	人	正向
	城镇职工基本医疗保险参保人数 X15	万人	正向
	失业保险参保人数 X16	万人	正向
	义务教育阶段专任教师数 X17	人	正向
	教育支出占一般公共预算的比重 X18	%	正向
社会生活环境	公共图书馆数 X19	个	正向
	博物馆参观人次 X20	万人次	正向
	公共图书馆总藏量 X21	万册	正向
	建成区面积 X22	平方公里	正向
	年末实有道路面积 X23	万平方米	正向
	亿元以上商品交易市场个数 X24	个	正向
科技创新环境	财政科技支出占一般公共预算的比重 X25	%	正向
	规模以上工业企业 R&D 经费 X26	万元	正向
	规模以上工业企业新产品销售收入 X27	万元	正向
	规模以上工业企业 R&D 人员全时当量 X28	人年	正向
	规模以上工业企业专利申请数 X29	件	正向
	城镇非私营单位就业人员平均工资 X30	元	正向

三　河北省城市科技人才吸引力评价与分析

（一）数据来源

本文的数据主要来源于 2022 年的《河北经济年鉴》《中国统计年鉴》《中国科技统计年鉴》《中国城市统计年鉴》及各设区市 2022 年的国民经济和社会发展统计公报。研究对象包括石家庄市、保定市、邢台市、邯郸市、廊坊市、秦皇岛市、承德市、衡水市、沧州市、张家口市、唐山市 11 个设区市，在整理计算得到 11 个设区市指标值后，利用 MATLABR 2015b 软件进行了建模评价。

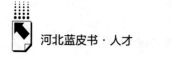
（二）评价指标权重计算

本文采用客观赋权的熵值法确定 30 个指标的权重，为缩小各指标因性质和单位不同造成的差异，对指标进行无量纲化处理，处理后的结果全部处于 0~1，为了消除 0 值对后续计算的影响，所有数据均向右平移 0.001 个单位。

第一步，采用公式（1）对正向指标进行处理，采用公式（2）对负向指标进行处理：

$$X'_{ij} = \frac{X_{ij} - \min(X_{i.})}{\max(X_{i.}) - \min(X_{i.})}, i = 1,2,\cdots,m; j = 1,2,\cdots,n \tag{1}$$

$$X'_{ij} = \frac{\max(X_{i.}) - X_{ij}}{\max(X_{i.}) - \min(X_{i.})}, i = 1,2,\cdots,m; j = 1,2,\cdots,n \tag{2}$$

其中，X_{ij} 表示第 j 个城市的第 i 个指标的数值；$X_{i.} = (X_{i1}, X_{i2}, \cdots, X_{in})$；$\max(X_{i.})$ 表示该序列的最大值，$\min(X_{i.})$ 表示该序列的最小值；X_{ij} 为无量纲化处理后的结果。

第二步，计算第 i 项指标的信息熵 E_i：

$$E_i = -k \sum_{j=1}^{n} (p_{ij} \ln p_{ij}), i = 1,2,\cdots,m; j = 1,2,\cdots,n \tag{3}$$

其中，$p_{ij} = \dfrac{X'_{ij}}{\sum\limits_{j=1}^{n} X'_{ij}}$ 表示第 i 项指标下第 j 个城市的值在此指标中所占比重；常数 $k = \dfrac{1}{\ln n}$，其中 n 为城市个数。

第三步，计算权重。利用公式（3）依次计算各个指标的信息熵，然后计算各指标的权重 w_i：

$$w_i = \frac{1 - E_i}{\sum\limits_{i=1}^{m} (1 - E_i)}, w = (w_1, w_2, \cdots, w_{30}) \tag{4}$$

根据公式（4）计算得到河北省 11 个设区市科技人才吸引力综合评价一级指标和二级指标的权重，其中一级指标的权重及排名如表 2 所示。

表 2　河北省 11 个设区市科技人才吸引力综合评价一级指标的权重及排名

一级指标	排名	权重
社会生活环境	1	0.232
经济发展水平	2	0.212
科技创新环境	3	0.207
自然生态环境	4	0.200
公共服务水平	5	0.148

从一级指标权重来看，社会生活环境的权重最高，为 0.232；经济发展水平、科技创新环境和自然生态环境 3 个指标的权重相差不大，分别为 0.212、0.207 和 0.200；公共服务水平的权重最低，且与其他指标差距较大，为 0.148。这说明对于科技人才来说，一个地区最吸引他们的地方在于社会生活环境是否能够满足他们的精神需求，这与科技人才注重自我实现与精神追求是相契合的，经济发展水平、科技创新环境与自然生态环境的权重反映了科技人才的事业发展需求与居住环境需求同样重要。因此，为科技人才提供良好的社会生活环境、科技创新环境和自然生态环境对于提升地区科技人才吸引力来说至关重要。

河北省 11 个设区市科技人才吸引力综合评价二级指标权重如图 1 所示，建成区面积、规模以上工业企业新产品销售收入、空气质量优良天数比例、年末实有道路面积、亿元以上商品交易市场个数排名前五，是一级指标下最重要的二级指标。

（三）各城市的最终得分

河北省 11 个设区市最终得分计算方法如下：

$$S_j = w \cdot X'_{\cdot j} \tag{5}$$

其中，$X'_{\cdot j} = (X'_{1j}, X'_{2j}, \cdots, X'_{mj})^T$；$S_j$ 表示第 j 个设区市的最终得分，根

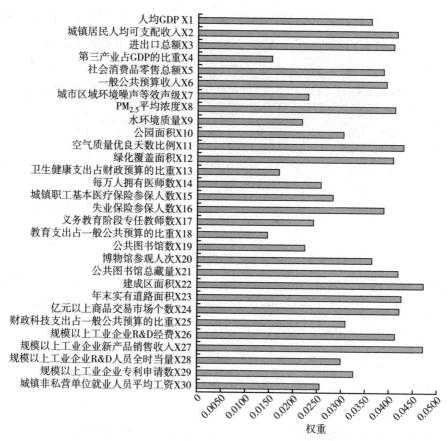

图2 河北省11个设区市科技人才吸引力综合评价二级指标权重

据公式（5）计算得到河北省11个设区市科技人才吸引力综合评价和一级指标得分及排名情况，如表3所示。

表3 河北省11个设区市科技人才吸引力综合评价和一级指标得分及排名情况

地区	综合评价得分	综合排名	经济发展水平		自然生态环境		公共服务水平		社会生活环境		科技创新环境	
			得分	排名	得分	排名	得分	排名	得分	排名	得分	排名
石家庄市	0.699	1	0.173	2	0.106	3	0.133	1	0.184	1	0.103	3
承德市	0.210	9	0.013	11	0.123	1	0.041	7	0.017	10	0.016	10
张家口市	0.197	10	0.031	8	0.113	2	0.022	11	0.027	9	0.005	11
秦皇岛市	0.272	7	0.055	7	0.095	4	0.037	8	0.037	7	0.048	8
唐山市	0.681	2	0.179	1	0.064	6	0.098	2	0.151	2	0.189	1

地区	综合评价得分	综合排名	经济发展水平		自然生态环境		公共服务水平		社会生活环境		科技创新环境	
			得分	排名	得分	排名	得分	排名	得分	排名	得分	排名
廊坊市	0.333	5	0.120	3	0.060	7	0.031	9	0.029	8	0.093	4
保定市	0.477	3	0.068	4	0.058	8	0.093	3	0.126	3	0.132	2
沧州市	0.304	6	0.066	5	0.042	11	0.064	5	0.057	6	0.074	6
衡水市	0.160	11	0.023	10	0.054	9	0.023	10	0.011	11	0.050	7
邢台市	0.229	8	0.026	9	0.044	10	0.067	4	0.068	5	0.024	9
邯郸市	0.383	4	0.057	6	0.066	5	0.061	6	0.120	4	0.079	5

（四）系统聚类分析

为进一步对比分析河北省 11 个设区市的科技人才吸引力，基于 11 个设区市各项一级指标得分，采取组间连接的聚类方法，以平方欧式距离为区间，使用 SPSS 软件进行系统聚类分析，结果如图 3 所示。

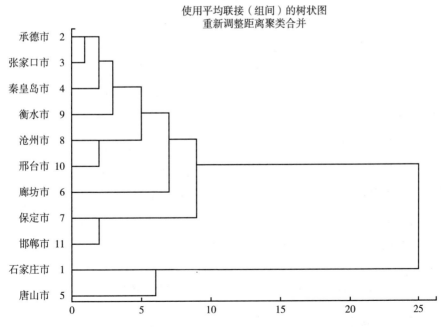

图 3　河北省 11 个设区市科技人才吸引力系统聚类分析结果

河北省 11 个设区市的科技人才吸引力差距比较明显，其中石家庄市和唐山市的科技人才吸引力是最高的，属于第一类城市。石家庄市作为河北省会，具有一流的公共服务水平和社会生活环境，且经济发展水平排名仅次于唐山市，坐拥河北师范大学、河北科技大学、河北医科大学、石家庄铁道大学等10 所本科院校，为本地提供了丰富的人才资源，优厚的引才政策也吸引着科技人才来此工作、生活。唐山市地处渤海湾中心地带，东隔滦河与秦皇岛市相望，西与天津市毗邻，南临渤海，地理位置优越，历来是河北省的工业重镇，其经济发展水平、科技创新环境得分均在全省 11 个设区市中排名第一，公共服务水平和社会生活环境得分均排名第二。作为第一类城市，石家庄市和唐山市的短板都在于自然生态环境排名与其他一级指标相比较为落后。

第二类城市包括保定市、邯郸市、廊坊市，科技人才吸引力处于中等偏上水平。廊坊市具有毗邻京津的区位优势，经济实力较强，同时人才政策、资金支持力度不断加大，人性化政策措施逐渐完善。廊坊市聚焦科技创新和产业发展需求，多措并举实施"人才倍增计划"。廊坊市的短板在于公共服务水平、社会生活环境和自然生态环境，保定市的短板在于自然生态环境，邯郸市整体较为均衡，不存在比较明显的短板。

第三类城市包括沧州市和邢台市，科技人才吸引力处于中等偏下水平。沧州市和邢台市共同的短板在于自然生态环境，邢台市在经济发展水平和科技创新环境方面也较为薄弱。

第四类城市包括承德市、张家口市、秦皇岛市和衡水市，这几个城市的科技人才吸引力均较低，突出表现为自然生态环境（衡水市此项指标得分也较低）之外的经济发展水平、公共服务水平、社会生活环境和科技创新环境得分都处于省内较低水平。河北省 11 个设区市科技人才吸引力系统聚类分析结果如表 4 所示。

表4　河北省11个设区市科技人才吸引力系统聚类分析结果

类别	城市
第一类	石家庄市、唐山市
第二类	保定市、邯郸市、廊坊市

类别	城市
第三类	沧州市、邢台市
第四类	承德市、张家口市、秦皇岛市、衡水市

四 提升河北省设区市科技人才吸引力的有效路径

上述研究结果定量评价了河北省 11 个设区市对科技人才的吸引力，并对它们吸引科技人才的优势和劣势进行了分析。若想有效提升科技人才吸引力，各设区市需结合自身情况，充分发挥优势、补齐短板，具体可以从以下几方面入手。

（一）加快经济发展，增强经济实力

将一级指标按照重要程度排名，经济发展水平排名第一，它是提升公共服务水平，优化自然生态环境、社会生活环境和科技创新环境的基础，也是提升科技人才吸引力的基础。尤其是对于承德市、张家口市等第四类城市来说，经济发展水平是明显的短板。因此，提升科技人才吸引力首先要增强经济实力。

1. 坚持规划先行，为区域经济发展明确方向

思深方益远，谋定而后动。任何一项重大战略的实施，都需要规划先行、筹谋在前。习近平总书记曾经指出，规划科学是最大的效益，规划失误是最大的浪费，规划折腾是最大的忌讳[①]。应坚持规划先行，根据城市的发展定位，从产业体系、产业结构、产业链、空间布局、经济社会环境影响、实施方案等方面进行规划设计，理清发展思路，优化产业布局。在规划设计

---

① 《解放军报评论员：推动搞好顶层设计和战略筹划——谈学习贯彻习主席在解放军代表团全体会议上的重要讲话》，人民网，2017 年 3 月 13 日，http://theory.people.com.cn/n1/2017/0313/c40531-29142225.html。

中，应着重考虑产业规划的深入性和可行性，为优化产业布局明确方向。

2.挖掘地方特色，加快构建体现地区优势的现代化产业体系

加快培育壮大衡水市的新型材料产业、承德市的特色装备制造产业、张家口市的新能源装备制造产业、秦皇岛市的港口产业等具有地域特色的相关产业，加快推进传统产业的数字化转型，持续促进人才链与"产业链+创新链+供应链"的深度融合，为产业发展提供金融、用地等政策支持。

3.充分发挥自然生态环境优势，推动旅游业蓬勃发展

承德市、张家口市、秦皇岛市作为旅游资源丰富的城市，消费市场的发展与旅游业的发展依存度相对较高。应牢牢抓住国内跨省游、跨市游火爆以及旅游消费市场回暖的大好时机，积极搭建多元化的旅游场景，推动"假日经济"的持续升温。

（二）提高公共服务可及性和均等化水平，为科技人才提供更优质的公共服务

随着经济社会的发展，河北省各设区市的公共服务体系已日趋完善，下一步的着力方向应由提高公共服务体系的完备性向持续推进基本公共服务均等化转变，着力扩大普惠性非基本公共服务供给，增强公共服务的均衡性和可及性。在河北省11个设区市中，属于第四类城市的4个市与廊坊市在公共服务水平方面较为薄弱，在增强科技人才吸引力方面，应重点加强公共服务建设。

1.打造布局合理、便捷易得的公共服务体系

根据人口分布密度、服务对象类型，优化医疗、教育、养老、交通等公共服务布局，为科技人才提供更高效的公共服务；对于失能、高龄等行动不便的老年群体，推行居家和社区养老等形式，使其可以在家门口养老，为科技人才提供便捷易得的养老服务。

2.建立公共服务政策主动告知机制

公共服务政策的信息披露应坚持透明、主动、公开的原则，在做好宣传工作的基础上，对于不同类型的科技人才，应主动帮助其收集相关政策。

3.积极推行公共服务数字化

充分利用数字新科技，打造在线医疗、教育服务平台，利用大数据技术推进智慧养老，为科技人才及家属提供便利的医疗、教育、养老服务。提升公共服务信息平台的互联互通、数据共享能力，推动更多服务事项通过网站、电话、App、公众号等提供，实现多项服务"集中受理、一次办理"，免去科技人才不必要的奔波。

（三）多部门统筹协调，推动自然生态环境优化

对于第三类城市沧州市、邢台市，自然生态环境是它们的短板，在自然生态环境提升方面应做到多部门统筹协调，综合管理空气质量、绿地建设质量、水环境质量等。加强联动配合，聚焦自然生态环境重点问题，进一步完善"发现—交办—整改—回复"闭环机制，持续推进城市品牌建设。

1.标本兼治、远近结合、长效长治，提升空气质量

以建筑工地、PM_{10}治理作为大气污染防治工作的重中之重，严格执行工业废气处理标准；大力推动绿色转型升级，提升重点行业环保绩效，推动产业结构优化升级，坚决遏制高耗能、高排放、低水平项目盲目发展；进一步提升钢铁产业集中度，加快推进邢钢退城搬迁；持续优化能源结构，大力发展风能、光伏、抽水蓄能等清洁能源，全方位降低空气中颗粒物浓度，提高空气质量优良天数比例。

2.综合治理，切实改善水环境质量

做好地表水和地下水的环境污染防治工作，持续推进饮用水水源保护区规范化建设，全面推进白洋淀流域污染治理和渤海综合治理。严格执行工业、生活污水排放标准，围绕钢铁、水泥、玻璃、电力、垃圾发电5个重点行业，持续开展入河排污口排查整治，因地制宜地建设人工湿地水质净化等设施，加快城镇、工业园区污水处理设施和配套管网建设，提高城区污水处理能力和水资源利用效率。推进城镇雨污管网和老旧小区管网建设，完善多渠道生态补水保障机制，持续改善水环境质量。

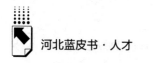

（四）优化科技人才管理机制，提升科技转化效能，营造更有吸引力的科技创新环境

科技创新环境对科技人才的作用是至关重要的。良好的科技创新环境能够激发科技人才的创新活力，提供必要的资源和支持，促进科技人才之间的交流与合作，从而提高他们的创新能力和科技成果的质量。同时，科技创新环境还能够为科技人才提供更多的发展机会和平台，促进他们的职业发展和个人成长。因此，创造一个良好的科技创新环境是吸引科技人才的关键，也是推动科技创新发展的重要保障。

1. 优化科技人才管理体制，激发科技人才创新活力

科技人才是创新的主体，优化科技人才管理机制、充分激发广大科技人才的创新活力是深入实施人才强国战略、创新驱动发展战略的重要措施。首先，加大本土科技人才培养力度，为科技人才尤其是青年科技人才提供稳定的资金支持，着力提升其创新能力。其次，继续深入推行科技人才考核评价改革，破除人才评价使用中的"四唯"倾向，建立激励与约束并重，引导科技人才潜心研究、担当作为，充分发挥科技人才创新活力的考核评价机制；探索建立长周期考核评价机制，避免科技人才囿于考核、急功近利。最后，在科技人才使用过程中，进一步完善"揭榜挂帅""赛马制"等项目机制，形成"能者上、优者奖"的人才使用机制，使有真才实学的科技人才有用武之地；改革科研经费管理方式，为科研经费使用"松绑"，让经费为科技人才的创造性活动服务。

2. 充分激发科技成果转化主体的积极性，提高科技成果转化成效

从科技成果转化主体来看，科技人才、企业、中介机构对科技成果转化的积极性在很大程度上决定了一项科技成果的落地转化效果。首先，不同途径的科技成果转化，科技人才是必须参与的主体，是科技成果转化最关键的一环，应加强对科技人才的创新激励，建立以知识价值为导向的科技成果转化收益分配机制，使科技人才充分享受科技成果转化的红利，充分调动科技人才对于科技成果转化的积极性；其次，为科技成果转化提供相关税收优惠、初始启动资金支持等政策，激励企业积极吸纳高校、研究院所等科技创新机构的成果，充分发挥企业在科技创新转化中的主体作用，促进科技成果向企业转移；再次，为促进科技转化中介机构发展壮大、加强人才队伍建设提供有效的政策支持，同时建立科学规范的科技市场，有效发挥市场配置科技创新资源的决定性作用；最后，各地政府应围绕本地主导产业，提供科技成果落地转化全链条服务，出台各类扶持政策，持续提高科技成果转移转化成效。

（五）优化社会生活环境，提升科技人才的生活幸福感

社会生活环境是科技人才最为重视的一级指标，包括文化生活、城市建设等方面，反映了丰富的文化资源、舒适的城市环境对科技人才的吸引力。该指标落后的城市应加强公共图书馆和博物馆等公共文化设施建设，提升城市文化魅力，全方位加强城市建设，打造舒适的生活环境，提升科技人才的生活幸福感。

1. 加强本地公共图书馆和博物馆建设，提升城市文化魅力

增加资金投入，做好规划，增建公共图书馆和博物馆，提升公共图书馆和博物馆等公共文化设施的使用效能。定期清理馆藏，剔除过时和损坏的图书，加大采购力度，及时补充最新的优秀图书，满足读者多样化的需求。利用线上渠道优化、简化借阅与还书流程。定期开办读书讲座、开展读书交流分享活动、组建读书俱乐部等，优化阅读环境。利用数字化技术更好地展示藏品，做好藏品的线上推广，增加趣味互动，优化线上讲解。以多样化的展览满足观众多元化需求，增加博物馆的参观人次。以城市为主体，以本地通史、革命文化、社会主义建设成就为主要特色，全景式、智慧化、体验性展现本地历史文化、传承本地人文精神，以城市文化魅力吸引科技人才。

2. 加强城市建设，打造舒适的生活环境

根据中国城市发展研究院发布的《城市建设水平综合评估报告TOP50》，在城市建设方面，与全国其他城市相比，河北省除省会城市石家

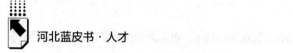

庄排第 25 名，其他设区市都较为薄弱，无一上榜。因此，应从城市整体规划、现有城市建设水平以及交通综合建设水平等方面全面对标排名前十的优秀城市，如武汉、重庆、南京等，积极引进先进城市建设理念和技术，不断改善城市基础设施，提高城市交通、水电等公共服务的质量和效率，为科技人才打造更舒适的生活环境。

人才队伍建设篇

B.5

"十四五"中期河北省企业家
人才队伍建设研究

——政府扶持视角

罗振洲　樊建国　张继军*

摘　要：　政府扶持可以为企业家提供更多资源和机会，促进企业的发展和创新，进而推动经济的增长和社会的进步。首先，本文研究了"十四五"中期河北省企业家人才队伍建设现状，发现中青年企业家群体快速发展壮大，企业家人才队伍整体素质不断提高，并且企业家群体对河北经济发展充满信心，大多数较为认可社会公平程度。其次，本文对比"十三五"开局至"十四五"中期企业家人才队伍变化情况以及政府扶持对企业家人才队伍建设的影响，分析不同时期影响企业家人才队伍成长的因素、企业家人才

---

* 罗振洲，博士，河北省社会科学院人力资源与劳动经济研究所副研究员，主要研究方向为战略规划与产业投资；樊建国，高级工程师，河北省邢台市宏观经济研究中心主任，主要研究方向为主导产业、重大项目和经济发展战略；张继军，北京太行拓华管理咨询有限公司研究员，主要研究方向为数字智能产业化。

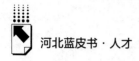

队伍最希望政府采取的措施及企业家人才队伍认为亟须解决的问题，包括企业家人才队伍建设状况滞后于时代发展、投资和营商环境有待优化、科技创新投入不足、针对企业家人才队伍的激励机制不适应新时代发展要求、弘扬企业家精神和创新精神的社会氛围不够浓厚。最后，本文借鉴先进省市有关企业家人才队伍的政府扶持政策，为"十四五"后期及"十五五"时期河北省企业家人才队伍建设提出若干建议，包括采用"引""育""拓"相结合的企业家人才队伍建设模式、持续优化投资和营商环境、面向企业加大科技创新投入力度、引导企业建立健全适应新时代的激励机制、协同企业和社会为企业家人才队伍建设营造良好的社会氛围。

关键词： 企业家人才队伍　政府扶持　河北

一　研究基础

（一）企业家概念

企业家"entrepreneur"一词是从法语中借来的，其原意是指"冒险事业的经营者或组织者"。在现代企业中，企业家大体分为两类，一类是企业所有者企业家，作为所有者，他们仍从事企业的经营管理工作；另一类是受雇于所有者的职业企业家。在一般情况下，企业家只指第一种类型，而把第二种类型称作职业经理人。

（二）企业家人才队伍

企业家人才队伍是区域范围内或行业领域内在企业经营管理方面具有卓越才能和丰富经验的群体，不同的企业家人才队伍由于所处的区域或行业不同，可能会在创新精神、领导能力、战略眼光和社会责任感等方面具有一些共同特质。这些共同特质是由他们所处的特定环境和行业特点所塑造的。例如，在某个特定地区，企业家们可能更加注重创新精神，因为该地区的经济发展和竞争环境可能促使他们不断寻求新的商业机会和创新点；而在另一个行业领域，企业家们可能更加注重战略眼光和长期规划，因为该行业的竞争格局和市场趋势要求他们具有远见和决策能力。

无论在哪个区域或行业，企业家人才队伍的共性都是他们在企业经营管理方面能够展现卓越才能和丰富经验。这一共性使他们能够在各自的领域中取得成功，并为区域或行业的发展做出重要贡献。

（三）企业家人才队伍的重要性

企业家的创新精神能够促使他们不断寻求新的商业模式、产品或服务，以满足市场需求并创造竞争优势；领导能力使他们能够激励和引导团队成员共同实现企业的战略目标；战略眼光帮助他们把握市场趋势和行业发展动态，制定长远的发展战略；社会责任感则促使他们关注企业的社会责任，为区域或行业的繁荣和可持续发展做出积极贡献。因此，企业家人才队伍在经济发展和社会进步中扮演着重要的角色：一是区域或行业经济增长的推动者，通过创新和创业活动，推动技术进步和产业升级，促进区域或行业的发展；二是区域或行业就业机会的创造者，通过创办企业提供大量就业机会，为社会创造财富；三是区域或行业创新的引领者，具有创新精神和冒险精神，能够不断推陈出新，创造独特的产品或服务，引领市场趋势；四是社会进步的推动者，在追求经济利益的同时承担社会责任，为社会做出贡献，推动社会的进步和发展；五是区域或行业竞争的推动者，通过较强的竞争意识和竞争能力促进市场竞争，提高产品和服务的质量，降低价格，使消费者受益。所以，政府应该积极扶持企业家人才队伍的发展，为企业家人才队伍创造良好的发展环境和条件。

二 "十四五"中期河北省企业家人才队伍建设现状

河北省企业家人才队伍是指在河北省范围内，在企业经营管理领域具有卓越才能和丰富经验的人群。他们作为河北本地化属性较强的社会群体，具备创新精神、领导能力、战略眼光和社会责任感等共同特质。

与其他区域或行业的企业家人才队伍相比，河北省企业家人才队伍更熟悉河北省的经济环境和市场情况，更容易把握本地的发展机遇，是河北省企业发展的核心力量，他们的素质和能力直接影响河北省企业的竞争力和创新能力。因此，加强河北省企业家人才队伍建设，提高企业家的素质和能力，对于推动河北省企业的发展和经济的增长具有重要意义。

为了更好地了解河北省企业家队伍发展状况，河北省企业家协会在协会系统会员企业中组织开展了"2022年河北省企业家队伍状况调查"，旨在了解河北省企业家队伍状况，更好地制定支持和推动企业家队伍建设的相关政策，为下一步战略决策和政策制定提供有价值的信息资源。通过调查并对比前两年省企业家队伍状况，发现企业家队伍建设中存在的问题，探索解决问题的途径与方法，推动河北省经济社会发展。

（一）中青年企业家群体快速发展壮大

调查数据显示，2022年河北省企业家的年龄结构相对合理，35岁以下的企业家占1.8%，35~50岁的企业家占32.7%，51~60岁的企业家占43.1%，60岁以上的企业家占22.4%（见表1）。企业家的年龄基本集中在35~60岁，这一年龄段的企业家经验丰富、精力充沛，是企业发展的有力保障。

表1　2022年河北省企业家年龄结构

单位：%

年龄	占比
35岁以下	1.8
35~50岁	32.7
51~60岁	43.1
60岁以上	22.4
合计	100.0

资料来源：《河北省2022年国民经济和社会发展统计公报》、"河北省积极优化营商环境　助力经济社会高质量发展"新闻发布会、《2022年河北省企业家队伍状况调查报告》。

（二）企业家人才队伍整体素质不断提高，企业家人才队伍高学历趋势明显

在本次调查的企业家中，大专学历占 15.5%，大学本科学历占 53.4%，研究生及以上学历占 31.1%（见表2），2021 年和 2020 年数据分别为高中及以下学历占 2.6% 和 3.2%，大专学历占 22.2% 和 22.6%，大学本科学历占 51.3% 和 49.5%，研究生及以上学历占 23.9% 和 24.7%。调查数据显示，企业家整体受教育程度相对较高，且呈现不断提升的趋势。

表 2　2022 年河北省企业家学历分布

单位：%

学历	占比
大专	15.5
大学本科	53.4
研究生及以上	31.1
合计	100.0

资料来源：《2022 年河北省企业家队伍状况调查报告》。

（三）企业家的能力

调查数据显示，在河北省企业家较为擅长的能力中，排名前四的分别为经营决策能力、战略管理能力、组织协调与沟通能力和学习能力，分别占 23.6%、21.8%、9.8%、9.3%；在河北省企业家应提升和掌握的能力中，排名前四的分别为战略管理能力、经营决策能力、创新能力和风险管理能力，分别占 21.3%、14.9%、12.1% 和 10.3%（见表3）。

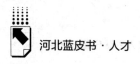

表3　2022年河北省企业家的能力

单位：%

企业家的能力	较为擅长	应提升和掌握
战略管理能力	21.8	21.3
资本运作能力	4.0	7.5
经营决策能力	23.6	14.9
市场营销能力	6.9	4.6
组织协调与沟通能力	9.8	4.6
企业文化建设能力	6.3	4.6
风险管理能力	8.6	10.3
人力资源管理能力	1.7	2.9
学习能力	9.3	6.3
公关能力	1.7	4.0
技术研发能力	2.3	5.2
表达能力	1.1	1.7
创新能力	2.9	12.1
合计	100.0	100.0

资料来源：《2022年河北省企业家队伍状况调查报告》。

（四）企业家的精神特质

调查数据显示，21.6%的企业家认为勇于创新、责任感与使命感是河北省企业家最重要的精神特质，其后依次为事业心与敬业精神、诚实守信、善于把握机遇、敢于承担风险、挑战意识，分别占20.0%、16.0%、11.2%、5.6%、4.0%（见图1）。

（五）企业家群体对河北省经济发展充满信心

调查数据显示，广大企业家对河北省的整体经济形势还是较为看好的，认为很好的占13%，认为较好的占61%，认为一般的占26%，没有企业家认为较差或很差（见图2）。2021年的调查结果中，认为很好的占7.5%，认为较好的占55.8%，认为一般的占36.7%，没有企业家认为较差或很差；2020年的调查结果中，认为很好的占10.8%，认为较好的占53.7%，认为

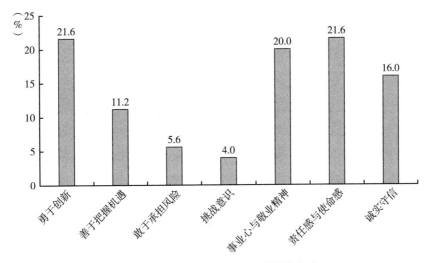

图1 2022年河北省企业家的精神特质

资料来源：《2022年河北省企业家队伍状况调查报告》。

一般的占32.3%，认为较差的占3.2%，没有企业家认为很差。对比调查数据，大多数企业家比较看好河北省的经济形势。

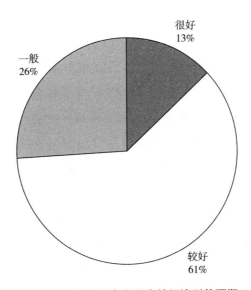

图2 2022年河北省企业家的经济形势预期

资料来源：《2022年河北省企业家队伍状况调查报告》。

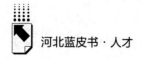

（六）大多数企业家较为认可社会公平程度

调查数据显示，在被调查的企业家中，10.3%认为社会很公平，70.7%认为社会比较公平，19.0%认为社会公平度一般（见表4）。2021年的调查结果是8.9%的企业家认为社会很公平，64.4%的企业家认为社会比较公平，26.7%的企业家认为社会公平度一般。

表4　2022年河北省企业家对社会公平程度的评价

单位：%

观点	占比
社会很公平	10.3
社会比较公平	70.7
社会公平度一般	19.0
合计	100.0

资料来源：《2022年河北省企业家队伍状况调查报告》。

（七）河北省政府不断深化服务改革，企业家营商环境不断改善

近年来，河北省在改善企业家营商环境方面持续发力，采取了多种举措：全面落实市场准入负面清单制度，持续深化"证照分离"改革，加快推进"一网通办"和涉企经营"一件事一次办"，办理时限平均压减85%，材料数量减少50%；围绕进一步激发企业投资创业活力全面推行行政许可、行政备案、政务服务事项清单管理，省级行政许可事项减少至417项，政府投资类、社会投资核准、备案类项目从立项到开工的审批时限分别压缩至39个、33个、31个工作日；围绕更好服务经营主体发展，全面落实退税减税降费、研发费用加计扣除、金融信贷、财政奖励等政策措施，2022年累计退减税费1436亿元，惠及经营主体427万户次，全省普惠小微贷款增长24%；围绕提升监管水平，深化"互联网+"监管，"双随机、一公开"监管，包容审慎监管及跨部门综合监

管，专利侵权案件平均办理周期压减至 1 个月，省、市两级信用修复申请的审核时限减至2 个工作日。

三 河北省企业家人才队伍成长的主要影响因素

（一）"十三五"开局至"十四五"中期影响河北省企业家人才队伍成长的主要因素变化

调查数据显示，"十三五"开局至"十四五"中期，影响河北省企业家人才队伍成长的主要因素由体制和机制制约、经济政策和宏观经济环境的不确定性、社会环境问题转变为经济政策和宏观经济环境的不确定性、体制和机制制约、发展空间有限。其中，体制和机制制约占比由 2016 年的 30.2% 下降至 2022 年的 21.0%，经济政策和宏观经济环境的不确定性占比由 2016 年的 23.2% 上升至 2022 年的 28.0%，排名第三的因素由 2016 年的社会环境问题（20.3%）调整为 2022 年的发展空间有限（19.0%），社会环境问题占比由 2016 年的 20.3% 下降至 2022 年的 14.0%，发展空间有限占比由 2016 年的 7.7% 上升至 2022 年的 19.0%（见表5）。由此可见，经济政策和宏观经济环境的不确定性、体制和机制制约、发展空间有限是目前影响河北省企业家人才队伍成长的主要因素，其中经济政策和宏观经济环境的不确定性、体制和机制制约是影响企业家人才队伍成长的最核心因素。

表5 "十三五"开局至"十四五"中期影响河北省企业家
人才队伍成长的主要因素占比

单位：%

因素	2016 年	2019 年	2020 年	2021 年	2022 年
企业家激励不足	14.8	15.4	16.6	17.1	16.0
发展空间有限	7.7	17.3	9.0	20.6	19.0
社会环境问题	20.3	23.1	17.3	18.8	14.0

续表

因素	2016 年	2019 年	2020 年	2021 年	2022 年
企业家素质不高	3.8	3.2	9.0	3.5	2.0
体制和机制制约	30.2	22.4	25.0	20.6	21.0
经济政策和宏观经济环境的不确定性	23.2	18.6	23.1	19.4	28.0
合计	100.0	100.0	100.0	100.0	100.0

资料来源：《2016 年河北省企业家队伍状况调查报告》《2019 年河北省企业家队伍状况调查报告》《2020 年河北省企业家队伍状况调查报告》《2021 年河北省企业家队伍状况调查报告》《2022 年河北省企业家队伍状况调查报告》。

（二）"十三五"开局至"十四五"中期河北省企业家人才队伍最希望政府采取的措施

调查数据显示，"十三五"开局至"十四五"中期，转变政府职能是河北省企业家人才队伍最希望政府采取的措施，规范市场竞争、加大政策支持力度、金融体制改革等措施也非常有利于企业家创业和经营企业（见表6）。

表6　"十三五"开局至"十四五"中期河北省企业家人才队伍
最希望政府采取的措施占比

单位：%

措施	2016 年	2019 年	2020 年	2021 年	2022 年
转变政府职能	15.5	15.6	13.8	14.7	15.8
减少市场准入	8.2	6.5	—	9.0	—
金融体制改革	14.0	11.7	—	10.1	11.1
产权制度改革	2.4	2.6	—	2.3	—
加大政策支持力度	13.0	14.9	14.4	13.6	12.8
加强企业家激励	4.4	5.8	—	9.0	—
规范市场竞争	14.3	10.4	13.5	11.1	14.2
减少市场过度干预	4.4	5.3	—	5.3	—

续表

措施	2016 年	2019 年	2020 年	2021 年	2022 年
减少行政管制	7.7	7.8	—	5.8	—
减轻企业负担	14.7	14.3	11.7	11.8	—
公平竞争	0.9	4.5	—	7.4	—

注：部分数据缺失。

资料来源：《2016 年河北省企业家队伍状况调查报告》《2019 年河北省企业家队伍状况调查报告》《2020 年河北省企业家队伍状况调查报告》《2021 年河北省企业家队伍状况调查报告》《2022 年河北省企业家队伍状况调查报告》。

对比相关数据可以看出，进一步转变政府职能一直是企业和企业家关心和期盼的事情，规范的市场竞争是企业健康发展的重要保障，加大对创业的政策支持力度是增强企业家发展和投资信心的重要举措，减轻企业负担、提供金融支持是企业发展的动力所在。

（三）"十三五"中期至"十四五"中期河北省企业家人才队伍认为亟须解决的问题

调查数据显示，"十三五"中期至"十四五"中期，河北省企业家人才队伍认为亟须解决的是人才、资金和升级转型问题（见表7），充分反映了河北省企业家希望政府在人才培育、资金政策支持及数字化转型方面进一步发力，促进企业的高质量发展。

表7 "十三五"中期至"十四五"中期河北省企业家人才
队伍认为亟须解决的问题占比

单位：%

问题	2019 年	2020 年	2021 年	2022 年
技术问题	10.4	7.5	11.7	7.7
资金问题	27.9	22.5	19.6	21.4
人才问题	23.5	29.4	26.2	31.6
政策问题	13.1	15.0	13.1	10.2

问题	2019 年	2020 年	2021 年	2022 年
企业文化	2. 2	2. 1	3. 3	0. 9
环保问题	5. 5	4. 8	8. 4	6. 8
升级转型问题	16. 4	18. 7	17. 8	21. 4

资料来源：《2019 年河北省企业家队伍状况调查报告》《2020 年河北省企业家队伍状况调查报告》《2021 年河北省企业家队伍状况调查报告》《2022 年河北省企业家队伍状况调查报告》。

四 "十四五"中期河北省企业家人才队伍建设取得的成绩及存在的问题

"十四五"以来，河北省委、省政府高度重视企业家人才队伍建设，把加强企业家人才队伍建设作为贯彻落实习近平总书记重要指示精神和党中央决策部署的实际行动，并作为提升企业核心竞争力、推动高质量发展的关键举措，制定出台了一系列政策措施，取得了积极成效。

（一）取得的成绩

一是企业家人才队伍规模不断扩大。通过实施一系列人才引进和培养政策，吸引了大量优秀企业家和管理人才来河北省创业发展，企业家人才队伍规模逐步扩大。

二是企业家素质不断提高。通过加强培训和教育，提高了企业家的管理水平和创新能力，企业家素质得到提高。

三是企业家创新创业环境不断优化。通过加大对企业家创新创业的支持力度，营造了良好的创新创业环境，激发了企业家的创新创业热情。

四是企业家社会地位不断提高。通过加强对企业家的宣传和表彰，提高了企业家的社会地位和荣誉感，激发了企业家的责任感和使命感。

（二）存在的问题

1. 企业家人才队伍建设滞后于时代发展

一是人才流失。尽管引进了一些优秀人才，但由于各种原因，仍存在一定程度的人才流失，需要进一步实施相应措施，留住人才。二是人才队伍结构不合理。企业家人才队伍的结构仍需进一步优化，高层次管理人才和专业技术人才的比例相对较低。三是发展不平衡。不同地区、不同行业的企业家人才队伍存在发展不平衡的问题，一些地区和行业的企业家人才相对匮乏。四是国际化程度不足。与国际先进水平相比，河北省企业家人才队伍的国际竞争力仍有待提高。

2. 投资和营商环境有待优化

河北省企业家在投资和经商过程中可能会遇到一些困难和挑战，河北省目前的投资和营商环境与先进省份及河北省企业家预期还存在差距。政策不稳定、市场准入门槛高、融资难等问题可能会影响企业家的投资意愿和信心，需要政府持续优化投资和营商环境，以吸引更多的企业家人才。

3. 科技创新投入不足

河北省在科技创新方面的投入相对较少，导致企业的创新能力相对较弱。这可能会影响企业的竞争力和市场地位，进而影响经济的发展和创新能力的提升。政府需要加大对科技创新的投入力度，建立省级科技创新平台和技术转化中心，以提升河北省的科技创新能力。

4. 针对企业家人才队伍的激励机制不适应新时代发展要求

建立健全适应新时代的激励机制对于吸引和留住企业家人才非常重要，而河北省在企业家人才队伍激励机制方面还存在一些不足，具体体现为薪酬激励、股权激励、荣誉激励不足等。这些问题可能会影响企业家的积极性和创造性，进而影响企业的发展和经济的增长。

5. 弘扬企业家精神和创新精神的社会氛围不够浓厚

营造良好的社会氛围是提高企业家社会地位和荣誉感的重要途径。政

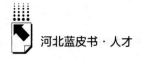
府、企业和社会各方需要共同努力，弘扬企业家精神和创新精神。河北省全社会对企业家的认可度不够高、企业家的社会地位不够高、企业家的荣誉感不够强。

五　先进省市政府扶持企业家人才队伍建设经验

不同省市政府的扶持对企业家人才队伍建设的影响是不同的，有不同的特点和优势。

（一）北京企业家人才队伍建设特点

北京是中国的政治、文化和科技中心，政府扶持侧重于高科技、文化创意等领域，以吸引更多高端人才和创新资源，促进本地企业家人才队伍的建设。例如，在优化人才发展环境、集聚各类人才、促进科技创新和高精尖产业发展方面，北京制定了《北京经济技术开发区支持高精尖产业人才创新创业实施办法（试行）》，该办法提出设置专项经费用于推进技术人才队伍及职业技能提升试点区建设，创建"亦城工程师学院"和"亦城工匠学院"，培养技术卓越的工程师队伍和技能精湛的工匠队伍。

（二）上海企业家人才队伍建设特点

上海是中国的经济中心和国际大都市，政府扶持侧重于金融、贸易、航运等领域，以吸引更多国际人才和跨国企业，提升本地企业家的国际竞争力。一是出台面向战略科技人才的政策，同时侧重于引进海外人才；二是出台面向金融、航运、法律服务人才的政策，特别是现代服务业、先进制造业急需的国际化、专业型人才；三是出台面向教育、卫生人才的政策，重点解决社会事业人才紧缺的问题。这些政策涵盖了人才安居、创业、发展等环节，旨在为人才提供更好的发展环境和机遇，促进上海经济发展和国际竞争力提升。

（三）浙江企业家人才队伍建设特点

浙江是中国的民营经济大省和数字经济发展的前沿阵地，政府扶持侧重于支持民营企业的发展和创新。一是全面推进"人才工程"。浙江不断加强企业家人才队伍建设，加快实施高技能人才培养工程，打造一批产业型人才大平台，建设一批科技创新人才大平台。二是深化人才领域的"最多跑一次"改革。支持人才与多层次资本市场对接，不断优化出入境政策，进一步优化人才生活环境。

（四）江苏企业家人才队伍建设特点

江苏是中国的制造业大省和科技创新中心，政府扶持侧重于传统制造业转型升级和新兴产业发展，以吸引更多的创新人才和创业资源，提升本地企业家的竞争力。一是实施"企业家培训工程"。通过开展培训活动、建立培训机构等方式，提升企业家的综合素质和管理能力。二是实施"高技术人才引进计划"。针对高技术企业提供人才引进、居留等方面的便利和支持。三是实施"创新创业激励政策"。鼓励企业家进行创新创业，提供税收优惠、财政补贴等支持。四是优化营商环境。简化行政审批流程，提供优质公共服务，为企业家提供良好的营商环境。

（五）重庆企业家人才队伍建设特点

重庆是中国中西部地区的重要中心城市，政府扶持侧重于内陆开放、区域协调发展等领域。一是优化人才服务。重庆创新性地为符合条件的海内外高层次人才发放重庆市人才服务证，通过配备服务专员的方式，为人才提供子女入托（学）、医疗、配偶及子女就业、免费使用专利数据库资源、符合条件的直接申报评定中高级职称、配偶及未成年子女随迁落户、居留签证、优先申报人才项目等"一站式"人才服务。二是加强人才培养。放宽民营企业人才职称申报条件，民营企业人才申报职称评审不受户籍、地域、身份等的制约。三是支持平台建设。为民营企业建设的国家级高技能人才培训基地提供 500 万元的建设经费。

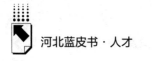

（六）山东企业家人才队伍建设特点

山东是中国的经济大省和人口大省，政府扶持侧重于传统产业转型升级和新兴产业发展，同时加大投入力度，出台有利于企业发展和企业家成长的政策。一是实施企业家队伍建设"111"工程。着力培养造就100名以上擅长国际化经营管理、具有一定国际市场影响力的企业家，1000名以上经营业绩突出的知名企业家，10000名以上富有创新精神和工匠精神、在省内具有一定行业或区域影响力的企业家。二是研究提出优秀企业家表彰激励政策。对做出突出贡献的企业家，给予最高500万元的奖励。三是在"泰山产业领军人才工程"中增设企业经营管理人才项目。支持引进培育一批职业经理人队伍。四是投入资金支持企业家人才队伍建设。累计投入8000万元支持企业家人才队伍建设，高标准建设企业家网络学院，开设政务通、商业信息库、专家答疑等八大平台，面向全省企业家免费开放。五是开展多种形式的培训活动。开办出国培训班、企业实训班、各类专题培训班，大力开展企业家培训。六是开展"送政策上门服务企业"行动。建立"双百"企业服务联系点制度，精选工业和商贸领域的代表性企业各100家，打造线上线下交流平台，开展定期调研走访活动，分析研究解决实际问题，以点带面加强与企业之间的沟通交流，为企业提供专业化、精准化、个性化服务。

综上所述，河北省可以借鉴先进省市的经验，制定有针对性的扶持政策，加强人才培养和引进，营造良好的创新创业环境，加强企业家培养，促进企业家人才队伍的建设和发展。

六 "十四五"后期及"十五五"时期河北省企业家人才队伍建设的若干建议

河北省政府的扶持对本地企业家人才队伍建设具有重要影响。政府扶持可以为企业家提供更多的资源和机会，促进企业的发展和创新，进而推动经济的增长和社会的进步。因此，在"十四五"后期及"十五五"时期，应采用"引""育""拓"相结合的企业家人才队伍建设模式，通过持续优化投资和营商环境、加大科技创新投入力度、建立健全适应新时代的激励机制、营造良好的社会氛围等举措，进一步加强河北省企业家人才队伍建设，为河北省经济的高质量发展提供坚实的人才支撑。

（一）采用"引""育""拓"相结合的企业家人才队伍建设模式

河北省企业家人才队伍建设模式通常包括外部引入和本地培养两种，简称"引"和"育"。除此之外，"十四五"后期及"十五五"时期还需要增强河北省企业家人才队伍的外部拓展性，推动河北省企业家人才队伍向河北省域外发展，这种模式简称"拓"。

一是"引"。通过"引"的建设模式，河北省可以吸引外部优秀企业家来本省投资和创业，带来新的技术、管理经验和市场资源，促进河北省经济发展。首先，河北省政府可以制定一系列优惠政策，吸引外部优秀企业家到本省投资创业，这些政策可以包括税收优惠、财政补贴、土地供应等方面的支持；其次，良好的营商环境是吸引优秀企业家的关键，河北省政府可以通过简化行政审批流程、提高政府服务效率、保护知识产权等措施，打造良好的营商环境；最后，加强与外部企业家的联系与合作，河北省可以通过举办各种企业家论坛、展会、交流活动等，加强与外部企业家的联系与合作，吸引更多优秀企业家到河北省投资创业。

二是"育"。首先，加强教育培训，河北省可以加强高等教育和职业教育，培养具有创新精神和领导才能的企业家人才，同时可以举办企业家培训班、研讨会等活动，提高企业家的素质和能力；其次，建立企业家激励机制，优化薪酬体系、股权激励机制，鼓励企业家积极创新和创业；再次，加强企业家交流合作，通过中国企业家协会、河北省企业家协会等组织，加强省内外企业家之间的交流和合作，分享经验和资源，促进企业家的成长和发展；最后，提供创业支持，河北省政府可以采取设立创业基金、提供创业培训、提供孵化服务等措施，支持企业家在河北省内创业。

三是"拓"。增强河北省企业家人才队伍的外部拓展性可以考虑从以下几个方面入手：加强与其他省份、城市的企业家的合作与交流，了解其他地区的市场需求和发展机会，拓展业务范围和合作领域；鼓励企业家参与国际合作与竞争，拓展国际市场，提高企业的国际化水平和竞争力；支持企业家拓展海外市场，为企业家提供必要的政策支持和资源保障，鼓励他们开展跨国经营和投资；建立国际化的企业家培养体系，加强与国际知名高校、科研机构的合作，为企业家提供更广阔的学习和交流平台；营造开放的营商环境，吸引更多国内外企业家来投资和创业，为企业家提供更多发展机会和资源；加强与国际组织的合作，参与国际项目和合作计划，提高企业家在国际舞台上的知名度和影响力。

（二）持续优化投资和营商环境

良好的投资和营商环境是吸引企业家人才的关键。第一，政府应出台更多的优惠政策，如税收减免、财政补贴、贷款贴息等，降低企业的经营成本，提高企业的竞争力。第二，政府应加强基础设施建设，提高交通、通信、能源等方面的配套服务水平，为企业的发展提供更加便利的条件，从而优化投资环境。第三，政府应进一步简化行政审批流程，提高办事效率，降低企业运营成本。第四，政府应加强知识产权保护，维护公平的市场竞争秩序，为企业家提供更加稳定和可预期的营商环境。

（三）加大科技创新投入力度

科技创新是推动经济发展的重要引擎。第一，加大对科技创新的投入力度，鼓励企业进行研发和技术创新，激发企业的创新活力，提高产品和服务的附加值，增强市场竞争力。第二，建立省级科技创新平台、省级技术转化中心，加强与本地、外地高校及科研机构的合作，促进科技成果的转化和应用，推动产业升级和转型。第三，通过制定相关政策，支持企业加大研发投入力度，鼓励企业与高校、科研机构开展合作研究，加强知识产权保护，提高科技创新的效益和水平。第四，参照先进省市出台更优惠的人才政策，吸引高端人才和创新资源，提升河北省的科技创新能力。第五，促进政府、企业和社会各方形成合力，实现科技创新与经济发展的良性互动。

（四）引导企业建立健全适应新时代的激励机制

建立健全适应新时代的激励机制对于吸引和留住优秀的企业家人才非常重要。在激励机制的设计中，需要考虑企业的实际情况和发展战略，以及时代进步与科技发展速度、企业运营模式等因素，制定适度超前的激励方案。例如，对比其他省市及行业水平，基于企业的业绩和个人的绩效提高薪酬和奖金，吸引和留住核心人才，提高人才的荣誉感和归属感。此外，激励机制需要与企业的文化和价值观相匹配，以确保激励的效果和可持续性。

（五）为企业家人才队伍建设营造良好的社会氛围

营造良好的社会氛围是提高企业家人才社会地位和荣誉感的重要途径，需要政府、企业和社会各方共同努力。通过宣传优秀企业家人才的成功故事，激发更多人的创新创业热情，鼓励他们投身创新创业活动。同时，应加强对企业家人才的尊重和关爱，为他们提供良好的工作和生活环境，让他们更加安心地为河北省的经济发展做出贡献。这需要政府、企业和社会各方共同营造支持创新创业的社会氛围。例如，政府可以出台相关政策，鼓励和支持企业家人才的发展，为他们提供必要的资金、技术和市场支持。企业也可以通过建立良好的企业文化，提高员工的归属感和忠诚度，为人才提供更好的发展机会和平台。此外，社会各方可以通过各种形式的宣传活动弘扬企业家精神和创新精神，让更多人认识和了解企业家人才的重要性，为企业家人才的发展提供支持和帮助。

参考文献

《河北省 2022 年国民经济和社会发展统计公报》，河北省统计局、国家统计局河北

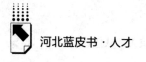
调查总队，2023年2月。

"河北省积极优化营商环境　助力经济社会高质量发展"新闻发布会，河北省人民政府，2023年3月。

《2016年河北省企业家队伍状况调查报告》，河北省企业家协会，2017年3月。

《2019年河北省企业家队伍状况调查报告》，河北省企业家协会，2020年3月。

《2020年河北省企业家队伍状况调查报告》，河北省企业家协会，2021年3月。

《2021年河北省企业家队伍状况调查报告》，河北省企业家协会，2022年2月。

《2022年河北省企业家队伍状况调查报告》，河北省企业家协会，2023年3月。

B.6
河北省农村实用人才队伍建设的
现状与发展研究

——以P县为例

罗 坤*

摘　要： 农村实用人才是农业农村人才中的骨干力量，加强农村实用人才队伍建设对实施乡村振兴战略、人才强国战略起着至关重要的作用。河北省农业资源丰富，农村人力资源数量大，但农村实用人才队伍建设依然存在一些问题，建设工作亟须加强。本文以河北省P县为例，对P县农村实用人才队伍建设的现状及取得的主要成效进行论述。当前，P县农村实用人才队伍建设存在总量不足、结构不合理，整体素质偏低，培训体系不健全，引进及激励机制不完善等问题，这些问题产生的原因主要有经济发展水平较低、制度不完善、民生工作存在短板等。基于这些问题，本文从P县实际情况出发，提出加强组织领导、创新培训模式、搭建使用平台、建立激励机制、健全评价机制等对策建议，期望通过以小见大的思路，进一步探寻我国农村实用人才队伍建设的路径。

关键词： 农村实用人才　人才队伍建设　河北

人才是乡村振兴的关键。2023年2月13日，《中共中央　国务院关于做好2023年全面推进乡村振兴重点工作的意见》发布，明确提出要进一步

---

* 罗坤，中共顺平县委宣传部四级主任科员，主要研究方向为社会保障专业。

加强乡村人才队伍建设①。强化农村实用人才队伍建设对全面深化乡村振兴有着重要作用。建设一支高水平、高素质的农村实用人才队伍,不仅要把更多城市人才引进来,更重要的是激发本土人才特别是农村实用人才的活力,让其扎根农村、服务农村。河北省是农业大省,也是人力资源大省,但农村实用人才数量不足、素质不高等问题制约了其发展。因此,本文以河北省P县为例,针对农村实用人才队伍建设现状以及存在的问题进行调查,并结合河北省P县农村产业结构、经济发展水平等提出相应的对策建议。

一 P县农村实用人才队伍建设现状

P县是河北省西部的一个山区县城,县域内大量农村劳动力选择外出务工,农村地区也面临"空心化"的困境。近年来,P县积极推进农业结构升级,大力发展生态化、现代化特色农业,持续出台科技促农、质量兴农、政策惠农等措施,取得了一定的经验与成效,但随着改革推进,农村实用人才的短缺逐渐成为制约P县农业发展的重要因素。

(一)P县自然经济社会发展现状

P县距市区32公里、距北京162公里、距石家庄102公里、距雄安新区70公里,县域内有京昆、沧榆两条高速公路,区位优势明显。全县共辖7镇3乡237个行政村5个社区1个省级经济开发区,2022年末常住人口为26.29万人,其中城镇常住人口为11.22万人、农村常住人口为15.07万人,城镇化率达42.68%。总面积为712平方公里,山地、丘陵、平原各占1/3。P县于2021年被评为"河北省森林城市",是河北省首批新型智慧城市建设试点城市。

近年来,P县加大力度发展都市农业、富硒产业,统筹推进乡村发展、

---

① 《中共中央 国务院关于做好2023年全面推进乡村振兴重点工作的意见》,央广网,2023年2月14日,https://china.cnr.cn/news/sz/20230214/t20230214_526153671.shtml。

建设、治理，全县农业农村经济呈现稳中向好态势。2023 年，全县发展富硒粮食、富硒果蔬 2.1 万亩，打造了 70 个都市农业专业村，"三农"工作取得显著成效。2022 年，全县实现生产总值 93.8 亿元，比上年增长 4.9%。其中，第一产业增加值为 33.1 亿元，比上年增长 9.5%；第二产业增加值为 22.2 亿元，比上年增长 6.1%；第三产业增加值为 38.6 亿元，比上年增长 1.1%。三次产业比例为 35.3：23.6：41.1。2022 年，全县粮食播种面积为 21798 公顷，比上年增长 0.36%；总产量为 12.57 万吨，比上年增长 1.7%，其中夏粮产量为 5.99 万吨，秋粮产量为 6.58 万吨。

截至 2023 年 11 月，全县共有科技型中小企业 217 家、高新技术企业 16 家、科技小巨人企业 9 家、农业科技小巨人企业 2 家、技术创新中心 6 家、创新创业服务机构 8 家、科技园区 28 家、省级"四个一"科技示范基地 1 家。

（二）P 县农村实用人才队伍建设现状

截至 2022 年末，P 县农村常住人口为 15.07 万人，其中农村实用人才有 1847 人，占农村人口的 1.23%。从全县农村实用人才性别来看，男性有 1321 人，女性有 526 人，分别占农村实用人才总数的 71.52%、28.48%；从年龄结构来看，35 岁及以下的有 120 人，36~40 岁的有 273 人，41~45 岁的有 445 人，46~50 岁的有 512 人，51~60 岁的有 456 人，60 岁以上的有 41 人，分别占农村实用人才总数的 6.50%、14.78%、24.09%、27.72%、24.69%、2.22%；从学历来看，大专及以上学历有 472 人，占 25.55%，高中学历 1024 人，占 55.44%，初中及以下学历有 351 人，占 19.00%。

2022 年全县共引进科技团队首席带头人 25 名、专家 121 名，本科学历人才 894 名，硕士、博士研究生 248 名；2022 年完成两项市级重点人才项目立项，2023 年完成一项市级重点人才项目立项；2022 年成功申报 7 个博士农场，位居全市第一，2023 年新增博士农场 7 个；2023 年新建 36 个科技小院，全县科技小院达 70 个，入住科技小院的研究生达 600 余人次。

截至 2023 年 11 月，全县共有全国劳模 1 名、省级劳模工匠 22 名、市

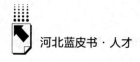

级劳模工匠 33 名，县级以上劳模和工匠人才创新工作室已达到 15 家，技能人才的引领带动作用发挥明显。

（三）P 县农村实用人才队伍建设主要成效

1. 健全人才工作体制机制

P 县在加强农村实用人才队伍建设的过程中，始终坚持党管人才的原则，形成了较为完善的工作运行机制。一是健全管理机制。研究制定了《P 县委人才工作领导小组 2023 年人才工作要点》《2023 年度 P 县人才工作考核指标评价细则》，明确了成员单位责任分工，并将人才工作作为专项考核内容纳入乡镇、开发区党政领导班子考核指标体系和绩效考核目标体系。印发了《关于调整县委人才工作领导小组组成人员的通知》，由县委书记任组长，提高政治站位，着力推动人才工作。二是完善激励措施。对首次落户 P 县的技能人才，每人发放 1000 元落户奖励；对就业创业的技能人才，结合实际情况一次性奖励 3000～5000 元并安排其子女入读幼儿园、义务教育学校；对参加"三支一扶"的高校毕业生，一次性给予 3000 元的安家费和每月不少于 3400 元的生活补贴。三是健全服务机制。P 县充分利用现有的阵地和设备，开展各类实用技术培训。比如，2023 年 P 县卫健局选派 32 名骨干医师到北京大学第三医院、河北大学附属医院等市级以上医院进修学习；依托河北省兴冀健康产业研究院举办"医疗大咖讲堂"活动，聘请国内名院长、名医、名教授"讲管理、授医技"，2023 年共举办 3 期，受众达 600余人次。P 县科协积极与中国农业大学、河北农业大学、河北大学等高等院校和创新团队进行沟通联系，围绕改进 P 县预制菜加工、红薯栽培、种养高效繁殖等方面积极开展科普宣传、技术咨询、科技示范和农村实用技术培训，2023 年以来共培养科技带头人、科技能手 150 余人。

2. 推行新型职业农民职称制度

产业振兴是乡村振兴的重中之重，农业是乡村产业振兴的基础，培育一批新型职业农民是推动农业现代化的重要举措。P 县通过近几年的努力，培育了一批"土专家""田秀才""土师傅"等科技兴农的主力军，增强了农村发展能力。

2023 年，P 县全力推行新型职业农民职称制度，围绕林果种植、特色养殖等乡村振兴主导产业，在全县 400 多名种养大户、从事农业专业技术工作的农户以及经营家庭农场的农户中开展高素质农民职称评审。截至2023 年 11 月，P 县共有 97 名农户通过初级职称评审，7 名职业农民获得中级职称，新申报 9 个中级职称，专业涵盖农艺、畜牧、工程三大类，通过职称评审的正向激励作用，这些新型职业农民逐渐成为留得住、用得上的乡村人才。

为进一步推进农村实用人才队伍建设，2023 年 P 县通过发布农业职业经理人选拔公告，面向全县新型农业生产经营主体法人、外出经商返乡人员、涉农专业院校毕业生、种植能手以及熟悉农业生产经营管理的村干部开展选拔工作。2023 年，共选拔 79 名农业职业经理人，并全部纳入全县乡土人才数据库。

3. 推行特色产业带动人才发展模式

P 县以"富硒、有机、设施"农业为主攻方向，构建了"东草莓、西果蔬、南优粮、北林果、全域有机富硒"的农业发展格局，借助河北农业大学的人才、技术优势，深入推进都市农业"百千万"工程。2023 年，P 县共发展富硒粮食、富硒果蔬 2.1 万亩，打造了 70 个都市农业专业村，培育了 402 个都市农业示范合作社、家庭农场，培训都市农业专业户和都市农业致富带头人 360 人次。2023 年，P 县在已建成的 34 个科技小院的基础上，进一步新建了 36 个科技小院，全县科技小院达到 70 个，吸引了 100 多名科技人才入驻 P 县，将更多的新技术、新产品、新工艺、新设备等科技成果转化落地。

为进一步发挥产业链条的带动作用，P 县把推动农业支柱产业发展作为加强农村实用人才队伍建设的一个重要途径。比如，P 县在某村大力发展食用菌种植，通过食用菌产业链的带动，培养了 100 多名种植能手和营销能手，帮助 200 多名农户增收致富。"草莓村、鲜桃村、蘑菇村、苹果村、蔬菜村"等特色产业村在 P 县"遍地开花"，市级以上"一村一品"专业村已达 63 个。近年来，P 县坚持把培育发展现代农业园区作为推动农业转型升级的重要抓手，通过创新工作思路，创新性地推出了政府、龙头企业、金融机构、合作社、农户"五位一体"的融合发展模式，引导各类农业经营主体发展特色产业。在此基础上，P 县大力实施农业产业"带头人"培训工程，统筹利用县里引进的高校农业专家人才培育自己的"人才库"，通过开办草莓产业知识、蔬菜大棚技术等培训班，有针对性地解决问题，为乡村振兴提供坚实的人才支撑。

4. 推行科技特派员制度

P 县依托大专院校、科研院所专家团队，紧密结合县农技推广站等职能业务部门和县科技特派员，建立了乡土科技专家服务团队。一是强化"团站员"建设，完善县级科技特派员队伍，建立健全县、乡、村三级科技服务体系。2023 年，共建立科技专家服务团 4 个，引进科技专家 57 名，选派科技特派员 89 名，建立乡镇科技工作站 10 个（其中省级站 4 个），站长由主管科技的副乡镇长担任，实现了 10 个乡镇全覆盖；237 个行政村全部建立了科技服务站，科技服务人员达 338 名，实现了科技服务全覆盖。二是完善了包含县技术中心站、乡科技工作站、村科技服务站的县、乡、村三级科技服务网络，及时有效地为基层提供科技服务。科技队伍积极宣传党的"三农"政策，协助制定产业发展规划，组织开展技术培训，推广先进技术和优良品种，为农户提供技术服务和经营指导，通过扶持种养大户、发展专业合作社促进农村产业发展，为全县巩固扶贫脱贫成果提供了科技支撑。比如，P 县的秋歌家庭农场是县农业局与河北农业大学合作实施的智慧羊场建设项目，通过这几年的不断发展，形成了集农林牧于一体的经营模式，这家农场的负责人也曾多次参加国家、省市组织的致富带头人培训，被评为 P 县优秀科技工作者、科技特派员。三是不断提升科技特派员的服务效能。聘请来自中国农业大学、河北农业大学、河北省农林院等单位的国家及省知名专家，为推动 P 县都市农业发展提供技术支撑，开展科技强农、质量强农、品牌强农、产业融合强农、项目招商强农 5 项行动。围绕种植业，在生产的关键季节、关键环节、重点区域组织农技专家开展技术培训，解决一系列生产问题，提高农户科学管理能力。2023 年以来，P 县已开展"送技下乡培训""科技特派员培训"等活动 121 场。

二　P 县农村实用人才队伍建设存在的问题

（一）总量不足，结构不合理

作为一个仅有 26 万左右人口的小县城，P 县农村劳动力流失问题较为严重，农村实用人才数量不足。全县农村实用人才在总人口及农业总人口中所占的比重均明显偏低，由此产生的规模效益也偏低。同时，P 县农村实用人才队伍结构不合理，主要体现在年龄分布以及技能类型等多个方面。年龄分布方面，P 县农村实用人才队伍整体年龄偏大，全县 60 岁以上的党员有 6841 名，占全部党员的 34.9%，初中及以下学历的党员有 9857 名，占全部党员的 51.8%，党员发展质量不高，党员队伍战斗力不强，不能很好地适应新时代农村的发展。全县 45 岁以上的农村实用人才占比达 54.63%，45 岁及以下的仅占 45.37%。技能类型方面，农村技能带动型人才占比较高，但大多数是只掌握简单劳动技能的人才，不直接从事农业生产活动，且大多在建筑工地务工。从 P 县农业农村局了解到，局领导班子成员多数为法学（法律）专业，尚未配备农学类专业人员；县农技推广中心人员全部在 50 岁以上，存在年龄老化和断档问题，农业技术支撑作用减弱；全县技能服务型等具有较高专业技术的人才总量严重不足，农业生产所必需的质量检测、牲畜防疫、病虫防治、技术推广等方面的高技术人才较为短缺；乡镇里有经验、有技术的农业人才早已退居二线或者退休。

（二）整体素质偏低

一是 P 县农村实用人才整体文化水平较低。全县农村实用人才学历集中在高中、初中水平，大专及以上学历人才仅占 25.55%，高层次人才更是凤毛麟角。目前，P县年轻且具有较高文化水平的优秀人才大多选择离开农村到城里发展，同时随着年龄的增长，现有人才年龄普遍偏大、受教育程度较低，学习的意愿不强烈，政府部门组织的相关培训效果不明显，人才整体素质提升较为困难。

二是农村实用人才库的人员身份存在交叉现象。全县的农村实用人才库中，有54%是村级干部，如某村农业合作社的负责人同时是县里认证的致富带头人、种养殖大户、农民合作社带头人、村里的副书记。不仅如此，有些乡镇的致富带头人甚至是电工、村医等。而且，这些"有身份"的人大多文化程度比较低，虽然对政府组织的各种培训、上级给予的财政支持以及农用物资的补助等政策信息比较了解，但个别选择"秘而不宣"或者把这些惠民政策作为树立权威的手段，使得惠农政策堵在"最后一公里"，无形中限制了农村实用人才的实际发展。

（三）培训体系不健全

一是政府各部门之间缺乏统一的组织协调，培训的统筹性不强。组织部、农业农村局、自然资源与规划局以及乡镇政府等多个部门均承担人才培养的职责，但各部门自成体系，缺少必要的协同配合，培训质量、培训效果难以保证，出现多头培训或者重复培训的现象，不仅浪费时间，而且造成了严重的资源浪费，难以达到人才培养的真正目的。

二是培训安排整体规划不合理。各部门的培训往往流于形式，更多为完成上级任务，没有针对农村实用人才实际技能掌握情况开展培训。经调研发现，多数培训往往只有一次，或者集中一天开展多种培训，例如，S镇自2017年以来共承接或组织培训120次，每个培训的参加人数为20～50人，单从培训内容来看，多数培训开展前不做调研、开展后不做跟踪教育，受训人员对培训内容的掌握程度普遍不高，而且根据反馈，培训缺乏一定的针对性和合理性。

三是培训内容缺少实践操作。某村干部表示，参加的农业培训多是"政策理论+技术讲座+少量的经验交流（小组研讨）"形式，覆盖面很大，专业化程度也很高，但几乎都是政府部门组织的，培训内容往往停留在理论层面，将理论运用于实践还存在一定困难。

（四）引进及激励机制不完善

一是人才流失较为严重。P县区位条件有限，经济、教育、医疗、文化、收入水平等与发达地区相比有较大差距。大部分外出就学的大学生以及具有较强能力的优秀人才都选择到大城市发展，回乡意愿较低。P县每年考入全国各大中专院校的学生达3000余人，这些学生毕业后均具备较高的文化素养和专业技术水平，是促进P县经济社会发展的主要力量，但绝大多数学生在本县难以找到具有较好发展前景的工作，没有选择回乡发展，造成了大量人力资源的流失。

二是人才招引存在困难。农村实用人才是新时代农村的主要建设者，也是乡村振兴战略的直接实践者。但现实社会中认为"年轻人回到农村工作就是没本事、没出息"的固有观念，持续影响和降低着大部分愿意到乡村从事农业相关工作的年轻人的积极性。部分受访的农村实用人才表示，P县的工作环境和待遇与大城市相比差距较大，大中专毕业生薪资水平不及预期，难以维持生活开支；部分村位置偏僻、交通不便，对于从城市上完大学回到农村的年轻人来说，存在较大的心理落差。

三是奖励措施比较单一。P县农村实用人才的评定体系不完善，对农村实用人才的分类指标没有明文规定，且没有因地制宜地建立一套包括农村实用人才认定、评价以及技术职称评审等在内的长效激励机制。此外，P县虽然在人才队伍建设前期宣传了多种福利待遇和奖励措施，但多数难以落实，对农村实用人才除了培训表彰基本没有其他有效的激励措施。

三　P县农村实用人才队伍建设存在的问题成因剖析

（一）经济发展水平较低，产业发展不平衡

P县人口偏少，经济发展水平较低，经济体量比较小，具有辐射力、带

动力、影响力的大型企业以及与之配套的产业链、产业集群还没有形成，产业结构发展不平衡，规模效益不明显。

2022年，P县三次产业比例为35.3∶23.6∶41.1，第一产业占比过高，产业链条较短、融合层次较浅、要素活力不足；第二产业优势不够突出，特别是投资较大、利税较高、能够较好拉动县域经济发展的大项目不多，且很少有高科技含量、高附加值的新兴产业和现代工业产业；第三产业起步晚，多以传统服务业为主，规上三产服务业企业仅有2家，且没有形成规模，拉动全县整体经济发展的活跃度不够。推动农产品加工业发展的力度不够，全县规上农产品加工企业仅有24家，主要从事肠衣、果品等农产品初加工，产业链短、科技含量低、经济效益低，缺乏核心竞争力。因此，P县现在的经济发展水平和产业结构对农村实用人才缺少吸引力，也无法为各类农村实用人才提供物质和精神保障。

（二）制度不完善，引导扶持力度不够

一是政策及培训体系不完善。一些政策仅对照省、市文件制定，没有结合当地实际情况，没有达到理想的效果。同时，未建立以需求为导向的课程培训体系，培训课程的设置没有办法满足农村实用人才拓展知识技能的需求。引进人才总量偏少，2022年引进全日制本科及以上学历人才数量较少，仅1209人。二是对负责农村实用人才工作的部门缺乏有效的管理手段。当前，P县农村实用人才的培训工作主要由县农业农村局和县科协牵头，但是两个部门相应的科室均只有一人专门负责此项工作，而乡镇多是由办公室人员兼职负责，面对237个农村实用人才队伍建设的烦琐任务，没有办法和精力顾及各个细小的方面。三是农村实用人才评价体系不完善。目前P县仍以学历、奖项等作为标准进行评价，导致考核成效较低，很难反映农村实用人才的实际能力，无形之中也影响了人才的继续发展和学习。同时，P县在培训评价认定等方面的分工也不明确，降低了人才开发效果。四是扶持力度不足。农技推广中心工作经费较少，缺少扶持，农业技术支撑作用较弱，在一定程度上影响了种植新技术的推广和粮食产量的提升。

（三）民生工作存在短板，配套服务发展滞后

随着当前社会的发展，农村实用人才更加重视生活环境质量和配套设施水平，住房、教育、医疗等是其最先考虑的因素。而现实中，虽然近几年 P 县做了很多努力，但是一些配套性工作仍存在明显短板，城乡区域间的基础设施和公共服务水平仍有较大差距。

在教育服务方面，教师队伍建设重视程度不够，2001~2014 年仅补充教师 246 人，导致当前 50 岁以上教师占 20%，公办幼儿园教师数量不足，按师资配备标准尚有近百人的缺口；在落实"双减"政策上力度不够，2022 年课后服务费还未落实到位。在医疗服务方面，对专业人才队伍建设抓得不牢，卫生人才数量不足，现有编制 828 人，空编 122 人；全县乡镇卫生院仅有副主任医师 6 人；部分农村分院存在执业医师不足和执业护士空岗的问题；基础设施建设不足，业务用房面积普遍不达标，硬件设施不完善，医疗设备少且普遍老旧，不能满足日常诊疗的需要；部门农村分院房屋始建于 20 世纪 80 年代，建设面积小、设置格局不合理，严重影响了医疗业务的正常开展。在基层综合性文化服务方面，有近 30% 的村级综合性文化服务中心缺少专业的服务管理人员。在法律服务方面，全县仅有在册执业律师 31 人，不能很好地满足现有法律服务的市场需求。

四 加强 P 县农村实用人才队伍建设的对策建议

（一）加强组织领导，健全农村实用人才培育机制

一是贯彻落实党管人才大方向。将农村实用人才培育管理纳入地方政府党组重要议事日程，成立由党委领导及组织、人社、农业、科技等相关部门牵头的农村实用人才工作领导小组，明确各单位具体职责，推动开展农村实用人才培育、认证工作。

二是组建人才专班，全力推进农村实用人才培育工作。成立由农业农

村、科协、人社等部门组成的工作专班，具体落实农村实用人才队伍培育、管理等工作。工作专班根据农村实用人才队伍建设进展及时提出对策建议，供农村实用人才工作领导小组做出决策时参考①。

三是形成多方协同推进农村实用人才队伍建设的工作格局。各乡镇、街道应最少有一名工作人员专职负责农村实用人才队伍建设工作，定期开展调研，总结成效、查摆问题，研究提出推动工作的具体措施并贯彻落实，加大对区域农村实用人才队伍的培养力度。此外，要加强与人才发展协会、人力资源公司等社会组织的联系，允许社会组织参与地方农村实用人才队伍建设工作的决策，最终形成党委牵头、多部门负责、社会各方协同推进的工作格局②。

（二）创新培训模式，推进农村实用人才培养

一是按照"科教兴农、人才强农、新型职业农民固农"的农业农村发展规划要求，转变人才培养对象和人才培养管理模式，出台新型职业农民培养方案，构建新型农村教育培训体系。紧跟不断推进的乡村振兴新形势，围绕农业网络、农产品网上销售和农业信息化等新兴领域丰富农村实用人才培养内容③。

二是按农业需求、人才需要、发展实际，采取深入浅出的教育模式，组建优秀农村实用人才培养教育讲师团，开展技术引导、农产品创业孵化、认定管理、政策扶持和跟踪服务工作。

三是依据农村实用人才的负责领域和专业水平开展有层次的集中培训，提高农村实用人才的专业素养与管理水平，增强体系服务能力，促进农村科学技术转化和运用。

---

① 李娜、李文生：《乡村振兴背景下农村实用人才队伍建设路径研究》，《山西农经》2021年第2期。
② 孙成武：《农村实用人才队伍建设瓶颈及优化对策》，《国家治理》2023年第10期。
③ 王琪、于巧娥、赵真：《乡村振兴背景下农村实用人才培养的问题与对策》，《农业科技与装备》2023年第3期。

四是紧密结合农业现代化与新农村发展需要，利用辖区内涉农企业、高校、科研机构建立培育基地，围绕新时代农业农村特点开展农业科技、实用技能等培训，使广大农村实用人才及时掌握专业知识和管理技术。

（三）搭建使用平台，加强农村实用人才开发

一是搭建帮促平台。推进"三支一扶"计划，在积极鼓励和引导大学生到农村开展"三支一扶"工作的同时，组织农业农村技术专家开展技能下乡培训，对有发展潜力的"三支一扶"工作者、农民企业家、农产品生产和销售人才进行重点培育，促进农村实用人才成长[①]。

二是搭建创业平台。实施"回归创业工程"，倡导和鼓励在外成功人士回乡创业发展，对回乡创业人才在项目立项、资源使用、贷款税收等方面给予政策倾斜。

三是搭建发展平台。对农村实用人才在土地规划、银行贷款、基础设施建设等方面给予优先考虑、重点扶持。设立农村实用人才发展基金，成立农村实用人才互助会，通过不同渠道筹措资金，帮助农村实用人才解决实际难题，为他们创造良好的发展环境。

（四）建立激励机制，激发农村实用人才队伍积极性

一是加快建立与农村实用人才工作相适应的经济激励机制，对于那些致力于乡村振兴工作并且表现良好的农村实用人才，给予一定的经济奖励，如绩效奖金、医疗优惠等，提高农村实用人才的福利待遇，保证其工作积极性。

二是提高农村实用人才的政治地位并给予相关激励，进一步扩大农村人才发展空间，加大培育力度，提升农村实用人才发展党员的比例。对于表现优异的农村实用人才，可让其在村委会或者农技部门担任职位；对于整体素质较高的农村实用人才，可将其纳入科研人员行列，增强其政治认同感。

---

① 陈晓英：《乡村振兴背景下农村科技实用人才队伍建设路径研究》，《农村经济与科技》2023年第6期。

（五）健全评价机制，规范农村实用人才队伍建设

一是改进人才识别标准。当前，对农村实用人才的认定还没有定量的标准，具体哪些人才能够归为农村实用人才没有绝对权威的认定，这在一定程度上给农村实用人才队伍建设工作带来一定的困难。因此，政府相关部门必须构建一套科学规范的农村实用人才识别体系，由组织、人社部门对农村实用人才进行科学的界定和分类，明晰不同类型的农村实用人才具有的表现特征以及具体的工作方向[①]。

二是增加人才评价主体。要打破由政府进行单一评价的局面，采取由不同行业、不同层次、不同人员进行综合评价的方式，邀请相应领域的专家、行业组织、农民代表等参与评价，保证选出来的农村实用人才均为不同农业领域的带头人，能真正为农民做出实事。

三是优化考核评价体系。要结合实际情况，制定一套符合当地特点、产业发展结构的考核评价体系，坚决破除"唯学历、唯资历、唯论文"等倾向，打破农村实用人才发展的"天花板"，重点向工作量、工作实绩和工作能力等指标要素倾斜，推动"田秀才""土专家"等农村实用人才入编当地人才梯队，并在涉农项目申报、平台建设、人才奖励评定中予以一定的倾斜。

---

① 张志春：《呼和浩特市赛罕区农村实用型人才队伍建设研究》，硕士学位论文，内蒙古农业大学，2022。

B.7
河北省高校心理健康教育人才队伍建设的调查研究

金光华*

摘　要：　有高质量的教师，才会有高质量的教育，建设一支规范高效的心理健康教育人才队伍是有效促进大学生心理健康发展的重要保障。本文以河北省的9所高校为研究对象，对高校心理健康教育人才队伍建设的现状进行调查，发现目前存在的问题如下：人员构成及专业资质尚不完善；供需失调，师资队伍存在严重缺口；内容和方式传统，深度和广度欠缺；培训不够，个人提升动力不足；相关制度不够完备。针对这些问题，本文分析原因，通过系统研究，从质量、数量、工作模式、成长、管理等方面为河北省高校心理健康教育人才队伍的建设与完善提出对策建议，包括规范培养制度，打造优质队伍；科学扩充体量，缓解供需矛盾；创新工作模式，提供多渠道全方位服务；更新理念，拓展教师成长培训通道；完善管理制度，做好后勤保障。

关键词：　高校　心理健康教育　人才队伍建设　河北

　　大学生是促进国家发展、社会进步、民族振兴的中流砥柱。自1999年国家实施高校扩招以来，高等教育人才培养数量激增，这对高校的办学水平和师资力量是较大的考验，培养全面发展、心理健康的大学生被各高校提上重要日程，建设一支高水平的心理健康教育人才队伍成为其中一项重要工作。

＊　金光华，邯郸学院教育学院副教授，主要研究方向为高等教育、心理健康教育。

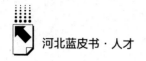
一 河北省高校心理健康教育人才队伍建设的重大意义

2018 年教育部颁布的《高等学校学生心理健康教育指导纲要》（以下简称《指导纲要》）明确规定，心理健康教育是提高大学生心理素质，促进其身心健康、和谐发展的教育，是高校人才培养体系的重要组成部分。该规定体现了国家对高等学校人才培养规格的明确要求。

近年来，随着社会竞争的日益激烈，我国高校大学生群体心理问题时有发生。高校管理者及教师必须深刻认识到，人才不仅要拥有丰富的专业知识和过硬的技术，而且要有较高的心理素质。在促进和维护大学生心理健康方面，高校有不可推卸的责任。

科学推进心理健康教育工作，于国家和社会而言，既有助于培养全面发展的新时代社会主义事业接班人，又有助于促进国家精神文明建设和发展；于学校而言，既有助于健全高校教师队伍，又有助于高校科学构建文明和谐校园。于学生个人而言，接受规范的心理健康教育既有助于丰富其心理健康知识，又有助于其掌握一定的自我心理保健策略，提升个人心理素质，还有助于培养科学的心理健康理念，降低心理疾病的患病率。

有高质量的教师，才会有高质量的教育，高校心理健康教育的成效在很大程度上取决于心理健康教育人才队伍的综合素质。从 2001 年教育部出台第一个高校心理健康教育专项文件《关于加强普通高等学校大学生心理健康教育工作的意见》（以下简称《意见》）以来，国家又陆续颁布了《关于进一步加强高校学生管理工作和心理健康教育工作的通知》（2003 年）、《普通高等学校学生心理健康教育工作基本建设标准（试行）》（2011 年）、《高校思想政治工作质量提升工程实施纲要》（2017 年）、《高等学校学生心理健康教育指导纲要》（2018 年）等文件。与国家不断重视心理健康发展的状况相比，高校心理健康教育人才队伍建设还存在很多不足，远远不能满足高校大学生的心理健康需求。因此，科学打造一支数量充足、素质精良的心理健康教育人才队伍，把大学生心理健康教育工作推向科学化、制度化和规范化，既是落实 2001 年教育部《意见》的重要举措，也是遵循习近平总书记在 2016 年 12 月召开的全国高校思想政治工作会议上做出的指示的必然要求。

二 河北省高校心理健康教育人才队伍建设的现状

心理健康教育人才队伍是指遵循人类心理发展规律，运用心理学知识开展心理健康知识传播、心理危机预警、心理咨询等工作，解决人们内心困惑和烦恼的专业人才队伍。本文采用分层抽样法对河北省 9 所高校的心理健康教育人才队伍进行调查，学校类型涵盖综合类本科院校、新建地方本科院校、职业技术类专科院校 3 类各 3 所，对收集的信息进行汇总分析，归纳河北省高校心理健康教育人才队伍建设的现状。

（一）高校心理健康教育人才队伍的基本状况

本次调查显示，经过多年的建设，省内高校目前已经初步组建起一支年龄结构合理、专兼职结合、以高学历中青年教师为主体的心理健康教育人才队伍。具体情况如下。

1. 人员构成

目前，在高校中从事心理健康教育工作的人员主要包括 3 类：专职心理健康教师、兼职心理健康教师、心理督导师。其中，专职心理健康教师是运用专业的知识技能给予大学生更多专业性帮助的高素质专业人员，其业务水平是心理健康教育人才队伍专业性的重要保障。兼职心理健康教师以从事学生工作的辅导员为主，通常在接受一定的心理学专业知识培训后加入心理健康教育人才队伍，部分人员拥有心理咨询师三级或二级资格证。心理督导师既是心理学专业发展的引导者，又是维护心理健康教师身心健康的专业人员。在本次调查中，专职心理健康教师占调查总人数的 35.76%，兼职心理健康教师占调查总人数的 58.79%，心理督导师占调查总人数的 5.45%。

2. 年龄结构

本次调查共涉及 165 人，其中 30 岁以下被调查者占 16.36%，30~40 岁

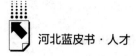

被调查者占 41.21%，41~50 岁被调查者占 33.33%，50 岁以上被调查者占 9.09%。

3. 学历结构

165 名被调查者中，拥有学士学位的被调查者占 7.27%，拥有硕士学位的被调查者占 78.18%，拥有博士学位的被调查者占 14.55%，后两项合计达 92.73%。

4. 职称结构

根据抽样结果，在心理健康教育人才队伍中，具有助教职称的教师占 15.76%，具有讲师职称的教师占 47.88%，具有副高职称的教师占 28.49%，具有正高职称的教师占 7.88%。

5. 专业资质

心理健康教育不同于一般的专业教学，它的成效需要依靠高度专业化的人才来保障，因此该项工作对从业人员的资质和专业素养有较高的要求。本次调查显示，专职心理健康教师基本上是心理学专业出身，且全部有心理咨询师职业资格证书。兼职心理健康教师中部分人员是思政、法律或其他专业毕业，拥有心理咨询师职业资格证书的占 27.53%，通过心理知识培训上岗的人员占 75.16%。

（二）高校心理健康教育的师生配比状况

高校心理健康教育的发展需要充足师资加以保障。本次调查显示，平均每所高校有专职心理健康教师 6.5 人，其中配备 10 人以上的高校约占 33.3%，基本上以综合类本科院校为主，配备 2 人的高校约占 11.1%，个别高校专职心理健康教师和学生的数量比例是 1：8000。

（三）高校心理健康教育人才队伍的工作模式

1. 工作内容

各高校的心理健康教育内容主要涉及心理健康知识科普与宣传、普测摸排、建设心理档案、个体心理咨询、团体心理辅导、培训心理委员等。

2. 工作方式

心理健康教育的内容决定了需采取的具体工作方式。心理健康知识科普与宣传通常与班会活动或"5.25 大学生心理健康日活动"等结合，依托心理知识竞赛、专题活动等形式面向全校学生开展。普测摸排和心理档案的建立通常依据大一新生入校后的心理普查结果，目前该项工作在河北省各高校基本上已经做到常态化。个体心理咨询主要依据预约制度由学生自愿预约登记接受心理服务。团体心理辅导主要依托班集体采用专题活动的形式进行。在学生心理委员的培训频率上，各学校存在一定差异，通常为一学期 2 次。

3. 工作的深度和广度

本次调查显示，有 22.22% 的高校（均为综合类本科院校）构建并完善了"学校—院系—班级—宿舍"四级心理健康防护网，这部分学校基本能够坚持做到把心理健康知识科普宣传与个别咨询辅导相结合、普测摸排与规范心理档案建设相结合、心理健康教育与思想政治教育相结合、学校教育咨询与医院诊断治疗相结合等，全方位关注学生心理健康情况。但是超过70% 的高校尚未搭建全面的心理健康防护网。

另外，从工作涉及面来看，与专业医院建立了长期合作关系的高校占55.56%，其他高校的心理健康教育工作则局限于校内，且主要由心理健康教育中心独立承担。

（四）高校心理健康教育人才队伍的继续教育状况

心理健康教育是一项需要专业技能、耐心与爱心、较强责任心的特殊育人工作，对从业人员专业素养的提升历来是一个持久的要求。本次调查反映出以下情况。

1. 培训进修

每年能够为心理健康教师提供一次外出学习机会的高校占 44.4%，平均 1~3 年能够提供一次机会的高校占 33.3%，个别高校支持力度较小。教师培训进修时长平均每年不足 20 课时。培训类型以参加学术会议为主，提供短期进修或学历提升机会的高校仅占 17.93%，所参加的学术会议也以省

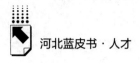

级会议居多，提供出席高层次学术会议机会的高校仅占 23.1%。

2. 教师个人自主提升

作为官派培训进修的补充形式，由教师个人出资进行自主提升，在时间安排和操作上相对灵活和便捷。本次调查发现，目前河北省心理健康教师中主动进行培训和提升的人数占总人数的 57.21%，但长期坚持下来的仅有 17.4%，有 42.79% 的教师入职后没有参加过任何形式的自主学习和提升。

（五）高校心理健康教育人才队伍的管理状况

管理是为了更好地提升工作实效，目前省内高校对心理健康教育人才队伍的管理呈现以下状况。

1. 制度建设

规章制度直接关乎工作的规范性、可持续性。本次调查发现，参与调查的 9 所高校均建立了职业道德准则、工作守则等相关规定，其中部分高校（占 43.1%）制定的相关制度比较全面，但制度中的部分内容从成立心理健康教育中心后就没有更新过。有 11.1% 的高校只对心理健康教育工作涉及的常规方面做了相应的粗略规定。另外，绝大部分高校对心理健康教育工作的运转没有完备的检查和监督制度。

2. 人才开发

关于人才选拔，调查发现，在招聘专职心理健康教师时，90.61% 的高校注重学历背景；在招聘兼职心理健康教师时，93.15% 的高校参照辅导员标准。

关于职称晋升，在本次调查的高校中，专职心理健康教师通常选择参加教师岗或科研行政岗的职称评聘，而兼职心理健康教师通常依托本职岗位参加职称评聘。

关于经费和待遇，被调查的高校中，心理健康教育工作经费全部来自学校拨款，其中有 44.4% 的高校年拨款额超过 10000 元，能够维持相关工作的开展；有 11.13% 的高校年拨款额为 5000～10000 元，且分多个学期发放，导致相关工作受到影响。

关于专职心理健康教师的工作量，有 22.2% 的高校将工作量转化为课时，转化后接待 1 名来访者的工作量低于 2 课时；有超过 50% 的高校弱化了这部分付出，以报销部分差旅费的形式加以回馈；有 22.2% 的高校只把专职心理健康教师的服务作为年终绩效考核的参考项目。关于兼职心理健康教师的工作量，各高校主要针对本职岗位支付津贴，将他们在心理健康教育工作中的付出视为义务劳动，没有计入工作量。

三 河北省高校心理健康教育人才队伍建设存在的问题

（一）基本状况方面：人员构成及专业资质尚不完善

随着国家对心理健康教育工作的重视程度不断加深，河北省高校中从事心理健康教育工作的人员数量不断增大，专业化水平也不断提高，本次调查的 9 所高校中，从事心理健康教育工作的人员以中青年教师为主，学历结构也呈现以研究生为主的高学历趋势，这有助于心理健康教育工作的推进，但是在其他方面仍然存在以下不足。

1. 专兼职教师比例失调，心理督导师力量单薄

本次调查中，兼职心理健康教师人数是专职心理健康教师人数的 1.64 倍，专兼职教师比例严重失调。另外，心理督导师不足 10%，导致青年教师的心理保健缺乏专业保障。

2. 兼职教师专业资质的达标率较低

本次调查发现，部分兼职心理健康教师缺乏专业学科或相近学科的知识背景，心理咨询师职业资格证书拥有率（27.53%）较低。专业度较差使他们无法成为专职心理健康教师强有力的助手，更无法保证心理健康教育工作的科学性。

（二）师生配比方面：供需失调，师资队伍存在严重缺口

心理健康教育是一项专业性较强的特殊育人工作，随着近年来本科院校

扩招，高强度的社会竞争导致大学生对心理健康教育的需求不断提升。《指导纲要》强调，高校心理健康教育专职教师要按照师生比不低于1∶4000配备，每校至少配备2名。虽然目前河北省很多高校已经按照国家相关文件规定积极进行人员补充，但是远远不能满足学生的心理服务需求。本次调查发现，师资队伍缺口最大的高校虽然配备了2名专业教师，但师生比为1∶8000，严重低于国家规定的最低标准，供需严重失调导致在工作中一人担任多角的现象随处可见，这样不仅无法保证教师的身体健康，更无法保证心理健康教育工作的质量。

（三）工作模式方面：内容和方式传统，深度和广度欠缺

本次调查显示，心理健康教育工作开展比较好的高校主要集中在综合类本科院校，对于新建地方本科院校以及职业技术类专科院校来说，工作内容、工作方式、推进的深度和广度等都有很大的改进空间。具体表现在以下方面。

1. 工作内容和方式传统

多数高校都以班会、游戏互动等形式推进心理健康知识科普与宣传、普测摸排、心理疏导等基础工作，内容和开展方式比较传统，依托现代媒介的手段较少，与思政教育的融合不充分，导致心理健康教育实效发挥不足。

2. 工作开展的深度和广度欠缺

首先，有超过70%的高校尚未搭建起全方位、立体化的心理健康防护网，很多高校心理健康教育工作开展的深度和广度还远远不够。其次，心理健康防护网的维护任务基本上由心理健康教育中心独立承担，校内其他部门的参与度较低，校外与专业医院的合作不够，调查中与专业医院建立长期合作的高校数量仅仅过半，未能把校内外的相关力量充分利用起来形成连贯衔接的闭环，导致高校心理健康服务的成效得不到巩固。

（四）继续教育方面：培训不够，个人提升动力不足

继续教育需要依托学校提供的良好环境来实现。本次调查发现，各高校

在心理健康教师继续教育方面存在一些不足，具体表现为以下两点。

1. 培训机会少、规格低、类型单一、时长不够

《指导纲要》中对心理健康教师进修或学习时长的规定为"每年接受不低于40学时的专业培训，或参加至少2次省级以上主管部门及二级以上心理学专业学术团体召开的学术会议"。而调查发现，每年能够提供一次学术交流机会的高校不足半数，且大多是时长为1~3日的省级学术年会，这显示了心理健康教师获得学习培训的机会少，学习规格不高，学习形式过于单一。对比国际规定的标准，河北省高校心理健康教师参加的专业培训和学习时长不达标。

2. 个人提升的动力不足

专业知识的持续积累和更新是高效工作的保证。然而本次调查却发现长期坚持学习的教师较少，而入职后没有主动参加过任何形式的学习和提升的教师数量却较多，教师学习的积极性不高、动力不足。

（五）学校管理方面：相关制度不够完备

1. 制度陈旧、粗放

部分高校心理健康教育制度中的部分内容还停留在部门初建之时，多年未更新导致与目前的工作需求不匹配；部分高校的规章制度不够详尽，某些工作在执行时找不到相应的细则可以依据或参考。另外，缺少严格的监督机制，导致部分高校心理健康教育中心的工作在管理上随意性较大。

2. 人才开发存在较多问题

关于人才选拔，对专职心理健康教师过于看重学历背景，忽视实践操作能力、专业一致性等要求。选拔兼职心理健康教师时多考察其学历、毕业院校、德育水平、班级管理能力、党建工作水准、亲和力等，忽视了对其心理知识和专业技术与经验的考核。

关于职称晋升，无论是专职心理健康教师，还是兼职心理健康教师，都只能转评相关职称，虽然从事心理健康教育，但无法参加心理健康专业评审。

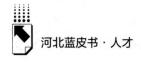

关于经费和待遇，虽然各高校的性质不同、财政实力存在差异，但在心理健康教育上的投入均不足，心理健康教师的付出与待遇不匹配的现象长期存在。

四　河北省高校心理健康教育人才队伍建设出现问题的原因

（一）专业的局限性和选拔标准偏离

1. 专业特有的局限性导致专职力量薄弱

心理健康教育与其他专业的差别在于它不仅要有专业理论知识，更要有实践操作能力，因此心理健康教育专业人才的培养周期较长且要求较高。通常历时1年、至少累计100小时的实操才能基本独立接手简单个案，再历时3年、积累300~500小时的咨询经验才能应对一些复杂个案，对知识和技能的双重高要求注定会延长专业人员的培养周期。另外，从事心理健康教育工作对个性成熟度也有较高的要求，提升了该领域的入门难度，造成专职心理健康教师人数比例不高的现状。而心理督导师是为心理健康教师提供心理帮助的更高层次的指导人员，其成长周期更长。这两类人员的数量远远低于兼职心理健康教师人数也是必然。

2. 人才选拔标准偏离，导致兼职力量达标率较低

依据辅导员标准遴选兼职心理健康教师，选拔标准与岗位要求不一致，无法合理筛选最合适的应聘者，造成兼职心理健康教师的专业素养参差不齐、整体偏低的状况。

（二）高校扩招和心理服务周期长

1. 高校扩招，引发供需失调

自1999年高校扩招以来，大学生人数激增，对心理健康服务的需求也大幅上升，这必然要求建立能提供专业心理健康服务的师资队伍。但是受编

制的限制，高校师资的增长量远低于学生的增长量，师资队伍出现严重缺口，导致心理健康教师与学生的比例失调。另外，部分教师不仅在心理健康教育中心任职，同时承担着行政部门或教学院系的任务，导致原本有限的师资力量更加不足。

2. 心理服务周期长，提高了师资占有率

随着知识与生活阅历的增长，大学生的心理健康意识增强，遇到心理问题寻求专业帮助的主动性和积极性显著提升。但是心理健康教育的成效有一定的滞后性，且部分心理问题的处理和调整恢复往往呈现缓慢的螺旋式改善趋势，反复性和长期性是它的突出特色，这在一定程度上造成心理健康教育工作的周期较长，从而提高了师资占有率。

（三）缺乏创新和开拓的工作思路

1. 缺乏创新思维，导致工作内容和方式传统

开展心理健康教育工作需要与时俱进、不断创新。时代在变化，大学生的心理困惑和需求也呈现以往没有的新特征，延续传统的心理健康教育内容、使用过去的工作方式显然已经不符合新变化的要求。

2. 思路放不开，影响工作的深度和宽度

大学生健康心理的培育不是几个老师的工作，更不是一两个部门的职责，它既需要各个与学生工作相关的部门协同完成，又需要全校以及全社会的合力推进。在这方面，多数高校没有形成成熟且适当的工作思路，无法整合多方力量，因而无法满足大学生日益增长的心理健康教育需求。

另外，学生心理问题暴露的地点虽然在学校，但根源往往在家庭，对于严重的心理问题，需要与专业医院合作才能处理，然而高校与学生家庭的沟通大多处于停滞状态，与医院的合作也不够固定，导致心理健康教育工作局限在"此时此地"，看不到心理问题的多元性，不能深刻认识心理健康与思想政治、班级管理、校园文化等元素融合后可能产生的效应，以及家庭、社区对大学生心理健康的影响力，更没有看到医院和学校合作的力量，因此无法为大学生建立更广阔的心理保健渠道。

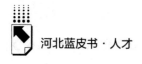

（四）心理健康教育理念不健全

1. 学校缺乏长远规划

高校心理健康教育理念不健全、缺乏战略眼光，对心理健康教育人才队伍的持续建设不够扎实。不少高校在完成了初期的粗放式数量配备后，就不再推进到精准式人才质量提升环节，更缺乏对人才队伍建设的专项规划以及未来5年、10年甚至20年的阶段性系列规划。在经费不充裕的情况下，高校对心理健康教师培训持续投入的步伐必然会大大放缓，给心理健康教师提供的培训机会、规格、形式自然也无法满足工作需求，导致教师眼界受限、成长速度缓慢。

2. 个人缺乏提升动力

教师入职后个人提升动力不强的现象在本次调查中比较常见。除了个人经济收入方面的制约，学习培训大量挤占个人休息时间、培训期间对家庭和子女的忽略等因素都比较容易引起教师的抵触与情绪波动。同时，部分高校在教师完成学习后没有配套的激励措施，加剧了教师个人学习动力不足的状况。

（五）学校管理者重视程度不够

1. 不够重视规章制度的持续更新与完善

无论是综合类本科院校，还是新建地方本科院校或职业技术类专科院校，专业建设和教科研发展始终是学校工作的重点，而心理健康教育工作在部分高校里仍然处于尴尬的边缘位置，管理者没有在这项工作上投放较多的资源，必然无法组织专业团队对心理健康教育工作的相关制度进行持续的更新和补充。另外，缺乏相应的监督机制，主要归因于管理者的规范意识不强，在工作中缺乏闭环思维，导致检查、监督和管理方面存在较大疏漏。

2. 不够重视人才开发制度体系建设

首先，缺乏严谨的人才选拔机制。没有依据心理学的专业性质制定客观科学的师资选拔制度，具体体现在没有意识到实操水平和丰富的经验对心理健康教育工作的重要性，没有认识到心理健康教师与辅导员等岗位的本质区别。其次，缺乏健全的职称晋升制度。国家尚未出台专门适用于心理健康教师的职称评定细则，这虽然是一个显著的外部制约因素，但是从高校自身来看，管理者在这方面尚未进行大胆的探索，默认心理健康教师转评其他岗位职称的现象长期存在。最后，缺乏合理的经费配给制度。这一问题虽然受制于高校的财政总额，但更显示出管理者对心理健康服务工作的重要性认识不足，忽略了心理健康教师的辛苦付出。

五　河北省高校心理健康教育人才队伍建设的对策建议

（一）规范培养制度，打造优质队伍

1. 规范人员选聘制度

规范选聘制度，促使高校在扩充心理健康教师队伍时有章可循。选拔标准的制定应符合心理学专业性质，并且尽可能细化，具备可操作性，同时体现学历与能力并重的选人宗旨，努力实现"招聘能上岗，上岗能上手，上手成能手"。

2. 鼓励校内现有资源转化

充分开发校内资源，在大力吸收有资质且愿意从事心理健康教育工作的教师加入团队的同时，对其进行有计划、规范、持续的专业培训，切实提升兼职心理健康教师的综合素质。

（二）科学扩充体量，缓解供需矛盾

1. 合理扩充队伍

通过积极推进科学招聘，在达到国家要求的基础上建立逐年引进高层次人才的系列制度，确保心理健康教育师资队伍实现合理增量、有序增量、高质增量。

2. 明确工作边界

根据教师个人实际能力安排相应的工作量，明确工作边界和工作职责，

实现分工与合作的有机结合，避免顾此失彼，从而提高工作效率。

3. 增强兼职心理健康教师的责任感

心理健康教育工作要求具备较强的社会责任感，增强兼职心理健康教师的责任感与提升业务水平同样重要。方法有二：一是聘请上级院校的心理专家或督导师定期来校进行培训；二是加强同辈督导与交流，取长补短、学习借鉴，使兼职心理健康教师真正成为专职心理健康教师的强大辅助力量。

（三）创新工作模式，提供多渠道全方位服务

1. 深挖校内资源

将心理健康教育工作与思政工作、学生工作、班级管理工作融合，积极拓展心理健康教育服务的深度和广度。重视心理健康教育工作的持续发展，摒弃一蹴而就的错误认知，结合本校的办学特色、培养方案以及不同年级学生的心理需求，制定相对稳定、有一定梯度的育人制度，循序渐进地开展心理健康教育工作。

2. 广开校外渠道

建立家、校、医合作机制。心理健康问题表面来看似乎是学生的问题，但是其所处的原生家庭以及社会环境都是不容忽视的重要因素。为了巩固学校心理健康教育工作的成效，应积极开展家校合作，利用现代网络平台的优势为家长举办心理健康讲座，以原生家庭为切入点推进工作；积极加强与专业医院的合作，形成筛查、辅导、咨询、治疗一体化的心理健康维护链，为学生长久的心理健康保驾护航。

（四）更新理念，拓展教师成长培训通道

1. 提升高校对培训工作的重视度

加强对心理健康教育工作的重视，推进精准式人才质量提升。针对具体岗位的不同要求，制定差异化的人才培养制度，为心理健康教师参与高层次、多形式的学术交流活动开辟绿色通道，促使培育工作持续规范运转，促使心理健康教师素质有序提升。

2.强化教师的终身学习理念

加强终身学习的理念教育，培养心理健康教师与时俱进、勤学不辍的意识。为提升心理健康教师的学习积极性，可将心理健康素养的提升和学习经历纳入教师个人年终考核，建立适度的奖励机制，以提供源源不断的学习动力。

（五）完善管理制度，做好后勤保障

1.重视制度建设，确保持续更新与完善

结合时代发展、社会进步以及学校发展的现状，持续更新陈旧规章制度，及时细化和填补制度漏洞，提升制度的适用性、规范性。制定严格的监督制度，成立专业督查小组，实时监控各项制度的落实情况，杜绝"制度只上墙""随意性过大"等不良现象，让心理健康教育工作有据可循、规范科学。

2.重视人才开发，建立完备的制度体系

完善相关的考评和奖惩机制。适度借鉴辅导员职称评审单列计划、单设标准、单独评审的办法，调整心理健康教师的职称评审方案，探索适应心理健康教育专业性质的评审规则，为心理健康教师的职称晋升开辟通道。完善心理健康教育经费相关制度。利用专用渠道进行资金的划拨、分配、使用、验收，实现专款专用和有效使用。

参考文献

《高等学校学生心理健康教育指导纲要》，教育部网站，2018 年 7 月 4 日 http：//www. moe. gov. cn/srcsite/A12/moe_1407/s3020/201807/t20180713_342992. html。

陈鹏宇：《新时代高校心理健康教育队伍建设研究》，硕士学位论文，沈阳航空航天大学，2022。

丁笑生：《关于高校心理健康教育工作队伍建设的思考》，《思想教育研究》2017 年第 6 期。

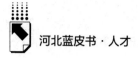

金光华、赵子贺：《河北省高校精神卫生服务人才引进的调查分析研究》，载康振海主编《河北人才发展报告（2023）》，社会科学文献出版社，2023。

《高校心理咨询：师生配比与危机干预之困》，人民网，2021年1月31日，http://society.people.com.cn/n1/2021/0131/c428181-32017912.html。

B.8
河北省机器人产业人才队伍
建设对策研究

赵恒春 樊建国*

摘 要： 智能机器人正在深刻改变人们的生产生活方式，为经济社会发展注入新动能。但与其他区域相比，河北省机器人产业处于起步期，虽具有诸多优势，但也面临企业规模较小、创新能力不足、人才供给短缺等问题。基于此，本文对河北省机器人产业人才培养情况及面临的主要问题进行了分析和研判，并从加强机器人产业招才引智工作的顶层设计、加快机器人产业"政产学研一体化"人才培养生态体系建设、多渠道延长机器人产业人才培养生态体系链条、增强机器人产业人才职业伦理和研发安全意识4个方面对河北省机器人产业人才队伍建设提出了相关建议。

关键词： 机器人产业 人才队伍建设 河北

一 引言

随着 2022 年 10 月生成式大语言模型 ChatGPT 的问世，人工智能（AI）技术迈入了生成式的新时代。这使得 AI 技术可以像人类一样进行感知、推理、学习、规划和决策，从而重新定义人类社会的生产和生活方式。但 AI 技术对经济社会的影响取决于它的输出方式[①]。计算机软件系统的输出无法

---

* 赵恒春，博士，河北省社会科学院人力资源与劳动经济研究所助理研究员，主要研究方向为人机交互系统、数字经济、创新创业；樊建国，高级工程师，河北省邢台市宏观经济研究中心主任，主要研究方向为主导产业、重大项目和经济发展战略。

① 〔美〕约翰 J. 克雷格：《机器人学导论》，负超等译，机械工业出版社，2006。

直接对现实物理世界产生影响，需要一个"桥梁"实现虚拟 AI 技术与现实物理世界的链接。在秉持尽可能少地改动现实物理世界中原有设施的原则下，具身化的人形 AI 载体是最优选。其不仅可实现 AI 技术与现实世界的有效链接，还是最适合人类社会所有场景的形态①，无须改造原有场景以适配机器，一旦技术成熟可直接通用于人类社会，且该通用特性使人类能无障碍地对人形 AI 载体的肢体动作和神态语言进行理解，从而增进交流、发出指令。这对人机交互意义重大，在人机融合过程中发挥着重要作用②。

机器人既是 AI 技术应用于人类社会的重要载体，也是应对人口老龄化的有力支撑，不仅是推动产业数字化、智能化升级的强劲引擎，还是提升人类生活和劳动质量的稳固基石③。因此，河北省委、省政府高度重视机器人产业发展，把"机器人+"应用作为制造业转型升级的切入点和突破口，通过市场需求推动机器人全产业链高质量发展。机器人产业是囊括了新一代信息技术、生物技术、新能源、新材料及生成式 AI 等诸多新兴技术在内的知识富集型产业，人才在机器人产业发展创新中的重要性十分显著。简而言之，人才是机器人产业发展和创新的决定性力量④。这意味着人才队伍是机器人产业赖以生存和发展的基础支撑和核心驱动，人才队伍的质量、素质和规模不仅关系河北省机器人产业的高质量发展，更在引领新一轮生产力和生产关系变革的过程中⑤，对推进河北省农业提质增效、工业转型升级、服务业提效扩容具有重要的战略意义。

---

① 宋波：《人形机器人产业未来可期 如何把握产业机遇》，《中国信息化周报》2023 年 11 月 20 日。

② 刘步青：《人机协同系统的推理机制及其哲学意蕴》，博士学位论文，华东师范大学，2016。

③ 程虹、陈文津、李唐：《机器人在中国：现状、未来与影响——来自中国企业—劳动力匹配调查（CEES）的经验证据》，《宏观质量研究》2018 年第 3 期。

④ 《三部门关于印发〈机器人产业发展规划（2016—2020 年）〉的通知》，国家发展改革委网站，2016 年 4 月 27 日，https：//www.ndrc.gov.cn/xxgk/zcfb/ghwb/201604/t20160427_962181.html。

⑤ 《十五部门关于印发〈"十四五"机器人产业发展规划〉的通知》，中国政府网，2021 年 12 月 21 日，https：//www.gov.cn/zhengce/zhengceku/2021 - 12/28/5664988/files/7cee5d915efa463ab9e7be82228759fb.pdf。

二 河北省机器人产业发展现状

（一）河北省机器人产业发展优势

1. 政策优势明显，多部门联动助推机器人产业发展

智能机器人作为人类创造并用以替代人力的重要生产工具，正与 AI、大数据、高端制造、新材料等先进技术深度融合，引领产业数字化、智能化升级，日益影响人类生产生活和创新范式，成为各地争创未来新优势的新赛道。河北省把握新科技革命先机和机器人产业升级换代、跨越发展的窗口期，于 2023 年 3 月 3 日印发了《河北省支持机器人产业发展若干措施》，以推进"机器人化"技术改造、强化产业配套和科技创新、加强招才引智及人才队伍建设、积极筹建特色化机器人产业园区与创新基地等方式统筹完善实施机制①，为本省机器人产业发展提供了良好的社会政策环境。

2. 市场空间广阔，应用场景丰富

河北省庞大的人口数量和企业基数为机器人产业提供了足够的用户群体和丰富的应用场景，并由此衍生了大量基于智能机器人技术的商业和应用模式创新。由河北省工业和信息化厅牵头建立的河北省中小企业公共服务平台整合了全省机器人相关企业、用户单位、行业组织、高等学校、科研机构等多方资源，汇集了制造业、农业、建筑、能源、商贸物流、医疗健康、养老服务、教育、商业社区服务、安全应急和极限环境应用等各领域的 91480 家组织和机构的终端用户需求，通过建立线上线下供需对接机制，开展全覆盖常态化对接服务，促进各行业机器人应用落地，通过创新共享服务模式，以短期租赁、系统代运营服务等方式为机器人产业的发展提供了广阔的市场空间和应用场景。在加速落地的进程中，河北省机器人产业逐步与数字经济时

---

① 《河北省人民政府办公厅关于印发河北省支持机器人产业发展若干措施的通知》，河北省人民政府网站，2023 年 3 月 2 日，http：//info. hebei. gov. cn/hbszfxxgk/6898876/7026469/7026511/7026506/7070792/index. html。

代的社交电商模式、共享经济模式、网络直播服务和互联网金融服务等融合创新,不断拓展产业新型应用生态的深度与广度。

3. 紧邻京津,溢出效应明显

京津冀区域作为我国机器人产业发展"三高地"之一,在新一代信息技术产业的支撑下,凭借突出的区位优势及良好的制造业基础,推动机器人产业逐渐向价值链中高端攀升,发展质量与附加值不断提高。北京、天津、河北三地的机器人产业形成了坚持错位发展、项目引领、打造生态的良好局面。北京充分发挥中关村机器人产业创新中心、亦庄机器人产业园等园区的带动作用,在河北雄安新区落地建设协作、医疗、物流和应急机器人产业基地。天津重点依托滨海机器人产业园、天津机器人产业园、天津新松智慧产业园等,建设机器人产业集聚区,实现"以点带面"的发展态势。河北以发展工业机器人和特种机器人为主,积极链接京津两地,通过重点打造河北香河机器人产业园、沧州机器人产业园、唐山机器人产业园、石家庄机器人产业园①等特色产业园区承接以上两地的溢出产业。

(二)河北省机器人产业发展劣势

河北省通过有效拓展应用场景需求、营造良好市场环境等措施统筹推进机器人产业的发展。但与其他区域相比,河北省机器人产业尚处于起步期,面临机器人相关企业规模偏小、创新能力较弱、人才供给短缺等诸多问题,严重制约着本省机器人产业的高质量发展。

1. 机器人相关企业规模偏小

京津冀协同发展战略实施以来,该区域形成了以服务机器人、特种机器人、高端工业机器人为主要方向的产业链条,凸显了"链"式集群优势②。

---

① 《河北省人民政府办公厅关于印发河北省支持机器人产业发展若干措施的通知》,河北省人民政府网站,2023 年 3 月 2 日,http://info.hebei.gov.cn//hbszfxxgk/6898876/7026469/7026511/7026506/7070792/index.html;《让机器人产业的名片更加闪亮》,《唐山劳动日报》2023 年 12 月 8 日。

② 宋晓刚、马悦然:《中国机器人产业发展难点在哪里》,《中国中小企业》2022 年第 2 期。

经对国家企业信用信息公示系统中机器人相关企业工商登记注册信息查询可得，截至2023年11月，京津冀地区机器人相关企业数量达1123家，其中北京482家、天津289家、河北352家。北京在协作、医疗、物流及无人配送机器人等领域具有领先优势，集聚了遨博、云迹、锐捷、天智航、康力优蓝等一批上市及专精特新"小巨人"企业。天津重点发展工业机器人、混联机器人、水下机器人、轻型协作机器人以及工业无人机等领域，集聚了深之蓝、沃德传动（天津）、福臻、德明福等一批较为知名的机器人产业市场主体。对河北省机器人相关企业数据进行分析可知，河北省机器人产业小微企业有339家，占96.31%，中型企业有13家，占3.69%，没有大型和特大型企业，企业规模在京津冀区域排名垫底。

2.机器人产业创新能力较弱

专利数量具有评估技术发展现状、分析技术创新情况、跟踪和预测技术发展趋势的作用，是衡量创新能力的重要指标[①]。根据国家知识产权局数据可知，截至2023年7月，京津冀地区机器人产业技术专利申请数量累计达36200余件，其中，北京申请数量最多，为28000余件，天津紧随其后，河北省为1202件。从分布主体来看，清华大学、北京理工大学、百度网讯、北京航空航天大学、天津大学、燕山大学、河北工业大学、北京云迹等专利申请数量排名靠前。从产业链条布局来看，北京在机器人产业创新方面集聚了国内领先的研发创新资源，涌现了一批创新能力强的企业实体和核心产品，实现了从硬件到软件、从产品到服务的机器人产业链条全覆盖。天津机器人产业相关企业对伺服系统、控制器、气动元器件等上游零部件，中游机器人本体制造及下游的机座和产品集成均有所涉足。河北省机器人产业相关企业多集聚于应用层，技术层和基础层较为薄弱，整体结构处于"下盘"失衡的状态。

3.机器人产业人才供给短缺

京津冀地区长期以来一直是国内人才集聚的高地，无论是人才成长环境

---

① 冯龙、王雪婷、何华：《协作机器人专利技术研究热点及趋势分析》，《机电产品开发与创新》2023年第6期。

还是人才待遇均处于全国领先水平，为本区域内机器人产业发展提供了充足的人力资源。京津冀地区大专以上学历人员平均占比逐年提升，北京地区的高端人才集聚效应尤为明显，拥有北京航空航天大学智能机器人创新研究院、中国科学院自动化研究所、北京理工大学智能机器人研究所、北京科技大学智能机器人创新研究院、中国民航大学机器人研究所等众多知名高校科研院所。天津市拥有天津大学机器人与自主系统研究所、南开大学机器人与信息自动化研究所等机器人领域重点高校科研院所。河北省仅拥有河北工业大学机器人及自动化研究所一所高校科研院所，在人才的自主培养方面呈现相对劣势。工业和信息化部人才大数据中心绘制的机器人产业人才意向流向图显示，与周边省市相比，河北省对人才的吸引力明显不足，人才"引不进、留不住"的问题较为突出。

三　河北省机器人产业人才需求及培养现状

（一）河北省机器人产业人才需求多元化

河北省委、省政府在《河北省支持机器人产业发展若干措施》中明确提出机器人产业人才远远不能满足发展需求，并在总体部署中将聚焦人才、加强队伍建设、加快招才引智作为构建机器人产业科技创新体系五大主要支撑之一[①]。在产业实践中，企业对机器人产业人才的需求更加精细和多元，为更客观且全面地了解河北省机器人产业的人才需求现状，本文采用基于 Python 语言编写的网络爬虫脚本对招聘网站（前程无忧）中 2020年 11 月 1 日至 2023 年 11 月 1 日由河北省机器人产业市场主体发布的招聘信息进行了抓取，共获得了包含岗位职责和岗位要求两个维度在内的

---

① 《河北省人民政府办公厅关于印发河北省支持机器人产业发展若干措施的通知》，河北省人民政府网站，2023 年 3 月 2 日，http：//info. hebei. gov. cn//hbszfxxgk/6898876/7026469/7026511/7026506/7070792/index. html。

612 条有效数据。随后采用文本挖掘法①解析了从岗位职责到岗位要求的关联路径，获得了岗位需要完成的任务与企业要求的应聘者需具备的知识技能及其他能力素质间的对应关系。通过对岗位数据的文本挖掘，发现河北省机器人产业所需人才类型具有共性，如算法研发工程师、自然语言处理工程师、计算机视觉工程师、系统集成应用工程师、机器人硬件工程师等缺口较大。通过对以上人才需完成的工作任务及需掌握的知识技能进行关键词提取，获得岗位职责与岗位要求之间的系统对应关系，具体如表 1 所示。

表 1　河北省机器人产业所需人才的岗位职责与岗位要求

岗位职责	岗位要求
平台算法开发	机器神经网络
运动控制算法开发	机器人运动学
图像处理算法开发	机器视觉
机器人动力学建模	C/C++语言
深度学习算法开发	数学建模
代码编写	机电一体自动化
其他	控制理论
	传感器设计
	Python
	Linux 语言
	Matlab
	其他

注：岗位职责与岗位要求之间并非一一对应关系，如此排版仅为清晰美观。

（二）河北省机器人产业人才培养力度不足

从以上对河北省机器人产业的人才需求现状的调研和分析可知，河北省

---

① 俞琰、陈磊、赵乃瑄：《基于网络招聘文本挖掘的课程知识模型自动构建研究》，《图书情报工作》2019 年第 10 期。

机器人产业的快速发展离不开大量人才对 A 端的技术研发环节、B 端的应用开发环节和 C 端的应用交付环节的运营和维护①。但作为涉及 AI、高端制造、电气自动化、软件编程等诸多专业的多学科交叉融合新兴领域②，机器人产业的人才培养规模和质量暂时无法跟上产业发展的速度和高度。鉴于此，河北省高校、社会培训机构等纷纷采取诸多措施，加快推进机器人产业人才的规模化培养。

1. 河北省机器人产业高校人才培养状况

由于 AI 技术是机器人产业的关键底座之一，机器人产业人才的培养方案和体系与 AI 学科多有交叉③。根据产业需求，河北省高校 AI 专业人才培养呈现多学科特点。在现有专业中，计算机科技、电子信息工程等是培育 AI 人才的主要专业方向④。除此之外，在行业融合的背景之下，高校纷纷开设"AI+"跨学科专业，覆盖计算机、数学、电子信息、统计学、心理学等多个领域。AI 专业的设立加速了 AI 与基础教育学科的融合，有助于培养具备多专业、跨学科认知的复合型 AI 产业人才。但机器人产业作为独立于其他技术门类的新兴领域，其人才培养所需的教学和科研活动多散落在计算机科学、电子工程、自动化、软件工程等其他一级学科门类下⑤，且所占学时少，教师多从以上学科转入，在人才培养目标定位、课程设置、教学模式创新、教学评价体系设计等方面均存在诸多堵点，尚未形成有效的高校人才输出通道。

---

① 杨灵修：《智能机器人：产业链价值有望重塑》，《股市动态分析》2023 年第 18 期；郝玉成：《推进机器人产业链现代化的五大创新路径》，《机器人产业》2023 年第 5 期；陈淑婷：《中国工业机器人产业创新网络演化研究》，硕士学位论文，广州大学，2023。

② 江怡、董化文：《论人工智能与人类智能的双向互动》，《自然辩证法通讯》2023 年第 11 期。

③ 侯智、张艾：《工业机器人产业发展现状与人才需求分析》，《机器人产业》2023 年第 4 期；桂仲成、吴建东：《全球机器人产业现状趋势研究及中国机器人产业发展预测》，《东方电气评论》2014 年第 4 期。

④ 彭芳、刘保军、黎萍：《机器人相关产业人才需求分析与人才培养启示》，《科技视界》2023 年第 5 期。

⑤ 〔美〕杰夫·科尔文：《不会被机器替代的人——智能时代的生存策略》，俞婷译，中信出版社，2017。

2.河北省机器人产业社会培训机构人才培养状况

社会培训机构开展机器人产业人才培训是当前解决人才供应不足问题的重要手段。2017年7月发布的《新一代人工智能发展规划》明确指出，着力实施全民智能教育，支持社会机构开展AI培训①。从培训机构类型来看，目前在河北省开展培训工作的社会机构既有北大青鸟、达内教育、光华国际等传统老牌职业培训学校，又有小象学院、深蓝学院、咕泡学院等新兴培训机构。各类型培训机构已形成线上线下相结合的全方位、多层次的培训方式。从培训内容来看，当前培训机构的机器人产业相关课程以培训学员的应用开发技能为主，主要包含3种类型：Python培训、机器人产业基础入门培训和机器人产业细分技术专业培训。此外，各培训机构均向学员提供分阶段的实战项目教学，众多机构已联合华为、百度、阿里等科技巨头提供实践机会。但由于基础层数理知识课程内容欠缺、培训时间较短，当前培训机构输出的人才多为初级实用技能型人才。以上机构和课程基本按照内容等级和培训时长进行收费，经电话调研和网络查询了解到，费用在3000~60000元。

四 河北省现有机器人产业人才队伍面临的主要问题

作为经济发展的新引擎，机器人产业已经开始广泛渗入和应用于河北省各领域并展现出巨大潜力。但与发达区域相比，河北省机器人产业在基础理论、核心算法、关键设备、高端芯片、人才培养等方面存在较大差距，其中机器人产业人才问题尤为突出，主要体现在以下方面。一是高校人才培养体系定位不清晰，目标定位、课程体系、评价标准等脱离当地机器人产业发展实际，难以适配具有河北特色的产业发展模式和路径。二是人才供给侧和企业需求侧不匹配，产业端与教育端没有实现有效对接，缺乏完善的动态合作

---

① 《国务院关于印发新一代人工智能发展规划的通知》，中国政府网，2017年7月8日，https：//www.gov.cn/zhengce/content/2017-07/20/content_5211996.htm。

机制以及专业平台建设机制，人才培养质量难以满足产业需求，产业人才需经过企业的二次培训才能形成生产力。这些问题限制了河北省机器人技术商业化的落地，也在一定程度上阻碍了机器人产业对河北省经济社会发展的赋能进程。

（一）高校人才培养体系定位不清晰

当前采用产教融合人才培养模式的相关机构还局限于少数高校和部分培训机构，现有的师资力量、课程设置、实训体系等难以覆盖广泛的应用场景[①]。作为典型的新工科专业，机器人产业存在多学科交叉融合的显著特征，但是现阶段河北省高校在进行 AI 专业体系建设的过程中存在一定的模糊性。具体表现为专业课程体系建设得不够完善、高校对于交叉课程体系的认知存在一定的不足。在进行交叉课程体系建设的过程中，河北省高校普遍加强了对数学、自动化以及计算机专业相应课程的分析和研究，而决定未来人机交互生态系统发展方向的人本主义和职业道德课程缺失[②]。并且，高校在人才培养过程中缺乏对本区域机器人产业在整个产业生态链条中所处位置的清晰认知，课程体系、评价体系与师资建设方向等多向占据更高生态位的京津两地高校的标准看齐，尚未形成与河北经济社会发展水平适配的机器人产业人才培养生态体系，这显然对河北省机器人产业的发展产生一定影响。

（二）人才培养与企业实际需求不匹配

机器人产业是一个新兴领域，其人才培养体系尚在建设之中，且当前人才培养主要依靠高校和研究机构，企业在专业建设中发挥的作用不足。同时，现阶段高校内机器人相关学科的师资、课程依然不够完善，机器人产业

[①] 温宏愿等：《新工科和专业集群视角下机器人工程专业建设研究》，《职业技术教育》2020年第14期。

[②] 李蕾、吴国芳：《新时代科技人才队伍建设的价值维度与实践进路》，《哈尔滨工业大学学报》（社会科学版）2022年第5期；宋诗斌、王传江、李玉霞：《面向产业需求的机器人工程专业应用创新型人才培养》，《山东教育》2022年第25期；温宏愿等：《新工科和专业集群视角下机器人工程专业建设研究》，《职业技术教育》2020年第14期。

人才培养难以快速适应和匹配产业发展的节奏和企业的需求。根据对招聘网站（前程无忧）的文本挖掘，企业在机器人产业相关岗位上对应届毕业生的需求程度始终有限，2020 年 11 月 1 日至 2023 年 11 月 1 日的招聘信息中，标明应聘对象可为应届毕业生的仅有 18 条，占该时期整体需求的 3% 左右，标明应聘对象需具备 1~3 年、4~5 年工作经验的分别有 338 条、195 条，分别占 55.23%、31.86%。原因在于知识密集、多学科交叉等特性为机器人产业设立了较高的人才准入门槛，企业对人才的岗位能力有着较高的要求，而应届毕业生缺少相关知识储备与实践经验，需要企业投入大量时间、资金等资源对其进行培训。而河北省机器人产业相关企业多为初创企业或中小微企业，难以承受高昂的培训成本，这直接降低了企业对应届毕业生的需求程度。

五　河北省机器人产业人才队伍建设对策建议

河北省机器人产业人才供给不足的主要原因为产业起步晚、产业化积累不足、人才培养速度没有跟上产业发展需求。自 2017 年教育部设立 AI 专业开始，河北省机器人产业人才培养工作逐渐步入初期探索阶段，但仍未形成有效的培养生态，人才供给水平不高，这也是导致河北省机器人产业发展水平在同区域中排名靠后的主要原因。作为"制造业皇冠上的明珠"，机器人产业发展水平的高低是一个地区科技创新能力、高端制造业发展程度的重要体现和衡量标志，也是推动经济社会高质量发展的强劲引擎[1]。而一支总量足、素质高、梯次结构合理的人才队伍是该强劲引擎作用充分发挥的必要前提之一。因此，需紧紧围绕本区域内机器人产业实际用人需求，充分依靠政府、高校、科研机构、企业等各类社会主体的资源、能力与优势，共同打造知识网络，建立开放包容的人才培养生态系统。本文对此提出如下四个方面的对策建议。

---

[1]　李蕾、吴国芳：《新时代科技人才队伍建设的价值维度与实践进路》，《哈尔滨工业大学学报》（社会科学版）2022 年第 5 期。

（一）加强机器人产业招才引智工作的顶层设计

以《河北省支持机器人产业发展若干措施》为准则，坚持聚焦重点区域、优势领域，坚持错位发展、项目引领、打造生态，以市场推广带动产业布局的思路[①]，加强机器人产业招才引智工作的顶层设计，将机器人产业人才队伍建设纳入河北省重点工作计划。结合河北省实际情况聚焦优势、扬长避短，避免同质化和恶性竞争，探索差异化发展路径。将得天独厚的区位优势转化为柔性引才的有利条件，以"不求所有，但求所用"的思想为指导，坚持目标导向，针对河北省机器人产业对专业人才素质和数量的需求，以兼职形式或重点项目的高级顾问、技术咨询等形式打造"候鸟式"工程师队伍，变人才引进为智力引进。同时，搭建公共交流平台，为机器人产业人才提供交流与合作的场所，畅通引进人才与本土人才之间的交流互通渠道，在促进技术扩散、转移和人才叠加优势发挥的过程中提高河北省机器人产业科研院所、相关企业的创新能力，在与京津地区机器人产业链积极整合的基础上，加大重要产品和技术攻关力度，打造规上企业和高新技术企业集群。

（二）加快机器人产业"政产学研一体化"人才培养生态体系建设

为保证 AI 产业人才培养达到预期目标，满足产业发展对各类型人才的需求，政府部门、大中专院校、科研院所及企业等需各司其职、各安其位、各尽其责，以校企合作、产教融合、专业共建等方式推动河北省机器人产业"政产学研一体化"人才培养生态体系建设。一是支持河北工业大学加大对机器人相关学科的投入力度，完善学科课程和专业布局，加强机器人专业与机器学习、控制自动化、自然语言学习、神经和认知科学、数学以及认知心

---

① 《河北省人民政府办公厅关于印发河北省支持机器人产业发展若干措施的通知》，河北省人民政府网站，2023 年 3 月 2 日，http：//info. hebei. gov. cn//hbszfxxgk/6898876/7026469/7026511/7026506/7070792/index. html。

理学等专业的交叉融合①，继续保持机器人产业研发第一梯队的优势。二是将产业需求更好地融入人才培养过程，发挥机器人产业企业在产业前沿技术与实践运用、高等院校在人才培养生态体系建设中的优势②，通过设立机器人产业实验室、创新中心、实训基地以及聘任企业导师等方式构建教学、科研和生产三方结合的人才培养生态体系③，形成教育和产业统筹融合、良性互动的发展格局④；打造以燕山大学、河北大学、河北科技大学、华北理工大学、河北工业职业技术大学等高校为主体的产业人才培养第二梯队。三是建立就业市场精准对接、就业信息精准匹配的服务体系，提前预判机器人产业人才就业倾向，利用云计算、大数据等技术快速、精准追踪机器人产业人才的就业状况⑤，对其就业状态和数据实时追踪、及时反馈，并以此为基础建立数据资料库，对招生计划、课程设置等人才培养内容进行指导优化，保障机器人产业人才培养生态体系高质量发展。

（三）多渠道延长机器人产业人才培养生态体系链条

一是鼓励围绕机器人产业设立高水平科技智库，支持智库基地凭借在机器人产业领域积累的人才队伍建设理论和对目前人才队伍发展现状的精准把握，在深刻领悟省委、省政府的重大会议、报告精神及重大决策部署的基础上，对全省机器人产业人才队伍未来发展趋势进行综合研判，通过政策调查、实地调研、数据收集等方法进行战略研究，形成与

---

① 宋诗斌、王传江、李玉霞：《面向产业需求的机器人工程专业应用创新型人才培养》，《山东教育》2022 年第 25 期。

② 温宏愿等：《新工科和专业集群视角下机器人工程专业建设研究》，《职业技术教育》2020 年第 14 期。

③ 高春艳等：《新工科背景下多维度全周期机器人课程建设与实践》，《高教学刊》2023 年第 35 期。

④ 郭爱云、熊家慧：《工业机器人产业人才需求与专业课程优化设置调研分析》，《南方农机》2022 年第 20 期。

⑤ 《工业和信息化部等十七部门关于印发"机器人＋"应用行动实施方案的通知》，工业和信息化部网站，2023 年 1 月 18 日，https：//www.gov.cn/zhengce/zhengceku/2023－01/19/content_5738112.htm。

河北省社会、经济、科技发展方向一致的研究报告，为党和政府科学民主依法决策提供重要支撑。同时可借助资深专家的研究经验，以科技重大决策咨询项目资源为"练兵场"，利用"传帮带"的方式提高机器人产业青年人才的创新研发能力，帮助他们在与相关单位开展合作研究的过程中丰富工作经历与履历，引导青年人才从实践中发现问题，并将对策应用于实践之中。二是发挥竞赛体系对人才队伍建设的带动效应，以赛促学、以赛促训，鼓励企业、院校和科研机构组织、推荐选手参加国家级机器人系列竞赛，挖掘优秀团队和人才①。继续对"互联网+"大学生创新创业大赛、"挑战杯"全国大学生课外学术科技作品竞赛中的机器人技术赛事进行资源倾斜，并在全省中小学校本课中增加机器人课程，加大科普工作力度，推动机器人产业人才培养关口前移，厚植青少年机器人科技素养土壤。

（四）增强机器人产业人才职业伦理和研发安全意识

机器人技术发展带来的伦理道德和安全问题已成为学术界和实业界共同关注的问题。机器人产业人才是机器人技术和应用的研发者和实践者，需增强其以有利于人类文明发展为准则的基本意识，针对类人智能产品要做好前瞻性的道德伦理和安全评估工作②，时刻警惕技术风险，保障相关产品遵照人类法律和道德标准运行，保证人类始终占据人机关系的主导地位并在基础研究和应用开发过程中始终坚持公平原则，充分考虑人种、地域、信仰等多方面的利弊因素以及多数人的需求，避免人为因素造成的不平等现象③。在数据的收集、处理、应用、存储等环节应时刻注重保护数据安全，数据收集需征得相关用户的同意和授权，并加强全周期的数据管理，严格遵守相关法

---

① 赵鹏举、李书阁、孙文成：《以技能大赛引领机器人产业创新技能人才培养的研究》，《科教导刊》2020 年第 16 期。

② 张淑涵：《机器人技术应用的伦理道德问题研究》，《湖北开放职业学院学报》2019 年第 14 期。

③ 杜严勇：《机器人伦理中的道德责任问题研究》，《科学学研究》2017 年第 11 期。

律法规要求，接受外界的监督，必要时向第三方机构等相关组织甚至社会公众公开研发目的、功能等。同时需审慎研发，建立技术风险日常评估机制，对研发工作中的风险和缺陷进行及时有效的评估[1]，防止研发进程进入错误方向。

---

[1] 〔德〕埃里克·希尔根多夫、林信铭：《机器人、人工智能、伦理与法律——科技法的新兴基础问题》，《刑事法评论》2022 年第 2 期。

城市与乡村人才篇

B.9
创新型城市建设中人才发展的实践探索
与总体趋势分析研究

赵砚文*

摘　要：　人才是创新型城市建设的核心要素，是实现经济社会高质量发展的重要保证，优质的人才发展生态是创新型城市建设的强劲支撑。本文对部分城市在创新型城市建设中推动人才发展的典型做法与区域特色做了梳理和分析，发现创新型城市建设中人才发展呈现新趋势，人才的引领作用更加突出，人才与经济社会发展更加融合，人才政策更加完善并贴近地方实际。学习和借鉴这些城市的先进经验，有助于河北省完善人才政策，更好地推动创新型城市建设。

关键词：　创新型城市　人才发展　创新创业

---

* 赵砚文，河北省社会科学院人力资源与劳动经济研究所研究员，主要研究方向为人才学与人力资源开发。

创新型城市建设既是实现科技自立自强、加快创新型国家建设的战略支点，又是提升城市整体实力、促进经济结构优化和实现高质量发展的必然选择。大力推进创新型城市建设，对于探索城市发展新模式和提高自主创新能力意义重大。人才是推动创新型城市建设的第一驱动力，党的二十大报告首次提出，教育、科技、人才是全面建设社会主义现代化国家的基础性、战略性支撑。在创新型城市建设中，应为人才构筑创新创业的"强磁场"，营造人才发展的最优生态。本文通过总结部分城市在创新型城市建设中推动人才发展的实践经验，分析了创新型城市人才发展的新趋势，有助于河北省进一步完善人才政策，更好地推进创新型城市建设。

一 创新型城市建设与人才发展的支撑作用

（一）创新型城市的提出与发展

创新型城市一般指自主创新能力较强和经济社会发展水平较高的城市，这些城市能发挥较强的支撑引领与辐射带动作用。创新型城市作为各类资源和创新要素的集聚地，对经济社会高质量发展的影响引起国家高度重视。2008 年以来，科技部、国家发改委分别选取部分创新基础较好、优势特色突出、区域辐射作用明显的城市开展创新型城市建设试点工作，深圳成为首个试点城市。2016 年，国务院印发《国家创新驱动发展战略纲要》，正式提出建设创新型城市。同年 12 月，科技部、国家发改委印发《建设创新型城市工作指引》，公布了 61 个创新型城市的名单和指标体系，创新型城市建设步入新阶段。截至 2019 年，国家共批准 78 个城市开展创新型城市建设。2022 年 1 月，科技部发布通知，在河北省保定、邯郸等 25 个城市开展创新型城市建设，至此，全国共有 103 个城市（区）获批建设创新型城市。《国家创新型城市创新能力评价报告 2022》① 对全

---

① 《国家创新型城市创新能力评价结果公布　合肥第九》，澎湃网，2023 年 2 月 16 日，https：//www.thepaper.cn/newsDetail_forward_21947558。

国103个创新型城市的创新能力进行了综合评价和排名，前十强依次为深圳、南京、杭州、广州、武汉、西安、苏州、长沙、合肥和青岛。2023年2月，科技部和中国科学技术信息研究所发布了全国城市创新能力百强榜，河北省6个创新型城市中有5个上榜，分别是石家庄、廊坊、保定、秦皇岛和唐山，分别列第52、56、72、74和79位。

（二）人才发展对创新型城市建设的支撑作用

人才是城市建设的具体承载者，是提升城市创新能力的战略性资源，人才发展对创新型城市建设至关重要。创新型城市建设应坚持以人为本，不断培育、吸引人才，通过人才个人价值的实现促进城市总体价值的实现。人才发展状况基本上反映了创新型城市建设的实力和潜力，影响着创新型城市建设的路径和成效。近年来，中国科学技术信息研究所根据国家统计局等部门发布的数据对创新型城市建设情况持续开展跟踪分析，并发布了《国家创新型城市创新能力评价报告》。该报告在评价体系中列出了原始创新力、成果转化力、创新治理力、创新驱动力和技术创新力5个一级指标及30个二级指标，这些指标都与人才发展息息相关，充分体现了创新型城市建设的共性与差异化发展要求。二级指标中国家和省级重点实验室、工程实验室和工程（技术）研究中心数量，科技进步贡献率，人才工程、引进人才数量等则是直接反映人才发展水平的指标。《国家创新型城市创新能力评价报告2022》对部分指标进行了调整，增加了万人普通高校在校学生数、高层次科技人才数等指标，充分说明人才发展在创新型城市建设中的引领和支撑作用越来越重要。该报告显示，截至2022年底，103个创新型城市包含全国51%的人口，培育全国85%的高新技术企业，产出全国81%的高新技术企业营收，覆盖全国67%的GDP，汇聚全国85%的研究与试验发展（R&D）经费投入和72%的地方财政科技投入，这些数据都与人才发展密不可分。

二 创新型城市建设中人才发展的机制创新

各地在创新型城市建设中不断制定和完善人才政策，健全高效的工作机制，在人才引进、培养、评价及激励等方面为创新型城市建设提供了强有力的支撑和保障。

（一）构建面向全球的人才引进机制

进入高质量发展阶段，各城市对高端人才需求迫切，一些城市建立了有国际竞争力的引才机制，以适应创新型城市建设要求。一是完善海外人才引进方式。北京集聚了全国乃至全球高端人才，在人工智能、物联网等领域的高层次人才数量远超其他城市。北京运用互联网、大数据、云计算等手段，以全球相关领域"获奖科学家""关键领域专利科学家"等为基础，动态绘制"全球高端人才分布地图"，以"精准化"方式聚焦新兴科技领域紧缺、急需的人才，建立海外人才精准对接机制，推动本市综合实力和核心竞争力的增长。南京完善了"十四五"期间的招才引智计划，以有诚意的政策和真情的服务向全球英才发出邀请，同时在公共服务、安居保障、金融配套等方面对人才予以大力支持，对高端人才的吸引力日益增强。根据2021年发布的《南京市人才发展白皮书》，近年来南京共吸引了8名诺贝尔奖得主、1名图灵奖得主、132名国内外院士来南京创新创业。二是优化工作和服务平台。在研发平台建设方面，多个城市通过"揭榜挂帅""赛马"等制度创新，营造人才集聚的良好生态，保障新型研发机构的培育和发展。成都支持诺贝尔奖获得者及世界500强企业或国际知名高校、科研院所科技人才在蓉建立联合实验室、新型产业技术研究院，开展科研项目攻关。上海为吸引和留住各类人才，在户籍、教育、医疗服务方面，放宽人才直接落户、居转户、购房等条件，完善基础教育配置，加大医疗资源供给力度，形成了引才聚才的"强磁场"。苏州、广州、西安、南京、杭州均降低了优秀人才的落户门槛。

（二）优化持续发展的人才培养机制

人才培养对城市的可持续发展有很大的促进作用，随着创新型城市建设的深入推进，各地围绕创新人才培养推出了一系列支持政策。一是人才教育培养模式的创新。成都聚焦城市发展战略和重点产业需求，支持国内外一流大学来蓉创设特色研究院，鼓励高校围绕成都"5+5+1"现代产业体系开展"双一流"建设。苏州实施名城名校融合发展战略，坚持将学科建设与本市经济社会发展需求相匹配，集成校地政策和平台优势共同引育高端人才。二是改进创新型科技人才培养方式。合肥突出"高精尖缺"导向，完善领军人才和创业团队引进计划、"庐州英才"和产业创新团队培养计划，着力集聚培养创新创业领军人才。三是为青年优秀人才成长铺路架桥。一些城市为青年人才提供了更多的优势资源，加大了各类人才计划、科研项目向青年人才倾斜、支持的力度。西安实施了一系列优秀人才培养计划，为中青年骨干人才提供政策支持。杭州提高了青年人才入选各类人才工程的比例，鼓励优秀人才脱颖而出。

（三）完善具有创新活力的人才评价机制

科学的评价机制会让优秀人才脱颖而出，进而形成科技创新的良好生态。创新型城市积极探索人才评价细则，激发各行各业人才创新活力。一是分类制定科学的人才评价标准。深圳针对各行业、各层次及产业细分领域，运用大数据和国际化指标，分类制定人才评价标准，进一步完善了新业态和具有行业影响力的人才评价体系。合肥将薪酬水平等市场化要素作为重要的评价指标，人才分类目录中难以界定的人才和产业发展紧缺人才通过评估认定后，均可享受相应的政策待遇。二是突出用人单位的自主评价。广州出台政策鼓励行业领先的企事业单位自主制定人才评价标准，并纳入全市行业人才评价体系。三是有效改进人才评价方式。深圳把创造的市场价值、创业投资等作为人才评价的主要依据，同时引入市场评价、同行评价和社会评价，有效拓展了人才评价方式。苏州改变了以往侧重学历、专家评审的人才评价方式，实施个人素质、紧缺指数和薪酬水平"三位一体"的积分制评价，人才可根据自身实力自主参评。四是全力畅通人才评价渠道。一方面，为非公经济和社会组织人才参评职称开设通道。北京打破国籍、户籍、身份等限制，为优秀外籍人才、港澳台人才、自由职业人才和高技能人才制定了职称评价政策。另一方面，开通了职称直聘通道。代表性做法是制定职称评审"直通车"制度，以引进高层次人才为重点，各地职称直聘制度各具特色。

（四）建立以人为本的创新创业激励机制

科技创新说到底是人的创新，多地加大了对科研人员的激励力度，为他们施展才华营造更好的科研环境。一是加大薪酬激励力度。苏州在国有企业高层次人才薪酬管理办法中规定，企业对紧缺人才可单独制定收入分配倾斜政策和奖励政策。深圳、北京等地的国有企业针对海内外高层次人才，依据国际薪酬标准，采用协议工资制和年薪制等薪酬激励政策。二是加大对人才创新创业的支持力度。多地鼓励专业技术岗位的科研人员以多种形式参加"双创"活动，如在职创办企业、兼职或离岗创业等，支持科研人员到企业参与项目合作，并对不同形式的"双创"行为给予相应的待遇保障。三是加强创新成果知识产权保护。保护知识产权就是保护创新。广州、合肥、南京、成都、深圳等城市是第一批国家知识产权保护示范区建设城市，这些城市从新发展阶段要求出发，不断提升知识产权保护工作的法治化水平。措施包括探索人才维权援助机制，试点开展知识产权信托交易和证券化业务；成立人才知识产权法律服务联盟，依法强化知识产权保护；等等。

三　创新型城市建设中人才发展的区域特色

中国城市众多，各城市经济发展水平、市场化程度、自然资源、科教资源等差别较大，发展特点与需求也不同，它们为营造适合人才发展的"一流环境"，走出了各具特色的创新之路。

（一）依托高校科研院所人才推动原始创新

多地在创新型城市建设中充分依托高校、"大院大所"的资源集聚人才，推动原始创新。《2022 年全球创新指数报告》① 显示，北京在全球科技

---

① 《〈2022 年全球创新指数报告〉发布　中国位列第 11 位》，"中国日报网"百家号，2022 年 9 月 30 日，https：//baijiahao. baidu. com/s？id＝1745377068118048896&wfr＝spider&for＝pc。

城市集群榜单中排名第三。北京科教资源丰富，中国科学院一半以上的院所、国内众多的知名高校、绝大部分中央企业以及航空航天等军工系统的主要研究机构都集中在北京，北京是名副其实的"科学中心"，其中中关村科学城依托"大院大所"、高校，怀柔科学城依托大科学装置、大型科研基础设施，未来科技城依托大企业的研发中心。合肥在《国家创新型城市创新能力评价报告2022》中位列第九，进入第一梯队。合肥充分发挥"科教之城"和科研院所优势，聚焦原始创新能力，将人才资源优势转化为城市创新发展动力。截至2021年底，合肥有高校56所、中国科学院物质科学研究院等中央科研机构8家、各类研发机构超过1400家、院士工作站59家、博士后工作站112家。合肥以综合性国家科学中心为引领，注重用好政府"有为之手"，加大基础研究投入力度，努力突破关键、核心技术，打造原始创新策源地。东营依托高校建立的稀土催化创新研究院是国内唯一的稀土催化领域国家级研究机构，该机构由天津大学牵头，联合8家行业内领军企业共同投资建设，结合国家重点新材料研发及应用重大项目，在研发环节上促使学术链、创新链、产业链相融合，破解稀土催化技术在行业应用中的"卡脖子"难题，增强原始创新能力。

（二）选人用人以市场化的评价标准为导向

发挥市场的决定性作用，有助于营造人才使用、评价、成长的开放性环境。对人才的选择和认定应把握实践性和动态性的观点，顺应社会主义市场经济规律和人才成长规律，以市场主体和专业主体自由选择的方式构建人才评价标准。上海、深圳等地不断深化市场经济改革，面对就业创业的新形势，建立了市场导向的人才引进评价制度。一是人才引进采用市场化评价。从引进标准、引进对象、评估方法和政策梯度等方面进行改革，坚持人才引进的市场导向，推动人才引进由以体制内评估为主向以市场化评价为主转变。探索以市场化评价统筹体制内外人才引进条件，基于薪酬评价、投资评价和第三方评价等市场化方法制定引才指标，逐步确立人才引进的市场主体评估权。二是人才激励采用市场化薪酬。充分发挥市场在报酬机制中的决定性作用，赋予高校、科研机构充分自主权，创新运行管理机制，建立具有竞争力的薪酬体系。在要素市场评价贡献方面，增加一线劳动者收入，充分体现技术、知识、管理、数据等要素价值的实现形式。

（三）推动科技成果转化，激发人才创新活力

科技成果转化是一项复杂的系统工程，是促进科学技术转变为现实生产力的关键环节。党的二十大报告明确提出，推动创新链产业链资金链人才链深度融合，提高科技成果转化和产业化水平。成都在创新型城市建设中走差异化发展道路，在全国率先出台政策支持科技成果权属改革，从"十条"到"新十条"再到"三十条"，不断拆除"篱笆墙"，营造了良好的创新生态。近年来，成都不断探索科技成果转化新路径，在发挥平台牵引作用、推动产学研深度融合、完善服务体系等方面加强政策支持，走出了一条有成都特色的科技成果转化道路。2022年，成都将推动科技成果转化作为重点工作任务，深入开展"校企双进"活动，完善"校院企地"科技成果供需对接平台，推动校企共建市级产学研联合实验室、市级工程技术研究中心。同时，大力发展中试研发孵化平台，完善科创企业"全生命周期"金融服务链条，打通科技成果转化"最后一公里"。越来越多的"成都创新""成都智造"加速涌现，成为创新型城市建设的有力支撑。

（四）建设高水平新型研发机构，集聚人才

新型研发机构的重要作用是培养高水平的科学家及创新团队，集聚高端人才。推进新型研发机构建设，是实现科创与产业"双轮驱动"的最优途径，在搭建人才集聚平台的同时打通了"政产学研用"渠道。一些城市在政策上大胆探索，充分采用政府引导，高校科研机构以及企业、社会资本共同参与，省份联动共建的多元投入模式，实行了现代化、市场化的人力资源管理。深圳在建设具有全球影响力的科技和产业创新高地的目标下，构建了"基础研究+技术攻关+成果产业化+科技金融+人才支撑"全过程创新生态链，已建成鹏城实验室、深圳湾实验室及光启高等理工研究院等一批高水平研发平台。鹏城实验室作为广东省第一个省级实验室，与全国150余家高

校、科研机构、龙头企业深度合作，汇聚了31位院士、200余位国际会士、国家杰出青年等高端人才，成为国内外最大规模的开放、开源、共享智能算力平台。南京推动新型研发机构联合骨干企业、高校与科研院所开展技术研发，截至2021年底，有新型研发机构409家，累计孵化引进企业超9000家，其成果转化模式和激励机制吸引了国内外一大批高校院所、科学家团队，高端人才数量持续增长。这些创新型城市在新型研发机构建设上聚焦国家重大科技与经济发展战略需求，积极探索从原始创新到产业化的新模式，为开展关键共性技术攻关打下了深厚基础。

四 创新型城市建设中人才发展的总体趋势

（一）人才的引领作用越来越突出

人才在创新型城市建设中的引领作用越来越突出，人才效能不断增强，尤其是在高层次人才集聚、高新技术企业发展、知识产权产出方面尤为明显。北京近年来在股权和分红激励、收益管理改革等政策激励下充分发挥中关村中小企业的带动作用，截至2020年有独角兽企业93家，位列全球第一。独角兽企业的迅猛发展离不开产业集聚，更离不开一大批高水平战略科技人才、领军人才及科学家、企业家团队发挥的重要引领作用。截至2022年，深圳有各类人才680万人、高层次人才2.4万人。2021年，深圳全社会R&D经费投入占GDP的比重达5.46%，国家高新技术企业达2.1万家，约占广东省的1/3。在2022年中国城市人才吸引力榜单中，深圳排名第三，体现了深圳对高层次人才的强大吸引力。苏州自2010年入选创新型城市试点以来，已集聚1.34万家国家高新技术企业，拥有高层次人才34万人，入选国家级重大人才工程361人，科技进步贡献率达67.5%。南京高新技术企业数量从2018年的1844家增长到2021年的5934家，高新技术产业产值持续提升，独角兽企业达17家，仅次于北京、上海、杭州、深圳。2020年，南京专利合作条约（PCT）专利申请量达3128件，增长78.34%，拥有有效发明专利 88932 件，技术合同成交额超 750 亿元。高端人才在产业发展中展现了创新活力，人才引领经济社会发展的作用更加突出。

（二）人才发展与经济社会发展相融共生

人才是驱动经济发展的关键，城市经济发展同人才支撑作用密不可分。创新型城市以更加开放包容的政策和互惠共享的资源，营造了有利于人才发展的宽松环境。一是人才政策与相关政策融合度高。创新型城市更加注重人才政策与当地产业政策、财政政策、教育政策、金融政策以及知识产权保护和政府治理等方面的融合，注重政策之间的整体性和协同性，以最大限度地发挥政策协同效应。二是有效连接城市各类创新资源。通过人才引领将城市的产业资源、项目资源、平台资源、信息资源、技术资源乃至交通资源等创新资源有效连接，实现人才、信息、技术等创新要素互联互通互融。三是多元主体共同参与、系统推进。创新型城市建设是一项系统工程，需要政府、企业、高校、科研机构等多元主体共同努力，最终形成推动创新的吸附和聚合效应。高校是人才培养和人才集聚地，在专业课程设置上与产业需求相适应，有利于提升人才培养和产业发展的融合度。企业是产业的载体，充分发挥企业引才用才的主体作用，与人才构建"命运共同体"，能够推动产业高质量发展。

（三）人才发展实践充分发挥政府和市场的作用

在创新型城市建设中，各地充分发挥政府、市场两种手段在促进人才发展方面的作用。一是更好地发挥政府的宏观调控和引导作用。各级政府贯彻党中央把创新摆在国家发展全局核心地位的战略部署，营造了鼓励、支持各类人才创新创业的良好环境。相关部门逐步建立和完善政府人才管理体制机制，对重大科技项目组织管理方式进行改革，推动全面创新的基础制度建设。加大地方财政科技投入力度，设立政府创新引导基金，优化人才配套服务，把完善科技创新体系的各项政策落到实处。二是更好地发挥市场在资源配置中的决定性作用。各地在推动创新型城市建设和人才发展过程中积累了一系列经验，形成了人才要素和市场环境优势，充分发挥市场作用，实现要素资源供需的动态平衡，破除阻碍人才有序流动的体制机制障碍，提高人才流动效率。通过市场引导人才在各用人主体间合理配置和流动，有助于人才链产业链创新链的有效衔接与高效融合，实现更高水平的人才集聚，支撑产业升级和科技创新。

（四）人才发展的政策制度逐步健全

近年来，根据中央深化人才发展体制机制改革的部署，各城市推出了一系列创新力度较大的人才政策，进一步优化了人才发展的制度体系，为经济高质量发展提供了强有力的支撑。一是人才政策更加积极开放。各地充分意识到人才发展在创新型城市建设中的重要作用，以更加积极、开放的视野，在人才创新创业、科技成果转化、创新创业载体搭建以及营商环境优化等方面制定了一系列人才政策，努力把城市打造成区域性人才中心和全球人才高地。二是人才政策更加贴近地方实际。北京、上海、广东、深圳等城市发挥市场环境优势，出台的人才政策侧重于为高精尖人才提供多功能服务和保障，减少高生活成本带来的不便。南京、西安等城市聚焦高校应届毕业生群体，在落户、住房等方面给予更多政策优惠，确保人才引得来、留得住，让人才安心创业。杭州、成都等城市的政策重点瞄准"工匠型人才"，大力倡导和弘扬工匠精神，为技能人才打造更优的生活环境。三是人才政策更加精准高效。各地增强了以策聚才的精准度，建立包含多重指标和多个维度的考核评价体系；增强了以产聚才的能见度，围绕产业链布局人才链，深化产才融合，让更多产业在人才集聚中转型升级；增强了以情聚才的感知度，为人才定制各种暖心服务，不断增强人才的认同感和归属感。

2023年石家庄市急需人才调查分析研究

王丽锟*

摘　要： 　人才是第一资源，急需人才成为推动经济发展的重要因素。本文通过抽样问卷调查和面对面访谈的方式，围绕石家庄市急需人才开展调查研究，回收有效需求问卷255份、有效调查表264份，通过数据分析，发现2023年石家庄市急需人才的总体情况，并总结了石家庄市急需人才的两个特点，即"急"与"稳"并重、"升"与"降"突出。在此基础上，本文对石家庄市人才发展的制约因素进行分析，并提出以急需人才为突破口落实石家庄人才强市战略的对策建议：以当前人才发展优势为原点，不断擘画人才发展蓝图；以吸引留住急需人才为支点，持续激发创新动力；以集聚更多科技人才为动力，深入挖掘科创资源；以重塑包容城市形象为支撑，逐渐提升城市吸引力。

关键词： 　急需人才　石家庄　河北

　　党的二十大报告指出"人才是第一资源"，要坚持人才引领驱动，深入实施人才强国战略，"开辟发展新领域新赛道，不断塑造发展新动能新优势"①。为更好地贯彻落实党的二十大报告关于人才的重要论述，推动石家庄市深入实施新时代人才强市战略，以人才发展带动经济高质量发展，针对现实中制约

＊　王丽锟，中共石家庄市委党校管理学教研部副教授、主任，主要研究方向为人才、社会治理。
① 《高举中国特色社会主义伟大旗帜　为全面建设社会主义现代化国家而团结奋斗——在中国共产党第二十次全国代表大会上的报告》，人民出版社，2022。

人才发展的问题开展深入调研非常必要，尤其是开展对急需人才的调查研究。

自2018年以来，石家庄市每两年开展一次全市急需人才抽样调查，2022年7~9月，石家庄市开展了第三次全市急需人才抽样调查。调查组通过抽样问卷调查和面对面访谈的方式，向石家庄市企事业单位发放急需人才需求问卷，重点了解急需人才需求情况，回收有效需求问卷255份，有效率为98.3%。同时，发放纸质版和电子版调查表，重点了解企业人才现状等情况，回收有效调查表264份，有效率为99.2%。对调查数据进行分类和比较分析，总结2023年石家庄市急需人才总体情况。

一　2023年石家庄市急需人才数据分析

（一）总体情况

1. 产业急需人才基本情况

抽样调查共涉及255家石家庄企事业单位（包括243家企业、12家事业单位）的715个急需人才岗位，急需人才总量为2780人。平均每家被调查的企事业单位提供了3个急需人才岗位，平均每家单位急需11人。从三次产业来看，第二产业急需人才最多，为1419人，占比达到51.04%。从具体产业来看，新一代电子信息产业急需人才最多，为752人，占27.1%。

2. 急需人才基本情况

从急需人才基本情况来看，如图1所示，性别分布上，六成急需人才为男性；年龄分布上，20~29岁急需人才占比最高，达54.8%；学历分布上，本科学历急需人才达1646人，占59.2%；地域分布上，急需人才的企业主要集中在中心城区，占29.1%；年薪分布中，急需人才年薪主要在10万~30万元，占65.9%；人才类型分布上，急需技术类人才2410人，占86.7%。

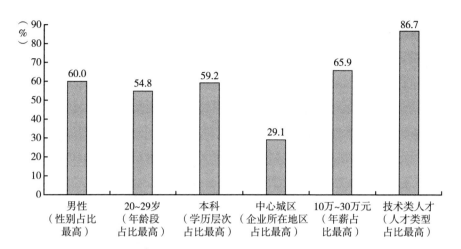

图1 石家庄市急需人才情况

3. 高精尖企业和百强企业急需人才情况

根据石家庄市高精尖企业、百强企业急需人才调查数据，如图2、图3所示，两者急需人才的基本情况比较相似，即男性、20~29岁、本科学历、年薪10万~30万元。同时，急需人才的高精尖企业、百强企业多分布在开发区（园区），且更需要科技人才。

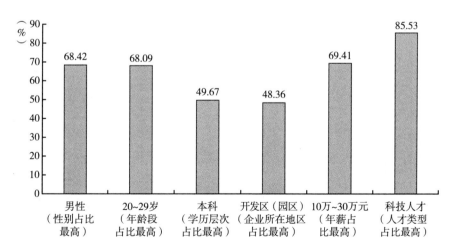

图2 石家庄市高精尖企业急需人才情况

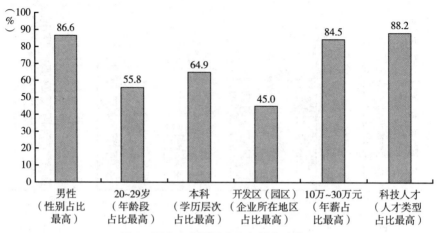

图3　石家庄市百强企业急需人才情况

4. 急需人才企业的人员现状

根据调查数据，石家庄市急需人才企业的现有人员类型整体偏中低端，学历整体不高，年龄偏大。如图4所示，现有人员中专业技术人才仅占22.16%，排名第三，明显低于普通人才和其他人才；经营管理人才和高技能人才占比均不到一成，显示了需求端保有量不足，无法满足企业发展需求，需要更多技术类人才。

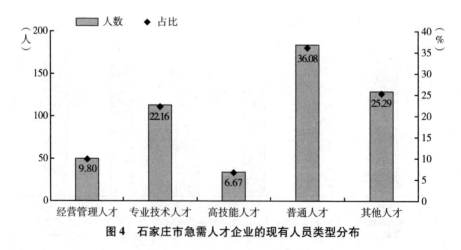

图4　石家庄市急需人才企业的现有人员类型分布

如图5所示，在石家庄市急需人才企业的现有人员中，本科学历人才仅占29.22%，位居第三，低于专科及以下学历人才，而且硕士、博士研究生学历人才占比合计不到一成，可见现有人员学历层次偏低，这也印证了为何企业更需要本科学历人才。

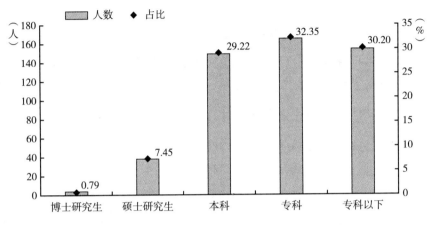

图5　石家庄市急需人才企业的现有人员学历分布

如图6所示，在石家庄市急需人才企业的现有人员中，20~29岁的人员只占26.67%，排名第二，低于排在首位的30~39岁人员；经过权重计算，被调查企业的员工平均年龄为36岁，年龄偏大，这间接解释了为何企业更需要20~29岁的青年人才。

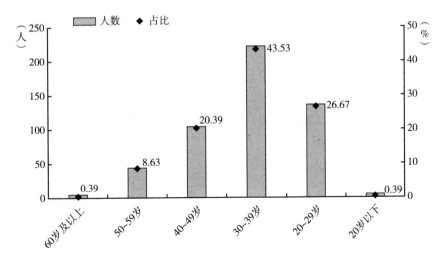

图6　石家庄市急需人才企业的现有人员年龄分布

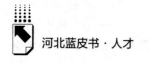

（二）具体分析

1. 从产业来看

急需人才反映了产业发展的总体情况。255家被调查的石家庄市企事业单位中，有130家属于第二产业，占50.98%。被调查的715个岗位中，有359个岗位属于第三产业，占50.21%。如图7所示，第二产业急需人才数量最多，为1419人，占比达到51.04%。

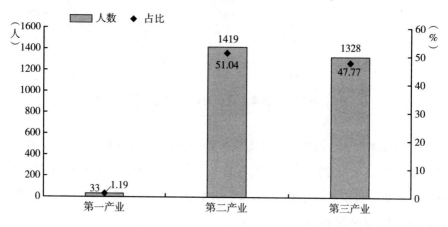

图7　石家庄市三次产业急需人才分布

产业发展越好，急需人才越多。如图8所示，新一代电子信息产业急需人才最多，达752人，占27.1%；先进装备制造产业排名第二，达350人，占12.6%；生物医药产业排名第三，达343人，占12.3%；排在第四、第五的依次是卫生产业和新能源产业，急需人才数量分别为281人和222人。

2. 从地域分布来看

如图9所示，石家庄市急需人才的地域分布按人数从多到少排列依次是中心城区、三个县改区、开发区（园区）、各县（市、区），占比相对均衡。其中，中心城区急需人才最多，为809人，占29.1%。

3. 从急需人才的自身情况来看

如图10所示，石家庄市急需人才中六成为男性，达1667人；其次是性

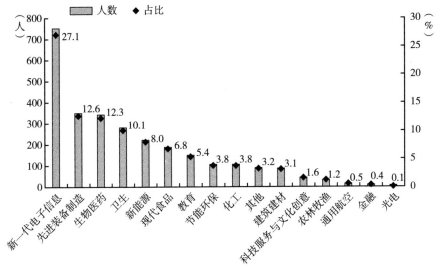

图8　石家庄市各产业急需人才分布

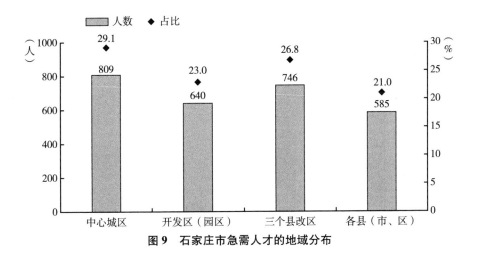

图9　石家庄市急需人才的地域分布

别不限，急需988人，占比超过三成，为35.5%；最后是女性，仅急需125人，占4.5%。

如图11所示，被调查的石家庄市企事业单位主要急需20~39岁的人才。其中，最急需20~29岁的人才，占54.8%；其次是30~39岁，急需1086人，占39.1%。

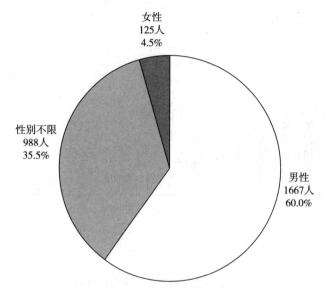

图10 石家庄市急需人才的性别分布

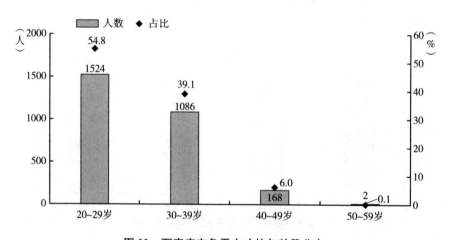

图11 石家庄市急需人才的年龄段分布

如图12所示，被调查的石家庄市企事业单位最急需本科人才，达1646人，占59.2%；其次是硕士研究生，急需772人，占27.8%。

4.从给予急需人才的年薪来看

如图13所示，排名第一的是年薪10万~30万元，急需1831人，占

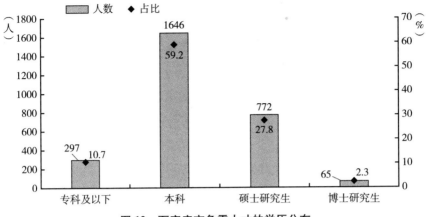

图 12　石家庄市急需人才的学历分布

65.9%；其次是年薪 10 万元以下，急需 867 人，占 31.2%；年薪 30 万元以上的急需人才多为高级管理人才、高级专业技术人才。

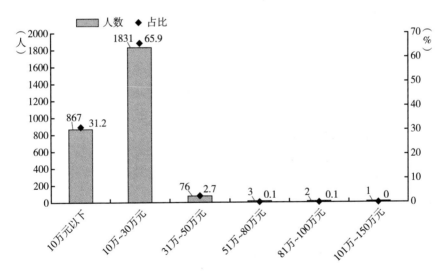

图 13　石家庄市急需人才的年薪分布

5. 从急需人才的类型来看

如图 14 所示，急需技术类人才 2410 人，占 86.7%；其次是管理类人才，急需 370 人，占 13.3%。可见，石家庄市更急需技术类人才。

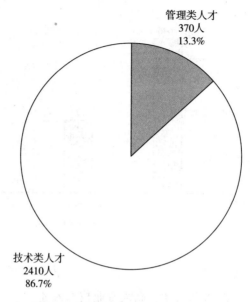

管理类人才
370人
13.3%

技术类人才
2410人
86.7%

图14　石家庄市急需人才的类型分布

二　石家庄市急需人才的特点分析

（一）急需人才的特点分析

从抽样调查的 255 家石家庄企事业单位急需人才的情况来看，石家庄市急需人才主要有以下两个特点。

1. "急"与"稳"并重

一是急需人才数量在正常范围内，趋向平稳。同 2018~2019 年、2020~2021 年石家庄市急需人才抽样调查结果相比，2022~2023 年石家庄市急需人才总量呈现下降趋势，255 家企事业单位的 715 个岗位急需人才 2780 人。一方面，石家庄市人才政策实施力度不断加大，人才引进日渐常态化，从一定程度上填补了企事业单位的人才缺口，石家庄市人才发展生态趋好；另一方面，抽样调查数据显示，在稳经济的基调下，为了实现高质量发展，企事业单位不断通过创新驱动促进转型升级，对人才的需求持续增长。石家庄市2022年、2023年连续两年获评"中国年度最佳引才城市"称号，证明今天的石家庄市对人才的需求和渴望比以往任何时候都更为迫切。

二是从类型来看，依然急需技术类人才。从2018～2019年调查到此次调查，石家庄市一直青睐技术类人才，这说明石家庄市技术类人才缺口依然很大，呈现动态扩大的趋势。

三是石家庄市急需人才地域分布比较均衡。中心城区、三个县改区、开发区（园区）、各县（市、区）急需人才占比都在两成到三成。这与之前的调查结果比较相似，说明石家庄市各地区都在积极发展经济，高质量发展的劲头和力量比较均衡。

2. "升"与"降"突出

一是石家庄市急需人才主要集中在第二产业。抽样调查的255家企事业单位中有130家属于第二产业，且第二产业急需人才最多。以上数据都验证了石家庄市第二产业发展更迅速、人才需求更强烈。

二是急需人才的年薪待遇明显提高。给予急需人才的年薪与2020～2021年的调查结果相比有了明显提升，从待遇上体现了对人才价值的认可、对急需人才的渴求。

三是从性别、年龄和学历来说，石家庄市更急需男性、20～29岁、本科学历人才。这体现了石家庄市对年轻、高学历人才的渴求。

（二）三次调查中石家庄急需人才特点的比较分析

1. 三次调查中石家庄市急需人才的总体特点——"稳实均青高技"

一是"稳"，体现为变化趋势走向平稳。在稳经济背景下，石家庄市急需人才数量降幅明显，但是仍在正常范围内，趋向平稳。从三次调查的数据可以看到，2018～2019年急需人才数量为4000人（1149个急需岗位），2020～2021年急需人才数量为9529人（1614个急需岗位），2022～2023年急需人才数量为2780人（715个岗位），呈现先增后减的趋势。2022～2023年，石家庄市出台的人才政策覆盖面更广，涉及经济发展、居民就业和社会

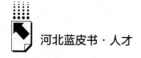

安全稳定等方面，顺应了社会发展趋势和民心。

二是"实"，体现为第二产业的实体业需求最多。在急需岗位和急需人才方面，第二产业均较为突出，体现了石家庄市第二产业亟须高质量人才支撑。

三是"均"，体现为急需人才地域分布比较均衡。石家庄市中心城区、三个县改区、开发区（园区）、各县（市、区）都急需人才，且急需程度比较相似，说明石家庄市各地都在积极发展经济，为全市高质量发展打下了坚实基础。

四是"青"，体现为急需人才青年化倾向明显。随着"三胎"生育政策的出台以及人口老龄化的加剧，石家庄市对人才的渴求更加强烈，高学历青年人才获得青睐。石家庄市认识到，只有吸引更多青年人才，才能更好地提升竞争力和经济实力。抽样调查的结果反映了石家庄市重视人才引进和培养。

五是"高"，体现为年薪明显提高。抽样调查结果显示，石家庄市急需人才的年薪多为 10 万~30 万元，与 2020~2021 年的 6 万~12 万元相比有大幅增长，这体现了石家庄市不断加大人才投入力度，为人才创造更好的生活和工作环境。

六是"技"，体现为依然青睐技术类人才。石家庄市一直重视对技术类人才的引进和培养，强调贯彻党的二十大精神，坚持"人才是第一资源"，通过科技开辟发展新领域新赛道，不断塑造发展新动能新优势，依靠技术类人才实现人才引领驱动。引进培养更多技术类人才对石家庄市来说至关重要，能使石家庄市拥有更大的科技自主权，并赢得更大的发展主动权，推动全市高质量发展。

2. 石家庄市高精尖急需人才特点

石家庄市高精尖急需人才涉及 192 个岗位，共急需高精尖人才 804 人。产业上，新一代电子信息产业最急需人才；地域上，鹿泉区最急需人才；学历上，主要急需本科及硕士研究生学历人才；年龄上，更急需 20~29 岁的人才；性别上，更急需男性人才。

如图 15 所示，从学历来看，石家庄市最需要本科学历的高精尖人才，达 522 人，占 64.9%；其次是硕士研究生学历，达 242 人，占 30.1%。可见，石家庄市高精尖产业对急需人才的学历要求较高。

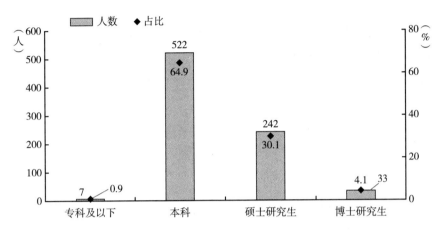

图 15 石家庄市高精尖急需人才的学历分布

如图 16 所示，石家庄市五大产业中，新一代电子信息产业最需要高精尖人才，达 405 人，占 50.4%；其次是先进装备制造产业，达 162 人，占 20.1%；再次为生物医药产业，达 160 人，占 19.9%，与先进装备制造产业非常接近。

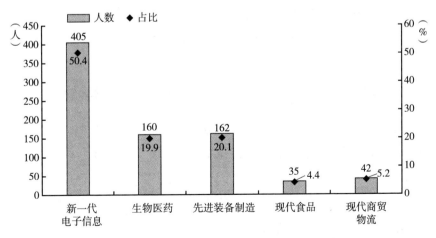

图 16 石家庄市五大产业高精尖急需人才分布

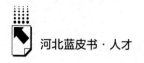

三 石家庄市人才发展的制约因素分析

一是石家庄市急需人才企业现有人员年龄偏高、学历偏低、技术水平处于中低端，导致需求端保有量不足，无法跟上企业发展的脚步。

二是石家庄市急需人才供给不足。虽然自 2018 年以来石家庄市通过不断实施人才绿卡等人才政策引进了大量人才，但石家庄市急需人才缺口仍然较大，特别是高精尖急需人才供给不足，无法满足发展需求。并且，同其他省会城市相比，石家庄市引进人才数量差距明显，加之外部环境影响，无法从根本上满足各产业对人才的旺盛需求。

三是石家庄市当前的人才政策尚未全面覆盖、协同推进。近年来，石家庄市以深化人才发展体制机制改革为突破口，围绕人才"引育留用"全链条发力，逐步完善人才政策体系，营造了良好的人才发展环境，释放了更多人才效能，取得了较好的效果。但要清醒地认识到，当前石家庄市人才政策还存在一些不足，体现为覆盖不够全面、协同推进不够扎实，特别是中心城区和各县（市、区）的差距较为明显。

四 以急需人才为突破口落实石家庄 人才强市战略的对策建议

（一）以当前人才发展优势为原点，不断擘画人才发展蓝图

一是贯彻落实党的二十大精神，把方向、定目标，坚持目标管理。对照党的二十大关于人才的重要内容，逐条梳理下一步石家庄市人才工作的方向和目标。与党的十九大相比，党的二十大将人才提到了一个更高的战略定位，突出了人才的重要性。未来，石家庄市要着力完善人才战略布局，优化人才工作，消除制约人才发展的因素。

二是跳出本市看人才发展，放大优势、补齐短板，坚持靶向治理。在总

结石家庄市人才发展优势的基础上，通过比较直面石家庄市人才发展短板，继续以人才政策为切入点，按照党的二十大精神实施更加积极、更加开放、更加有效的人才政策，持续打造更优的人才发展生态，坚决落实人才强市战略。着力形成人才在国际竞争中的比较优势，加快建设国家战略人才力量，用好用活各类人才。

三是聚焦石家庄市、县两级人才工作现状，一起抓、消差异，坚持协同推进。加快推进人才政策的全覆盖，既要尽力而为，又要量力而行。发展县域经济离不开人才的支撑，因此逐渐消除人才政策的市、县差异是大势所趋。一方面"向下够"，县级好的人才措施可以由市级采纳推行。比如，可以考虑从人才绿卡入手，鹿泉、新乐等都有人才绿卡 C 卡，在各县非常受欢迎，优势明显。根据调查结论，建议市级借鉴县级政策经验，在人才绿卡 A 卡和 B 卡的基础上增加 C 卡，覆盖更多青年人才，改变企业现有人员学历偏低的现状。另一方面"向上跳"，情况允许的县可以加大对急需人才的政策扶持力度，提高人才吸引力。

（二）以吸引留住急需人才为支点，持续激发创新动力

创新是第一动力，人才是创新的基础，只有及时满足急需人才发展需求，并长期满足人才引进、培养和使用的人才发展需求，才能为创新不断注入动力、奠定坚实的人才基础。因此，石家庄市要以吸引留住急需人才为支点，持续激发创新动力。

一是每年召开三类人才大会。建议石家庄市每年召开全市人才发展"共商大会"，汇聚各级人才部门及各类人才工作研究人员，共商石家庄市人才工作。同时，召开市级人才工作"部署大会"，发布人才发展规划。此外，适时召开线上人才工作"展示大会"，彰显人才优势，擦亮人才品牌，吸引更多人才来石，营造良好的人才发展环境。

二是每年发布石家庄市战略人才目录。结合石家庄市经济总量过万亿元、重点发展五大产业的目标，通过整理分析五大产业头部企业的人才需求，发布石家庄市战略人才目录，以更好地满足高精尖企业的人才需求。

三是加强科技人才培养。根据调查数据，如图17所示，70.83%的石家庄市企业因技术进步需要急需人才。党的二十大报告明确提出"科技是第一生产力、人才是第一资源、创新是第一动力"，石家庄市亟须加强科技人才培养，满足企业需求。

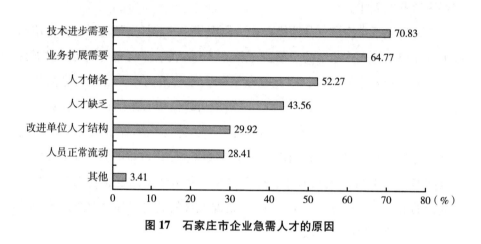

图17 石家庄市企业急需人才的原因

（三）以集聚更多科技人才为动力，深入挖掘科创资源

一是实施专业技术人才工程。贯彻落实党的二十大报告中人才相关内容，实施符合石家庄市产业发展实际的专业技术人才工程，体现对人才的"四个尊重"；加大河北科技大学、河北医科大学、河北中医学院等高校对专业技术人才的培养力度，与石家庄市新一代电子信息、生物医药产业的优秀企业进行合作，提供实践岗位，提高学生就业能力；继续加大对专业技术人才的引进力度，不断填补急需人才的动态缺口；"用才"是容易被忽视的方面，建议建立石家庄市专业技术人才评选机制，优先评选专业技术人才，增强专业技术人才的获得感。

二是打造科技人才交流平台。以生物医药产业为例，石家庄市被称为"北方药都"，有不少知名药企和名牌医药产品。药企们都希望有一个科技人才交流平台，建议每年举行一次线上或线下的生物医药产业科技人才交流活动，可以命名为"生物医药产业圆桌会议"，提供交流窗口，加强药企合作，对外宣传石家庄市生物医药产业和产品，突出整体优势。

（四）以重塑包容城市形象为支撑，逐渐提升城市吸引力

一是将打造现代化国际化美丽省会城市的目标与石家庄市优秀历史文化相结合，厚植城市底蕴。人才发展环境是个大概念，城市形象、城市文化既是城市竞争力的重要体现，又是吸引人才的重要因素。建议石家庄市打造好东垣古城遗址公园、中山古城考古遗址公园等，做好历史文化传承工程。石家庄市还有丰富的革命历史资源，应围绕石家庄解放纪念馆、西柏坡纪念馆做好全民宣传，打造历史文化底蕴丰厚的城市环境，以吸引更多人才。

二是打造人才想留、愿意留、能留的城市环境。近年来，城市更新给石家庄市带来了很多直接的变化，体现了人民至上的价值观，城市治理也更加精细化、人性化。社保、医疗、教育、休闲娱乐、生活服务等都是人才在选择工作和生活环境时考虑的重要因素，要继续发扬石家庄市包容的城市精神，体现欢迎人才的城市姿态，让更多人才成为石家庄市高质量发展的坚实支撑。

参考文献

王丽锟：《2018—2019 年度石家庄市急需人才调研报告》，2018 年 12 月。
王丽锟：《2020—2021 年度石家庄市急需人才调研报告》，2020 年 12 月。
王丽锟：《2022—2023 年度石家庄市急需人才调研报告》，2022 年 12 月。

B.11
河北省乡村人才振兴实施路径研究

姜 兴*

摘 要： 乡村振兴，人才是关键。本文分析了河北省乡村人才振兴的基础以及存在的不足，包括乡村人才振兴政策体系有待进一步完善、乡村人才流失严重且整体素质不高、乡村产业发展压力较大、乡村基础设施落后、公共服务水平较低。在分析河北省乡村人才振兴面临的机遇与挑战的基础上，本文结合其他地区推动乡村人才振兴的先进经验，提出了激活乡村人才内生发展动能与增强乡村人才外生发展动力的河北省乡村人才振兴路径选择，具体包括促进乡村一二三产融合发展，充分发挥乡村产业振兴的人才主体作用；以实现巩固拓展脱贫攻坚成果同乡村振兴有效衔接为基点，增强乡村对人才的吸引力；增强乡村人才发展工作前瞻性，以顶层设计引领乡村人才振兴；加快培养本土人才，以人才供给侧结构性改革推进乡村人才振兴；完善乡村人才发展制度建设，以政策保障支撑乡村人才振兴。

关键词： 乡村振兴 乡村人才振兴 河北

人才是第一资源，乡村振兴，人才是关键。习近平总书记强调，要推动乡村人才振兴，把人力资本开发放在首要位置，强化乡村振兴人才支撑，加快培育新型农业经营主体，让愿意留在乡村、建设家乡的人留得安心，让愿意上山下乡、回报乡村的人更有信心，激励各类人才在农村广阔天地大施所

* 姜兴，河北省社会科学院人力资源与劳动经济研究所副所长、副研究员，主要研究方向为区域人力资源开发。

能、大展才华、大显身手，打造一支强大的乡村振兴人才队伍①。河北是京畿要地、农业大省，但还不是农业强省，推进现代化建设，最艰巨最繁重的任务仍然在乡村。牢记"国之大者"，服从服务全国发展战略，扎实推进乡村全面振兴，是河北省的重大责任与使命。随着近年来城镇化加速推进，河北省乡村优质人力资源不断外流、乡村人才总体素质较低、乡村空心化老龄化等问题较为突出，乡村人才总体发展水平与乡村振兴的要求存在较大差距。进入新发展阶段，面对全面推进乡村振兴、加快构建现代农业产业体系的艰巨任务，河北省乡村人才供给与需求不协调的矛盾将更加凸显。以上问题不能得到有效解决，将不利于乡村振兴的全面推进。因此，研究乡村人才振兴实现路径对于提升河北省乡村人才振兴水平、全面推动河北省乡村振兴进程具有重要的实践意义。

一 河北省乡村人才振兴的基础

（一）政策支持不断加强

以习近平同志为核心的党中央高度重视"三农"工作，河北省深入贯彻习近平总书记重要指示精神和党中央决策部署，大力实施乡村振兴战略，省、市两级出台了《河北省乡村振兴促进条例》《河北省乡村振兴责任制实施细则》《新型职业农民培养行动计划（2024—2026 年）》等一系列政策文件，并相继出台《关于进一步做好职业技能提升行动专账资金使用管理工作的通知》《河北省职业技能提升行动政策释义》《河北省职业技能培训目录培训课时培训补贴标准（试行）》等多个政策文件，加强技能人才保障，助力乡村振兴。2023 年，省人社厅会同省科技厅、省农业农村厅在工程系列职称中增设农民技术人员职称评审专业，全面夯实乡村振兴的人才基础，激发有一技

---

① 《为乡村振兴提供坚实人才支撑（治理之道）》，"人民网"百家号，2023 年 2 月 15 日，https：//baijiahao. baidu. com/s? id＝1757846481623761513&wfr＝spider&for＝pc。

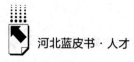
之长的农民在农村广阔天地干事创业的热情。石家庄、保定等地市也制定出台了《新型职业农民职称评审实施方案》，发展壮大生产经营型、专业技能型、社会服务型乡村人才队伍，完善乡村人才评价机制，激发农村发展活力。通过强化政策保障与体制机制创新，有力有效推进河北省乡村人才振兴。河北省部分省级乡村人才振兴的文件见表1。

表1　河北省部分省级乡村人才振兴相关文件

文件名称	相关政策
《河北省乡村振兴促进条例》	加大农业科技人员培养引进力度，统筹涉农教育培训机构、涉农企业等各类资源，建立健全乡村非遗传承人、手工业者、传统艺人等乡村工匠培养机制，加大农村教师培养培训力度，加强乡村卫生健康人才队伍建设，指导、支持高等学校、职业学校开设涉农相关专业，建立完善乡村人才引进机制和政策
《中共河北省委、河北省人民政府关于做好2022年全面推进乡村振兴重点工作的实施意见》	强化乡村振兴人才保障。将乡村人才振兴纳入各级党委人才工作部署推动，健全适合乡村特点的培养机制，强化人才服务乡村激励约束。实施高素质农民培育计划、乡村产业振兴带头人培育"头雁"项目、乡村振兴青春建功行动、乡村振兴巾帼行动。利用好选调生招录、高校毕业生"三支一扶"等政策。落实县级以下事业单位管理岗位职员等级晋升制度。完善耕读教育体系。支持符合条件的事业单位科研人员按照国家有关规定到乡村和涉农企业创新创业
《中共河北省委、河北省人民政府关于做好2023年全面推进乡村振兴重点工作的实施意见》	强化乡村振兴人才支撑。实施乡村振兴人才支持计划，支持培养本土急需人才，组织引导相关领域人才到基层一线服务。开展基层科技服务能力和综合素质双提升行动，培育乡村产业振兴带头人和高素质农民。大力发展面向乡村振兴的职业教育，深化产教融合和校企合作。完善城市专业技术人才定期服务乡村激励机制等
《中共河北省委、河北省人民政府关于实现巩固拓展脱贫攻坚成果同乡村振兴有效衔接的实施意见》	做好人才智力支持政策衔接。发挥人才支撑作用。延续脱贫攻坚期间各项人才智力支持政策，建立健全引导各类人才服务乡村振兴长效机制

文件名称	相关政策
《河北省乡村振兴责任制实施细则》	切实加快推进乡村人才振兴。实施乡村振兴人才支持计划,选派优秀干部到乡村振兴一线岗位,开展基层科技服务能力和综合素质双提升行动,深化科技特派员制度,加大本土人才培养力度,加强村党组织书记和新型农业经营主体带头人培训,完善城市专业人才定期服务乡村激励机制,鼓励引导返乡回乡下乡就业创业人员参与乡村振兴
《贯彻落实〈河北省巩固拓展脱贫攻坚成果同乡村振兴有效衔接"十四五"规划〉实施方案》	加强农村人才队伍建设。延续各项人才智力支持政策,组织开展基层专业技术人才培训和专家服务基层行动计划,继续实施高校毕业生"三支一扶"计划,支持建档立卡脱贫户"两后生"接受技工院校教育并按规定落实资助政策。继续推动职称评定、工资待遇等政策向乡村教师和乡村医生倾斜。适当放宽省级乡村振兴重点帮扶县事业单位工作人员招聘条件。吸引社会人才回归乡村。制定激励政策吸引各类人才返乡入乡创业,鼓励普通高校和职业院校毕业生、外出农民工、外出经商人员回乡创业
《新型职业农民培养行动计划(2024—2026 年)》	明确每年扶持国家和省乡村振兴重点帮扶县中的 20 个县(区)级职业技术教育中心,按照每校每年至少新增培养培训 300 人的计划要求,培育一批新型职业农民和乡村振兴带头人

资料来源:根据网上公开资料整理。

(二)乡村人才队伍不断壮大

在乡村产业人才方面,河北省自 2022 年起开展乡村产业振兴带头人培育"头雁"项目,力争用 5 年时间,培育一支 5000 人左右的乡村产业振兴带头人"头雁"队伍,夯实乡村产业振兴人才基础。在新型农民培养方面,河北省建立了以沧州职业技术学院畜牧兽医专业为代表的高职骨干专业群,建设现代农业技术、特种动物养殖等农业骨干专业与特色专业,在河北科技工程学校等 20 所中等职业学校开展了新型职业农民培养试点，自 2016 年以来累计培养培训新型职业农民 3.8 万人，启动了高素质农民培育计划。在农民教育培训方面，2014~2021 年，河北省共争取农业农村部支持农民教育培训专项资金 7 亿多元，培训农民 30 万人。第一产业就业人员数大幅提升，从 2021 年的 777 万人上升到 2022 年的 820 万人，增幅达到 5.5%。

二 河北省乡村人才振兴存在的不足

近年来，河北省勇于突破创新，整合升级乡村人才政策，从培育、激励、引聚等角度，结合实际全方位开展乡村人才振兴工作，生产应用、产业发展、乡村治理、公共服务等方面的乡村人才队伍均发展良好，但仍存在一些不足。

（一）乡村人才振兴政策体系有待进一步完善

目前，省、市、县在乡村人才培育、激励、引进、认定等方面均出台了多项政策，但不同政策之间相对独立，政策体系相对松散，乡村人才队伍建设不同环节的工作存在脱节现象，影响政策效能的发挥。同时，对农民技术人员的认定还处于起步阶段，对各类乡村人才的认定评价标准尚待完善，致使人才优惠政策难以准确覆盖对应人群，影响乡村人才干事创业的热情。

（二）乡村人才流失严重且整体素质不高

河北省乡村就业人数持续下降，从 2018 年的 1859 万人下降到 2022 年的 1477 万人，5 年间减少 382 万人。农村居民家庭劳动力文化程度虽然逐年上升，但 2021 年河北平均每百个农村居民家庭劳动力中拥有大专及以上学历的仅占 5.04%[①]，反映了河北乡村人才整体素质不高，支撑农业提质增效和农村新产业新业态发展的各类乡村人才数量有限。同时，乡村振兴领军人才欠缺，与乡村全面振兴的差距还比较明显，尤其是农村发展引路人、产

---

① 资料来源：《河北农村统计年鉴 2022》《中国统计年鉴 2022》。

业带头人、政策明白人普遍紧缺，迫切需要进一步强化乡村全面振兴的高层次人才支撑。

（三）乡村产业发展压力较大

乡村产业发展压力较大是阻碍乡村人才发展的重要因素。实际上，农业作为乡村产业中最重要的组成部分，比较效益低、生产周期长、前期投资大、精力投入多，并且受到用地、用工、生态等因素的制约，产业发展面临大量不确定因素，因此乡村虽有广阔的产业发展前景，但将前景成功转化为效益的压力仍然较大。

（四）乡村基础设施落后，公共服务水平较低

河北省积极实施"六大行动"，扎实推进宜居宜业和美乡村建设，乡村的基础设施与公共服务与过去相比有了翻天覆地的变化，但与城市相比差距仍然较大，基础设施薄弱和公共服务水平较低阻碍了乡村人才事业的发展。河北省乡村教育、医疗、文化等公共服务力量和基础设施建设水平停留在刚能满足居民基本生活需求的阶段，对于生活便利以及产业发展而言存在不足。截至 2021 年底，河北省农村乡镇卫生院共有 1970 个，仅占全国总数的5.64%；乡镇文化站共有 1985 个，仅占全国总数的 6.10%[①]。

三 河北省乡村人才振兴面临的机遇与挑战

（一）河北省乡村人才振兴面临的机遇

1. 乡村振兴是全面建设社会主义现代化国家的重大战略举措

党的十八大后，脱贫攻坚战全面打响，到 2020 年底，困扰中华民族几千年的绝对贫困问题已经历史性地得到解决，脱贫攻坚成果举世瞩目。但脱

---

① 资料来源：《河北农村统计年鉴 2022》。

贫摘帽不是终点，而是新生活、新奋斗的起点。推进乡村全面振兴，又成为新时代新征程"三农"工作的总抓手。习近平总书记强调，推进中国式现代化，必须全面推进乡村振兴，解决好城乡区域发展不平衡问题①。

2. 乡村人才振兴已经成为乡村振兴的核心内容

2018 年，习近平总书记在参加全国两会山东代表团审议时提出了"五个振兴"的科学论断，即乡村产业振兴、乡村人才振兴、乡村文化振兴、乡村生态振兴、乡村组织振兴，将乡村人才振兴列为实现乡村振兴的重点路径②。2021 年《中华人民共和国乡村振兴促进法》颁布，第二十四条规定"国家健全乡村人才工作体制机制，采取措施鼓励和支持社会各方面提供教育培训、技术支持、创业指导等服务，培养本土人才，引导城市人才下乡，推动专业人才服务乡村，促进农业农村人才队伍建设"，为乡村人才振兴提供了有力的法律保障。2021 年 2 月，中共中央办公厅、国务院办公厅印发《关于加快推进乡村人才振兴的意见》，提出"到 2025 年，乡村人才振兴制度框架和政策体系基本形成，乡村振兴各领域人才规模不断壮大、素质稳步提升、结构持续优化，各类人才支持服务乡村格局基本形成，乡村人才初步满足实施乡村振兴战略基本需要"的目标任务，为乡村人才振兴工作指明了方向、提供了根本遵循。党的二十大报告首次将教育、科技、人才进行统筹部署、整体谋划，更加突出了人才作为"第一资源"的战略与支撑意义，乡村人才振兴已经成为乡村振兴的核心内容与重要支点，得到全社会的高度重视与支持。

3. 河北省乡村振兴取得重大进展

近年来，河北省扎实推动乡村振兴战略深入实施，加大步伐建设农业强省。一是积极发挥地理区位优势，精准对接京津市场。持续推进"净菜进

---

① 《推进中国式现代化，必须全面推进乡村振兴》，中国政府网，2023 年 4 月 16 日，https：//www.gov.cn/yaowen/2023-04/16/content_5751713.htm？eqid=fc5b17150000e03800 0000066459a05e。

② 《央视快评：以"五个振兴"扎实推进乡村振兴战略》，"央广网"百家号，2018 年 3 月 8 日，https：//baijiahao.baidu.com/s？id=1594380881036817928&wfr=spider&for=pc。

京"，保障"菜篮子"产品供给。二是大力发展现代农业。聚焦农业六大主导产业、五大千亿元级工程，农业产业化水平全面提升。到 2021 年底，河北省农业产业化经营总量达到 7039.1 亿元，龙头企业（集团）个数达到 3193 家①。三是农村新产业新业态新文化"异军突起"。深度挖掘农业新功能，实现农文旅深度融合、农村"互联网+"迅速发展。四是扎实推进宜居宜业和美乡村建设。省级重点创建 13 个和美乡村示范区、334 个和美乡村示范村。城乡一体化生活垃圾收运处理体系实现全覆盖，因地制宜改造提升农村户厕 40.12 万座，全省农村卫生厕所普及率达 62.7%②。以上措施为河北省乡村人才振兴提供了良好的环境与广阔的舞台。

（二）河北省乡村人才振兴面临的挑战

1. 乡村空心化、失能化、老龄化显著

乡村人才振兴的主要难点在于劳动力大量外出，村内空心化严重。相当一部分乡村中，长期在村内生产生活的人口不足户籍人口的 1/3，且主要是老人、妇女和儿童。主要原因是城乡基础设施和公共服务水平差距较大，农业生产的单位时间收入低，青壮年通过外出打工、外地求学等方式前往城市谋生，老人、儿童留在村中，乡村空心化、失能化、老龄化显著。2022 年河北省总人口中，城镇人口为 4575 万人，占总人口的 61.65%；乡村人口为 2845 万人，占总人口的 38.35%；与 2018 年相比，城镇人口增加 311 万人，乡村人口减少 447 万人；城镇人口比重提高 5.2 个百分点，乡村人口比重下降约 5.2 个百分点③。

2. 城乡发展不平衡矛盾亟待解决

随着城镇化加速推进，乡村优势资源、优质人力资源大量流向城镇，导致城乡经济社会发展差距不断加大，最为显著的是城乡居民收入差距

---

① 资料来源：《河北农村统计年鉴 2022》。
② 《河北省推进乡村全面振兴实现新突破》，《河北日报》2024 年 1 月 4 日。
③ 资料来源：2019~2023 年《中国统计年鉴》、《河北省第七次全国人口普查公报》（第六号）。

不断加大。2022 年，河北省城镇居民人均可支配收入为 41278 元，农村居民人均可支配为 19364 元，低于全国农村居民人均可支配收入 20133元的平均水平，城乡居民收入差距扩大为 21914 元，不利于人才回流乡村①。

四 其他地区推动乡村人才振兴的先进经验

（一）浙江省：以"两进两回"行动②引领乡村人才振兴

浙江省是全国乡村振兴"第一省"。2003 年 6 月，在时任浙江省委书记习近平同志的倡导和主持下，浙江省以农村生产、生活、生态"三生"环境改善为重点，在全省启动"千村示范、万村整治"的"千万工程"。20多年来，浙江省久久为功，乡村振兴"浙江模式"成为全国典范。2023 年国家发展改革委印发《浙江高质量发展建设共同富裕示范区第一批典型经验》，包括 6 个方面共 10 条典型经验，"两进两回"行动名列其中。2019 年浙江省出台《浙江省人民政府办公厅关于实施"两进两回"行动的意见》，提出培育青年"农创客" 1 万名、"新农人" 1 万名，培育省级"青创农场" 400 家，吸引 20 万名新时代乡贤返乡回乡投资兴业、建设家乡等主要目标。主要做法包括以"1+1+N"模式及科技特派员下基层、农机人员培养、乡土人才培育等方式推进科技进乡村；把农业农村作为财政优先保障领域，推进资金进乡村；培育青年"农创客""新农人"，鼓励、支持青年回农村；打好"乡愁牌""亲情牌"，吸引乡贤回农村。近年来，"两进两回"行动加速人才回流，为浙江省乡村人才振兴提供了强劲动力，取得了积极成效。2022 年，浙江省农村居民人均可支配收入达 3.76 万元，较 2017 年增长 51.56%，年均增长 8.8%；城乡居民收入比降至 1.90，低于全国 2.45 的

---

① 资料来源：《中国统计年鉴 2023》《中华人民共和国 2022 年国民经济和社会发展统计公报》。

② "两进两回"行动即科技进乡村、资金进乡村、青年回农村、乡贤回农村。

平均水平。浙江省在推动乡村人才振兴方面走出了一条城乡协调发展的路子①。

（二）武汉市：以政策创新驱动乡村人才振兴

"十四五"以来，武汉市积极主动作为，出台一系列政策文件，持续落实相关措施，全面加强乡村人才队伍建设，打造乡村人才振兴的"武汉样板"。创新推动"三乡工程"，以"市民下乡、能人回乡、企业兴乡"为抓手，通过发动一批政治素质高、有事业心、有责任感的能人回乡创业、下乡兴业，带动农村共同发展。一是强化政策引领。武汉市创新出台"黄金20条""钻石10条"等政策，为能人回乡创业绘制发展蓝图、提供政策保障。二是搭建成长平台。采取政府引导、企业主体参与、市场化运作的机制，引导人才、资源、资本参与农村产业经济发展。武汉市"三乡工程"吸引社会资金超过600亿元，实现行政村全覆盖，涌现了黄陂区木兰花乡等以少量财政资金撬动几亿元社会资本投入的典范模式，以及众多回乡能人"领头雁"。三是完善乡村人才政策。创新"武汉英才"计划，通过资金资助、项目扶持等方式，每年重点培育支持50名左右本土人才纳入"武汉英才"计划储备人才库，促进武汉市农业领军人才队伍建设。完善乡土人才职称评审，出台《武汉市乡村农业技术人才职称评审办法》，以农业生产水平、技术服务能力、解决实际问题能力、致富带动能力为主要评价依据，提升乡土人才的社会认可度，激励优秀乡土人才扎根乡村一线。

（三）济南市：以聚焦关键群体推动乡村人才振兴

近年来，济南市高度重视乡村人才振兴工作，将乡村人才振兴工作作为各级党委、政府人才工作的重要内容，聚焦关键群体精准施策，持续加强乡村人才队伍建设，乡村人才振兴工作取得了重要进展。一是采用"333"模

---

① 《"两进两回"行动促进乡村振兴》，改革网，2023年4月10日，http：//www.cfgw.net.cn/xb/content/2023-04/10/content_25040652.html。

式培育高素质农民，将"3个精准""3个注重""3个强化"贯穿培育全过程，以打牢基础、提高质量、优化服务为目标开展分层分类分专题的培训，保证培训的高质量完成。2013年以来累计培育高素质农民2.3万人次，2023年培训3600人。二是出台《济南市新就业形态高层次人才分类认定办法（试行）》，将乡村治理人才纳入高层次人才认定范围，通过有效的正向激励挖掘一大批经营有道、治理有方的乡村高层次人才。三是部署实施"万人下乡、千村提升"工程，凝聚全面推进乡村振兴合力，推动2237个第一书记以及企业团体与2429个帮扶村结对共建，同步选派乡村振兴"金融专员""法治专员""科技顾问""文化顾问"等各类专项人才，基本形成了人才、产业、资金、创新相融合的乡村振兴发展格局。四是实施《关于动员激励广大人才投身乡村振兴的实施意见（试行）》，聚焦关键群体，明确了"四个一批"乡村人才发展目标：到2025年，回引一批创新创业的"新农人"，培育一批扎根乡村的"新青年"，培养一批躬耕田野的"土专家"，打造一批善治兴村的"领头雁"。截至2022年7月，济南市基层专业技术人才突破2万人，农村实用人才突破20万人，济南市乡村振兴人才工作连续3年在山东省考核中取得满分成绩，为推进乡村全面振兴、促进农民共同富裕提供了坚实的人才基础。

五 促进河北省实现高质量乡村人才振兴的路径选择

（一）以乡村振兴为战略引领，激活乡村人才内生发展动能

1. 促进乡村一二三产融合发展，充分发挥乡村产业振兴的人才主体作用

一是精准培育壮大乡村产业，坚持以产聚才。发挥河北省农业区位优势，构建现代农业产业体系。做好"土特产"文章，继续做优做强粮油、蔬菜、中药材等农业传统主导产业，加大力度推进奶业、中央厨房、蔬菜、中药材、精品肉类五大千亿元级产业发展，大力支持农业龙头企业设

立研发机构，鼓励和支持企业进一步延伸产业链条，提升链条能级，提高农业产品的附加值。因地制宜、分类施策，促进乡村一二三产融合发展。以农文旅深度融合发展为突破口，找准结合点，打造一二三产融合的新平台新模式，积极培育具有地域特色的农业农村新产业新业态。都市圈内及邻近乡村要主动承接城市外溢需求，着力培育都市型现代农业。加强农业技术的创新与推广，推动农业供给侧结构性改革，将农业科技的成果转化为实际生产力，识别"数字+""互联网+""旅游+""文化+"融合点，促进乡村一二三产在融合发展中共同转型升级，以产聚才，全力提升乡村人才承接力。

二是充分发挥乡镇企业对乡村人才振兴的主体作用。增强乡镇企业人才发展主体意识，定期组织开展乡镇企业管理人员人才发展专题培训，提高其对人才强企及人才开发投入重要性的认知，引导企业领导人尤其是中小微乡镇企业摒弃传统的家庭、家族观念，树立正确的"人才促进企业发展"理念，增强乡镇企业人力资本意识。建立以乡镇企业为主体的乡村人才振兴投入体系，引导乡镇企业确立发展战略或发展目标，有计划有效率地实施企业内部知识更新工程、技能提升行动、专项引才等企业人才计划，并为乡镇企业引人育人提供更加优惠的扶持政策以及社会化专业化的人力资源服务机制，建立重点区位、重点乡镇企业人才动态服务机制，促使乡镇企业成为乡村人才振兴的活跃主体。

2. 以实现巩固拓展脱贫攻坚成果同乡村振兴有效衔接为基点，增强乡村对人才的吸引力

一是转变农村工作。习近平总书记深刻指出，脱贫摘帽不是终点，而是新生活、新奋斗的起点[1]。党中央、国务院决定，脱贫攻坚目标任务完成后，设立 5 年过渡期（2021~2025 年），继续巩固拓展脱贫攻坚成果，并实现其同乡村振兴的有效衔接。在 5 年过渡期内，河北省既要保持主要帮扶政

---

[1] 《习近平：脱贫摘帽不是终点，而是新生活、新奋斗的起点》，中国政府网，2021 年 2 月 25 日，https://www.gov.cn/xinwen/2021-02/25/content_5588779.htm。

策的总体稳定，又要把握新阶段形势任务的新转变，即工作对象上从帮扶脱贫群众转向所有农民、工作任务上从解决"两不愁三保障"转向推动乡村全面振兴、工作措施上从支持脱贫摘帽转向促进发展①。同时，要在健全防止返贫动态监测和帮扶机制的基础上，将工作重心转移至持续改善乡村基础设施条件与进一步提升乡村公共服务水平，坚决补齐农业农村民生领域发展短板。

二是突出乡村建设治理。乡村建设既是实施乡村振兴战略的重要任务，又是补齐农村现代化短板的重要抓手。要以《河北省建设宜居宜业和美乡村行动方案》为行动指引与准则，继续大力推进和美乡村高标准建设，特别是突出特色村庄与示范村庄的保护与创建，坚持"绿水青山就是金山银山"，并结合乡村特色文化产业发展，建设更加宜居宜业宜游的和美乡村，引"燕"筑"巢"、激活"归雁经济"，吸引有知识、有技术的"新农人"创新创业。

三是增强乡村文化自信。传承与弘扬传统乡土文化是乡村振兴的灵魂。要摒弃照搬城市文化建设模式的思维，坚持从乡村实际、特点出发，以村民为主，挖掘乡村独特的文化内涵。加大对乡村传统手艺人、手工业者和文化遗产传承者的扶持和宣传力度，鼓励村民讲好乡村故事，借助乡村旅游、民俗美食等群众喜闻乐见的形式，合理运用网络平台，弘扬优秀乡村传统文化，激发各乡村文化型人才的创新创造活力，提高乡村文化对人才的感召力，以文感人、以文聚人、以文励人，吸引各类人才回归乡村故土，为乡村振兴贡献力量。

（二）以完善乡村人才振兴制度与政策体系为主要措施，增强乡村人才外生发展动力

1.增强乡村人才发展工作前瞻性，以顶层设计引领乡村人才振兴

一是加强党对乡村人才振兴工作的全面领导。压实省、市、县、乡、村

---

① 《扎实推动实现巩固拓展脱贫攻坚成果同乡村振兴有效衔接》，《四川日报》2022年7月19日。

五级书记抓乡村人才振兴工作的主体责任，落实人才优先战略，成立各级乡村人才振兴工作领导小组，从乡村人才振兴需求出发，打破部门、地域局限，统筹农业农村、人社、科技、卫健、教育、文旅等多部门力量，加强对乡村人才振兴工作的协调和组织保障，强化乡村人才振兴的政策支持和要素保障，保证乡村人才振兴工作优先谋划、优先布局、优先发展。二是建立乡村人才调查统计制度。聚焦农业生产经营人才、农村第二产业和第三产业发展人才、乡村公共服务人才、乡村治理人才、农业农村科技人才等关键群体，以河北省乡村人才队伍现状调查为基础，摸清人才底数，分层分类建立乡村高级人才数据库，实现人才信息"一人一档"。同时，及时了解乡村人才变动与缺口等情况，并对人才发展与乡村振兴的匹配程度做出评价。三是加强顶层设计。在人才统计的基础上，以国家《关于加快推进乡村人才振兴的意见》以及河北省历年《关于做好全面推进乡村振兴重点工作的实施意见》为指引与重要依据，基于河北乡村振兴战略目标和重点工作，制定配套的乡村人才振兴实施方案。突出问题导向，以实际需求为指引，发布乡村产业紧缺人才目录，"定向"抛出人才橄榄枝。

2. 加快培养本土人才，以人才供给侧结构性改革推进乡村人才振兴

习近平总书记强调，要积极培养本土人才，鼓励外出能人返乡创业，鼓励大学生村官扎根基层，为乡村振兴提供人才保障①。一是大力发展面向乡村人才振兴的职业教育，增强职业学校农业农村人才培养适应性。以县（区）级职业技术教育中心为主体，深入开展新型职业农民培养行动。以省教育厅制定的"2024～2026年新型职业农民培养行动计划"为依托，稳步扩充县（区）级职业技术教育中心支持名单，并加强支持学校的定期考核与动态调整，鼓励中等职业教育学校结合当地乡村人才振兴需求，制定并完善农林相关专业的教学与培训内容，促进"靶向式"培养、"定单式"供给，为适龄乡村人员提供高质量的学历教育与继续教育。同时，根据特定农

---

① 《【实践新论】激活农村生产要素，推动乡村产业振兴》，光明网，2020年12月22日，https：//theory. gmw. cn/2020-12/22/content_34475540. htm。

时开展专项种植培训，加快培养现代农业发展紧缺的高技能人才和实用型人才，适应传统农业转型的需要，同时培育一大批符合本地需求的新型职业农民和乡村产业振兴带头人。二是优化高等职业教育学校农林相关学科体系布局，进一步提升高等职业教育学校乡村人才培养能力。通过加大投入力度、依托乡村振兴项目等措施引导各类资源倾斜，支持高等职业教育学校在专业设置、师资力量、招生规模上向乡村人才倾斜，重点支持拥有农林学科基础的市级职业技术学院建设，拓展乡村人才培育功能，推动河北省完成适应新时代乡村振兴的职业教育体系建设，做大做强河北省乡村人才队伍的"基础盘"。三是在实践与帮扶中培养本土人才。注重本地"头雁"引领，组织梳理有技能专长的本土人才，建立本土人才数据库，引导本土领军人才带动其他村民、传授技艺技能。继续开展基层科技服务能力和综合素质双提升行动，激发乡村"存量"人才的潜能，将潜力转化为实效。

3. 完善乡村人才发展制度建设，以政策保障支撑乡村人才振兴

习近平总书记强调，人才振兴是乡村振兴的基础，要创新乡村人才工作体制机制，充分激发乡村现有人才活力，把更多城市人才引向乡村创新创业[①]。一是完善乡村人才引进制度。扎实开展乡村在外人才信息采集工作，构建人才导流回乡常态化工作机制，探索拓展人才导流范围，引导各类人才下乡创业兴业。全方位优化服务保障，加强对引进人才的组织、引导和服务，有序引导大学毕业生到乡、能人回乡、农民工返乡、企业家入乡，充分满足他们在社会福利、身份待遇、子女教育等方面的需求，帮助他们解决后顾之忧，让他们能创业、留得下。二是健全乡村人才职称评审制度。遵循乡村发展和人才成长规律，严格落实县以下基层专业技术人员职称评聘"定向评价、定向使用"政策，激励广大乡土人才扎根乡村一线，"把论文写在祖国大地上"。面向长期扎根基层、从事适度规模生产经营的各类乡村人才，科学划分专业，建立完善乡村人才职称评审制度，充分调动广大乡村人

---

① 《脱贫攻坚与乡村振兴有机衔接　扎实推动城乡共同富裕》，光明网，2022 年 1 月 10 日，https：//m.gmw.cn/baijia/2022-01/10/35436230.html。

才创新、创业、创造积极性。三是建立健全城乡公共服务人才交流机制。完善城市专业技术人才定期服务乡村激励机制，鼓励引导县级及以上单位专业技术人才通过交流、挂职、兼职等形式下乡服务，对参与轮岗交流的人才给予政策支持，缩小教育、卫生、法律、文旅等方面的城乡差距，为推进乡村全面振兴不断取得实质性进展、阶段性成果提供坚实人才支撑。

B.12
河北省新乡贤助力乡村人才振兴的
实践逻辑与优化路径研究

王　敬　崔伟爽　王悦萌*

摘　要： 乡村振兴，人才是关键。随着时代的变迁和国家的发展，乡贤被赋予了新的时代内涵，为乡村治理提供人才动力。本文从信任、规范以及传承三个不同视角探究新乡贤助力乡村人才振兴的内在逻辑，并根据调查数据对河北省新乡贤群体特征进行分析，以具体实践为例探究乡村振兴背景下新乡贤的回归路径。在研究过程中揭示新乡贤引入机制存在的现实问题，包括政策针对性与可操作性不强、组织基础薄弱、基础保障体系不完善、设施不足等，基于研究结果从政策、组织、文化三方面提出新乡贤培育优化路径，并针对乡村人才振兴给予相应对策建议。

关键词： 新乡贤　乡村人才　乡村振兴　河北

一　引言

（一）研究背景

党的十九大报告明确了乡村振兴战略的实施，这一战略是进一步实现农业农村现代化、切实增强人民幸福感的重要体现。乡村振兴离不开人才，党

---

* 王敬，博士，河北经贸大学公共管理学院副教授、硕士研究生导师，主要研究方向为乡村治理、农村家庭变迁；崔伟爽，河北经贸大学公共管理学院硕士研究生，主要研究方向为乡村治理；王悦萌，河北经贸大学公共管理学院硕士研究生，主要研究方向为乡村治理。

的二十大报告指出："加快建设农业强国，扎实推动乡村产业、人才、文化、生态、组织振兴。"人才是第一资源，人才振兴是乡村振兴的基础。新乡贤作为乡村本土人才，是破解人才发展瓶颈的关键，对于促进乡村产业发展、提升乡村治理效能、振兴乡村人才、促进乡风文明、改善生态环境有着十分重要的作用。党和国家于2015～2022年多次强调新乡贤对乡村振兴具有重大意义。2015年，中共十八届五中全会明确指出，要大力发展新乡贤文化；2018年中央一号文件提出，要在全国范围内充分发挥新乡贤的重要作用；2019年，《关于加强和改进乡村治理的指导意见》明确提出，要引导农民工、外出经商人员等参与农村社会治理。2020年12月，习近平总书记在中央农村工作会议上指出，要培育富有地方特色和时代精神的新乡贤文化，积极引导发挥新乡贤在乡村振兴，特别是在乡村治理中的积极作用①。然而，由于城乡二元体制的影响，长期以来，乡村人才一直单向从乡村流向城市，村庄的"空心化"现象日趋严重。同时，新乡贤在乡村建设与发展过程中面临诸多现实阻碍，限制了他们发挥作用。

河北省是我国重要的农业大省，乡村人才振兴尤为重要。首先，乡村地区的持续发展需要充足的人力资源支持，新型人才能够为乡村提供技术、管理和创新支持，加速现代农业的发展；其次，引入和培育新乡贤可以促进乡村建设，他们在教育、文化、医疗、社会服务等领域的投入将有助于改善乡村居民的生活质量；再次，新乡贤的引入还有助于传承和保护乡村文化遗产，促进乡村文化的繁荣；最后也是最重要的，乡村人才振兴有助于实现城乡一体化发展，缩小城乡差距，促进社会公平和稳定。因此，研究如何引入和培育河北省新乡贤成为一项关键任务，这不仅有助于解决乡村人才短缺问题，还能推动乡村社会和经济的可持续发展。

（二）新乡贤的新时代内涵

在古代，"乡贤"又称"乡绅""缙绅"等，是指当地有德有才、有威

---

① 《新乡贤文化助力乡村全面振兴》，人民周刊网，2019年4月16日，https://www.peopleweekly.cn/html/2019/renminzhiku_0416/13343.html。

望，为当地人民所推崇和尊重的贤人，是国家对那些德高望重、学识渊博、对社会有过重大贡献的官员以及在社会上有杰出贡献的贤者予以表彰的一种荣誉称号。在维持古代社会秩序稳定和教化民众、传承文化、改善民生、建设乡村等方面，乡贤有着十分重要的作用。随着时代的变迁和国家的发展，乡贤被赋予了新的时代内涵，"新乡贤"一词应运而生。然而，我国对新乡贤的研究还处在起步阶段，关于新乡贤的概念、内涵与表达方式有不同的观点与表述，至今还没有形成一致的定义。李建兴认为，新乡贤是指生活在农村和农村出身的官员、成功商人、专家学者等受人尊敬的人士①。彭晓旭认为，新乡贤是怀揣本领、具有思乡之情、扎根乡土、热爱家乡的新兴群体②。张兆成将新乡贤定义为一种在当地享有较高声望、有能力的人，他们对当地的政治、经济和文化事业都有很大的贡献③。胡鹏辉等人认为，新乡贤是指在新的时代背景下，有资产、知识、道德、情怀等的综合性人才，他们能够在一定程度上影响乡村的政治、经济和社会生态，并愿意做出贡献④。而王文龙把那些有能力、有热情并热衷家乡公益事业的能者称为新乡贤⑤。概括地讲，本文对新乡贤进行了界定，即生于或成长于本地，在本地或在外工作，累积了一定资本，拥有某一方面才能，但仍然对家乡充满牵挂，愿意为家乡的发展做出自己的贡献，主动担负自己的社会责任，并得到了国家、社会和村民的认可和尊敬的基层精英群体，也可以把他们看作乡村的"第三股力量"。

新乡贤作为新一代乡村人才，不仅继承了传统乡贤的优秀品质，而且融入了鲜明的时代内涵。他们拥有更加丰富的知识储备和现代化的技能，

① 李建兴:《乡村变革与乡贤治理的回归》,《浙江社会科学》2015年第7期。
② 彭晓旭:《新乡贤参与乡村治理的内在机理与实践逻辑：以广东Z村为例》,《北方民族大学学报》（哲学社会科学版）2020年第4期。
③ 张兆成:《论传统乡贤与现代新乡贤的内涵界定与社会功能》,《江苏师范大学学报》（哲学社会科学版）2016年第4期。
④ 胡鹏辉、高继波:《新乡贤：内涵、作用与偏误规避》,《南京农业大学学报》（社会科学版）2017年第1期。
⑤ 王文龙:《新乡贤与乡村治理：地区差异、治理模式选择与目标耦合》,《农业经济问题》2018年第10期。

能够灵活运用先进的科技手段来解决乡村发展中的现实问题。同时，新乡贤在文化认同上具有更加多元化的特点，能够融合传统文化与现代理念，为乡村社会带来新的活力。与传统乡贤相比，新乡贤更具包容性和开放性，他们更愿意与外界进行交流与合作，引进先进的管理经验和技术，为乡村发展注入新的活力和动力。同时，新乡贤更加注重乡村社会的公共事务参与，积极参与乡村治理、社区建设等方面，为乡村的繁荣稳定贡献自己的力量。

总的来说，新乡贤不仅继承了传统乡贤的优秀品质，而且在时代的洪流中赋予了自己新的内涵和特点。他们成为乡村振兴的中坚力量，为乡村社会的发展注入了新的活力，为实现乡村全面振兴贡献了自己的智慧和力量。

（三）研究目的与意义

本文旨在在乡村人才振兴背景下，探讨如何引入和培养河北省新乡贤，并研究其对乡村经济发展等方面的影响。具体研究目标如下：首先，揭示新乡贤如何在助力乡村人才振兴方面发挥作用，包括增强乡村与人才之间的信任、推动乡村人才振兴网络的完善以及促进人才对乡村文化的传承；其次，通过调查和数据分析，以河北省 G 县为例，深入了解新乡贤现状，阐述其群体特征，并说明乡村人才振兴背景下新乡贤的回归路径；再次，研究新乡贤引入机制存在的现实问题，包括政策针对性与可操作性不强、组织基础薄弱、基础保障体系不完善、设施不足等；最后，基于研究结果，提出了新乡贤培育优化路径，包括政策、组织、文化等方面，并为乡村人才振兴提供相应的对策建议。研究意义在于为河北省乃至全国其他乡村地区引入和培育新乡贤提供一定经验和启示：首先，通过对新乡贤的引进和培育，为解决乡村基层治理问题、推动乡村振兴战略的实施提供理论支撑，为新乡贤参与治理提供现实依据；其次，有助于深化对乡村社会和经济发展的理解，进一步理解我国乡村社会变迁的内涵与特点，为提高乡村居民生活质量、推动乡村文化传承、促进城乡一体化发展等提供参考；

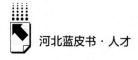

最后，为政府和决策者提供相应对策建议，从新乡贤引入与培育的角度为相关部门提供实践参考，促进乡村振兴战略的顺利实施。

二 新乡贤助力乡村人才振兴的内在逻辑

乡村振兴，人才是关键，新乡贤日益成为贯彻乡村人才振兴政策的中坚力量。要增强乡村与人才之间的信任，完善乡村人才振兴实施规范，优化乡村人才治理网络，促进乡村人才培养和发展，增强乡村人才对乡村的归属感，促进乡村文化传承，使以新乡贤为主的乡村人才振兴形成一种顺应乡村发展规律的治理模式，优化乡村人才资源结构，促进乡村人才振兴。新乡贤助推乡村人才振兴的内在逻辑见图1。

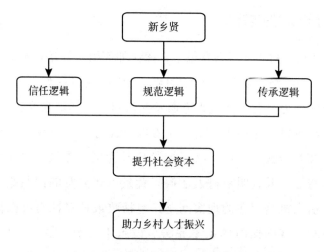

图1　新乡贤助推乡村人才振兴的内在逻辑

（一）信任逻辑：新乡贤增强乡村与人才之间的信任

"家"是中国人地缘身份认同的核心，在特定情境之下，来自同乡同县乃至同省同国的人，都有可能被纳入"同乡"范畴，这种身份认同进一步强化了国人的桑梓情谊、乡愁情结。新乡贤是具有国家精神和乡土情怀的经济能人、德行贤人、"治理精英"①，他们以"为民"为本，追求奉献家乡、落叶归根，一言一行彰显崇高道德品质，起到较大示范作用。他们生于乡土、长于乡土，与乡土有千丝万缕的感情联系，比起一般村民，他们视野更开阔、能力更强、资源更多，他们以地缘、血缘关系为基础，服务本乡人民，将新技术新观念带入乡村，为推动乡村振兴发挥引导作用，提升乡村技术水平和乡村治理效率，带动更多乡贤回归乡土，为增强乡村与人才之间的信任奠定基础，吸引更多精英人才返乡建设，使人才回得来、留得住。而且，新乡贤本身就是乡村人才振兴中的重要人力资源类型，在培养新乡贤的过程中，会吸引更多人才加入新乡贤行列，技术类、公益类、治理类等不同类型的精英人才将持续增加。乡村和人才的双向信任为乡村发展带来良性循环，持续推动乡村振兴。新乡贤促进乡村人才振兴良性循环示意见图2。

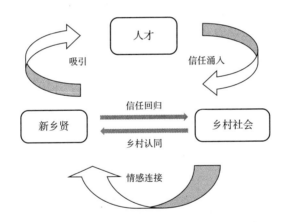

图2 新乡贤促进乡村人才振兴良性循环示意

（二）规范逻辑：新乡贤推动乡村人才振兴网络完善

有学者指出，现在乡村存在社会"失灵"现象，受城市虹吸效应影

---

① 仝志辉、贺雪峰：《村庄权力结构的三层分析——兼论选举后村级权力的合法性》，《中国社会科学》2002年第1期。

响，乡村人才"单向流动"，乡村不断出现"空心化"现象，"人才荒"成为制约乡村发展的关键问题，而且乡村精英人才流失，使乡村在正式和非正式两方面的领导作用大为削弱。新乡贤的回归能推动乡村人才振兴网络建设，为解决乡村社会"失灵"问题提供较好的机会。新乡贤作为"村里人"，在村民心中是与村子紧密相连、互相信任的存在，如村支书、创业者、大学生干部等，他们在乡村社会网络建设中具有独特优势，起到政府与市场、社会组织与普通村民之间的桥梁与纽带作用。从纵向来看，乡村人才振兴政策实施依赖新乡贤支撑，普通村民采取观望态度，必须有一个领头人，而新乡贤能够对普通村民起到带动和示范作用，吸引更多热心人与村民加入并向新乡贤靠拢，推动乡村社会网络不断完善，从而推动信息和资源共享，促进乡村人才振兴政策实施。从横向来看，新乡贤可实现对现有乡村社会网络中各节点的有效连接，加大乡村人才振兴网络密度，提高各网络间的关联度。受资金存量、个体能力等因素影响，新乡贤具有"乡贤势能"，可实现与市场资源的有效对接，为市场与村民建立沟通桥梁，形成多重产业网络，大大提升了乡村人才振兴网络的多样性，推动乡村人才振兴网络升级。新乡贤推动乡村人才振兴基本关系见图3。

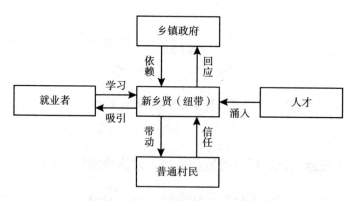

图3　新乡贤推动乡村人才振兴基本关系

（三）传承逻辑：新乡贤促进人才对乡村文化的传承

"乡贤文化是中国乡村基层治理长期积累的经验与智慧，其文化逻辑基本底色是提倡文明风俗的精神内涵、致富典型的励志引领、地域文化的精神标杆、推动经济发展的人文价值。"[1] 有学者指出，新乡贤能够"重构乡村规范"，把乡亲们聚集在一起，在道德上整合利益，形成一种与乡村发展相适应的共同价值体系，为村民们提供一系列行为规范，从而推动村民自治的真正实现[2]。新乡贤大多对新理念具有很强的接受能力，具有法治观念、契约精神和开阔的视野，他们扎根农村，尊重并乐于传承乡风礼俗，隐藏着浓厚乡愁，因此他们具有城乡文明融合的价值观，能够让村民在"留住乡愁"的基础上感受城乡和谐有序的文明，促进乡贤精英人才回归。同时，新乡贤具有远见卓识和较高的道德水准[3]，他们将自己的经营行业与乡村文化完美融合，活化乡村资源，在为村民带来经济回报的同时，重建村民对乡村的信心，从而使村民自觉地对资源进行保护并进行文化传承，在潜移默化中形成文明乡风。文明乡风是乡村振兴的灵魂，也是乡村善治的基石[4]。随着乡村社会逐步向外界开放，现代消费主义和功利主义价值观在乡村社会盛行，侵蚀传统乡土文化和村民思维模式，造成价值伦理断裂和乡土文明衰退。而乡贤精英人才在自身日常行为中融入社会主义核心价值观和道德伦理，起到榜样和示范引领作用，让村民能够见贤思齐，将价值观内化于心、外化于行。乡贤精英人才的价值引领，有利于净化乡村风气、涵养文明乡风、推动移风易俗、革除陈规陋习，从而推动文化传承和乡村振兴。新乡贤促进乡村振兴的作用见图4。

---

① 黄泽海：《新乡贤助推乡村振兴：内在机理、演进逻辑和路径推进》，《中共云南省委党校学报》2022年第5期。

② 鲁小亚、刘金海：《乡村振兴视野下中国农民精神文化生活的变迁及未来治理——基于"社会结构—精神方式"分析路径》，《农业经济问题》2019年第3期。

③ 吕丹、李明珠：《基于演化博弈视角的"乡贤"参与乡村治理及其稳定性分析》，《农业经济问题》2020年第4期。

④ 何倩倩：《"乡贤治村"调查》，《决策》2015年第4期。

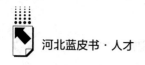
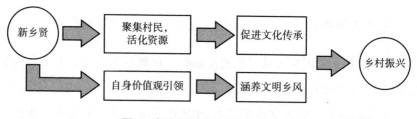

图4 新乡贤促进乡村振兴的作用

三 新乡贤的现状分析——以河北省 G 县为例

为保证问卷质量，此次调查采取了入户调查方式，以 G 县为样本，发放问卷300份，共收回290份，其中有效问卷285份。调查时间为2022年6月和2023年12月，利用寒暑假进行了25天的深度走访。通过对乡镇干部、村干部以及新乡贤进行深度访谈，详细了解 G 县新乡贤的实际情况以及取得的成效。以下是通过收集的相关资料所做的关于新乡贤的群体特征分析。

（一）新乡贤的群体特征

1. 年龄构成：呈现老龄化趋势

根据调查数据可以看出，G 县新乡贤的整体年龄结构呈现明显的老龄化趋势，如图5所示，年龄在55岁以上的新乡贤占据绝大多数，共有135人，占比为47.37%，这表明新乡贤的年龄分布主要集中在55岁以上。与之相比，年龄为25~35岁的新乡贤人数相对较少，仅有20人，占比为7.02%，反映了新乡贤群体的老龄化特征。年龄为36~55岁的新乡贤人数占比也相对较高，与55岁以上的群体差距不大，表明中间年龄段的新乡贤占据了重要地位，这个群体在乡村发展中发挥着关键作用。

2. 职业分布：退休人员占主导地位

如图6所示，新乡贤的职业构成有一些显著特点，退休人员占据主导地位，占比高达44.94%。其次是村民，占比为29.11%。退休人员在这里指

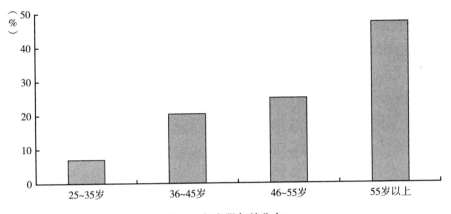

图5　新乡贤年龄分布

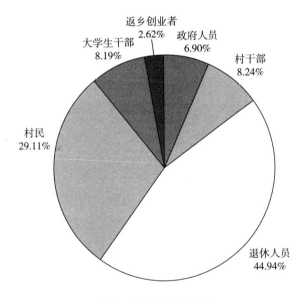

图6　新乡贤职业分布

那些已经从正式工作中退休的个体，他们在乡村工作，在农业、行政、教育等领域拥有丰富的工作经验。与政府人员不同，他们的参与体现了乡村自治组织和自我治理的特点。通过对调查结果的综合分析可知，当地的新乡贤群体拥有丰富的工作经验，他们在乡村中拥有较高的声誉和地位。除了退休人员和村民，还有一部分新乡贤是返乡创业者和大学生干部等群体。

这些群体逐渐加入新乡贤行列，为乡村建设提供必要的经济和物质支持，多样化的职业背景和经验使他们成为乡村的宝贵资源，有助于促进乡村的可持续发展。

3. 性别分布：女性参与不足

调查结果显示，新乡贤中男性占据较高比例。在被调查的285名新乡贤中，男性人数为176人，女性人数为109人，男性占61.75%，而女性仅占38.25%（见图7）。出现这种性别比例失衡的现象主要有以下几个原因：一是乡村受传统思想观念的影响，普遍存在"男主外、女主内"的观念，导致男性更多地参与社会事务和公共活动；二是乡村社会对女性参与乡村事务的接受度相对较低；三是大量年轻男性外出务工，留守妇女需要独自应对家庭的各种事务，很少有时间和精力参与乡村事务。这种性别比例的失衡情况不仅反映了乡村仍然存在性别偏见，也揭示了女性在乡村事务中参与度不足。

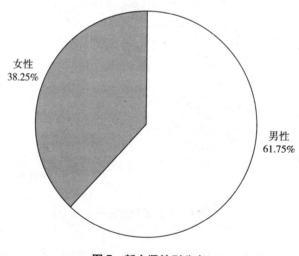

图7 新乡贤性别分布

4. 政治面貌：党员发挥显著作用

根据调查数据，285名新乡贤中，有201人是中共党员，占比高达70.53%，表明党员在该群体中发挥着显著作用。另外，有84人是群众，占比为 29. 47%（见图 8）。这一差异反映了党员在新乡贤中的广泛分布，以及他们在社会中的积极参与。作为党员，他们具备更高的社会责任感，这使他们成为乡村事务的积极推动者和参与者。而且高比例的党员也反映了政府对乡村党建工作的重视，以及党员在推动基层治理和社会进步方面的作用。

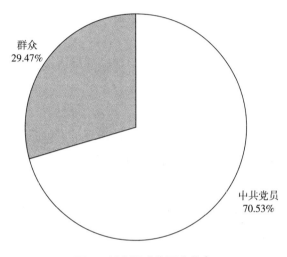

图 8　新乡贤政治面貌分布

此外，调查发现新乡贤中的知识分子具有较高的政治认同度和党性觉悟，这一特点为 G 县的经济增长和社会发展提供了重要的支持。知识分子通常拥有丰富知识和专业背景，这使他们更容易理解党的政策并积极参与社会事务，他们的参与不仅有助于提高政策执行效率，还有助于推动地方社会进步。总的来说，调查结果凸显了新乡贤在 G 县建设和发展中的重要作用，党员及知识分子的积极参与为 G 县可持续发展提供了有力支持。

5. 人员构成：多元主体

乡村治理主体是指在乡村治理过程中扮演关键角色，参与决策、执行和监督的各方利益相关者。G 县乡村治理主体包括村"两委"干部、新乡贤以及普通村民，他们各自担负不同的职责，做出了独特贡献。G 县党委高度重视广泛参与乡村治理的新乡贤并为其提供支持，这些新乡贤代表了各领域的人才。这些人有的是乡村的智者，拥有丰富的经验和知识；有的是地方比较知名的人物，受到村民尊敬；还有的是长期专注于乡村事务的专业人士。新乡贤的存在对于乡村发展至关重要，拥有丰富经验和知识的新乡贤主动参与村级事务决策，通过提供建议、分享经验或提供专业知识，帮助乡村做出更明智的决策。

（二）具体实践分析——"乡贤回引"

为适应乡村治理体系的变化，实现乡村治理现代化，国家开始提倡多元主体参与乡村建设，新乡贤回归并重新参与乡村建设已是大势所趋。新乡贤与村干部在乡村治理过程中的协作配合，体现了新乡贤参与治村的两个特点：一是采取积极的治村模式，二是新乡贤治理的"双重性"。新乡贤与村民、村干部在乡村治理领域相遇，他们相互补充优势，共同推动有效乡村治理模式的形成。但是，新乡贤在治村过程中也面临一定的风险。例如，新乡贤治村和村干部履行职责可能会出现重叠，如果不能很好地发挥作用，就会出现"双头"领导局面。

近几年，G县响应国家乡村振兴号召，顺应乡村发展需要，结合村民意愿，在党建部门的指导下，对乡村治理进行了新的探索，并用招商引资的方式做好了新乡贤的引入与培育工作。以N村为例，N村的LJZ出生于1978年，高中毕业后就与其他同学一起去大城市打拼，通过几年的努力成为一名小有成就的老板。2015年，他积极响应国家政策并在县政府的支持以及村干部的沟通下，毅然从城市返回家乡，成立合作社，帮助家乡脱贫致富。通过承包土地，该合作社专门发展"强劲小麦"及特色经济作物的种植，带动全村经济发展，LJZ也由此顺利当选为该村的村民代表。通过7年的发展，截至2022年，合作社已有成员88人，流转土地1080亩，托管土地8000余亩，2021年净收益达62万元，该合作社成为助力N村经济增长的重要支柱，为本村和周边乡村有劳动能力及意愿但没有劳动市场的人群提供了稳定就业机会。同时，LJZ被选举为G县人大代表。G县以县委组织部为主导，各乡镇党委、优秀乡贤所在单位、村级组织协同推动"乡贤回引",保证了高质量的"回引",构建了一条"乡贤回引"工作路径,如图9所示。

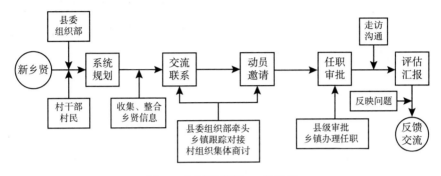

图9 "乡贤回引"工作路径

四 河北省新乡贤引入机制的现实问题

(一)政策针对性与可操作性不强

人才是第一生产力,人才振兴是乡村振兴的关键。2017年中央一号文件明确指出:"培育与社会主义核心价值观相契合、与社会主义新农村建设相适应的优良家风、文明乡风和新乡贤文化。"2021年中央一号文件明确要求"健全适合乡村特点的人才培养机制",对乡村人才培养做出明确要求,之后若干文件中也提到培养新乡贤的重要性。但是从政策来看,各地出台的人才政策的重点仍集中于培养、引进、搭建载体等方面,新乡贤人才引进相关政策显然不够。调查发现,新乡贤回归主要依赖从上到下、政府主导的动员逻辑和新乡贤自己对乡土的依恋。然而,城乡一体化建设和乡村人口外流导致的"乡村空心化"现象与过去相比有了很大不同,单纯依靠乡村本身的"硬件"吸引新乡贤回归已经不太现实。

新乡贤虽然对故乡有着深厚的情感,但对"返乡"存在重重顾虑,这也反映了河北省目前乡贤精英人才引进政策的不健全,对乡贤精英人才的吸引力不足。政府出台各类政策文件的最终目的在于促进经济社会发展、实现乡村振兴，部分政策只将新乡贤作为一种人力资源，并未明显偏向新乡贤，特别是河北籍新乡贤，而且针对新乡贤的评选没有相关标准，最终导致新乡贤总体质量不高，更别提引领效果。另外，村民对于这些常年不回村的新乡贤参与乡村管理与建设也存有疑虑。

（二）组织基础薄弱

调查发现，新乡贤更多以个体身份直接参与乡村振兴工作，组织基础薄弱，无法集中发挥作用。河北省乡贤类组织主要以"红白理事会"为主要平台，乡村振兴相关工作参与程度较低，参与方式和功能也比较单一。大部分乡村没有建立乡贤理事会、乡贤参事会等组织，有的乡村虽然建立了相应组织，但体制并不规范和健全，功能性不强，甚至没有正式开展过工作。缺乏合理规范的组织培育壮大新乡贤机制也是制约乡贤精英人才回归的因素。当前，我国尚无明确法律法规确保新乡贤发挥带头作用，在乡村社会中若没有规范健全的组织管理，分散涌现的个人新乡贤将难以成为一个整体，很难发挥作用，最终导致乡贤精英人才难以回归。而在乡村中由原村民自发组建的各类种养专业组织，因为缺乏制度性组织与领导，加之生产经营以盈利为目标，对于乡村治理事务并不热衷或不愿意承担，也很难出现新乡贤。组织基础薄弱最终导致新乡贤参与不足，新乡贤队伍壮大困难，难以形成集体影响。

（三）基础保障体系不完善，设施不足

尽管国家已经明确了新乡贤的重要地位，并对其工作提出了相应要求，但是河北省尚未形成一套完整的制度保障体系，导致新乡贤发展得不到足够资金，针对新乡贤子女教育、医疗、住房等方面的保障措施也不够健全。更重要的客观现实是，目前城乡一体化尚未完全实现，公共服务一体化也尚未实现，新乡贤没有当地医疗保险，异地就医存在困难，而且子女也不在身边，最终导致许多在城市生活惯了的退休人员很难回到家乡。当前河北省还

没有为外来乡贤在乡村定居、商业用地保障等提供明确政策支持，乡村市场化服务、公共服务等方面的支持也不够充分，使新乡贤引入机制缺乏长效保障。

另外，乡村生活环境也是引入新乡贤时必须考虑的一个问题。河北一些乡村，尤其是边远山区，村道建设仍有许多薄弱环节，如公路养护资金匮乏、养护管理水平低下、交通状况恶劣，制约了乡贤精英人才流入。同时，受当地政府财力等方面的制约，乡村网络基础设施建设投资偏低，网络运营商的基站数目偏少、覆盖范围偏小，在某种程度上制约了村民获取信息的便捷性，同时抑制了乡贤精英人才回乡建设的热情。

五　乡村人才振兴视域下新乡贤培育优化路径

针对河北省新乡贤引入机制存在的不足以及对其他省市引才工作的梳理，本文探索了乡村人才振兴视域下新乡贤培育优化路径，包括政策、组织、文化等方面。

（一）政策保障：完善相关政策，吸引人才回流

由于绝大多数新乡贤离土离乡、分布在不同领域，加之外来乡贤不断进入人们视野，新乡贤身份的建构与发掘迫切需要政府托底、给予政策支持。

1. 政策托底，为新乡贤"正名"

人才是推动乡村振兴的重要力量，新乡贤具有社会地位和声誉名望，应该主动将乡贤人才引入乡村社会，让本土资源得到充分发掘，积极整合新乡贤群体力量，营造良好的乡贤参与环境，保障乡贤群体参与的合法性。温州市苍南县梳理在外重点乡贤人才，由县、乡两级领导干部进行"一对一"结对，有效引导乡贤回归，建议河北省创建乡贤人才信息库，便于及时查找、匹配，在"量"上适应乡村振兴需要，与地方乡村发展相结合，进行具体规划。

想要新乡贤主体主动参与乡村振兴也需要外部政策支持。应赋予新乡贤

合法身份，在具体法律法规中对新乡贤的概念以及法律地位等进行详细界定，为当代新乡贤工作提供可靠、合法的支持。同时，在新乡贤返乡方面制定相应政策，以保障乡贤人才回村和参与乡村治理的合理性。出台一系列"引才""留才""用才"政策和方针，持续健全乡贤人才体制机制，以吸引、激励乡贤人才回乡，在"质"上满足乡村振兴需求。

2. 政策持续倾斜，确保乡贤人才返乡

厚植新乡贤返乡生态土壤，建议河北省设立"创业基金"，支持新乡贤回乡创业，鼓励社会资本参与乡村公益事业，不断提高福利待遇。在政策上予以支持，对符合条件的小微企业，通过奖励、补贴等方式进行资助。

在新乡贤的选拔和使用上，应打破身份、年龄、学历等条框限制。建议河北省建立选拔优秀乡贤的制度，聘请优秀乡贤担任村干部、镇长顾问等，鼓励和支持新乡贤依法参选村"两委"干部，吸引"能人"进入基层工作队伍，做好新乡贤培育工作。

（二）组织保障：加强各方建设，促进人才常驻

对于"引进来"的人才，需要加强各方建设，保证人才"留下来"，更好发挥作用。

1. 县域"筑巢"，提供平台

乡村很难凭一己之力吸引足够多的新乡贤人才返乡发展，村中设立的乡贤理事会、联谊会等组织因为分散、力量不集中等，无法形成整体效应。建议河北省以县域为单位开展引才工程，使新乡贤力量得到最优整合，扩大新乡贤人才的作用范围。中国第一家以"挖掘历史、传承文化"为己任的民间乡贤研究机构是浙江绍兴上虞乡贤研究会，成立以来吸纳近千位新乡贤人才，起到很好的带头作用，推进了乡村建设各系统的良性互动与均衡发展。建议河北省组建"县域乡贤委员会""县域乡贤研究会""县域乡贤智库"等县域乡贤组织，将新乡贤人才纳入当地的治理组织、经济组织和文化组织，促进乡村基层自治、德治和法治的有机结合。以县域为单位，引入新乡贤人才，使其在乡村基层治理中发挥更大作用，从而提高新乡贤人才为人民

做事的话语权。特别是在县域扶持下，新乡贤人才可以利用技术、资金、管理经验等资源要素，通过建立农业生产合作社、乡村书画屋等，满足村民物质和精神需求。也可以采取"县聘村用"的办法，促进新乡贤人才向下流动，增强新乡贤人才黏性。

2. **基础保障完备，了却后顾之忧**

新乡贤的"乡愁情结"是其参与乡村振兴的内生动力。随着新乡贤返乡比例不断提高，若不能从物质、精神两个层面充分调动他们的积极性，新乡贤返乡的动力与激情就会慢慢消退。建议河北省政府加大对返乡新乡贤的住房保障力度，参考城镇人才住房政策，对返乡新乡贤给予优惠。发挥"互联网+"大数据平台优势，实现跨地区高质量医疗服务，加速推进全省范围医疗保险转移，保证新乡贤人才返乡后能享受与城镇居民同等质量的医疗服务。持之以恒地开展乡村人居环境整治，推动美丽乡村建设，为新乡贤创造一个良好的生活环境，最终使新乡贤回到家乡、留在家乡。

（三）文化保障：培育乡贤文化，挖掘乡贤资源

1. 加大宣传力度，营造社会氛围

许多优秀新乡贤人才对家乡抱有深切感情，想要回报家乡。建议河北省充分发掘当地传统乡贤文化，通过查阅史书、史料等方式，对本地乡贤故居进行修缮与保护，对历代乡贤事迹进行收集、整理，并编成小册子供村民传阅，或张贴在村务公开栏。通过树立乡贤"典型"，为新乡贤返乡提供坚实思想基础，从而在全省形成良好乡风。加大新乡贤活动宣传力度，可以组织"优秀新乡贤"评选，并给予相应奖励，利用微博、抖音等现代化大众媒体，对乡贤文化进行创新和宣传，充分利用新乡贤的模范带头和引导作用，在全省形成良好社会环境，激发新乡贤参与乡村振兴的热情和动力。

2. 构建常态化培育机制，发掘并联系新乡贤

人才培养不是一时之事，需要构建常态化培育机制。浙江省漓渚镇以"民间人才"为载体，引导星级民间人才加入新乡贤队伍，以"五类先进模范"评选挖掘新乡贤力量，建立新乡贤数据库。建议河北省加强新乡贤人

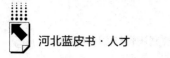

才信息平台建设，广泛收集新乡贤信息，以"乡愁"为引导，做好新乡贤培育工作。利用春节等重大节假日开展联谊活动，广泛邀请新乡贤参加重点工作和总结会，吸引民间资金参与乡村发展，推动城乡一体化。充分利用网络载体，建立微信群等日常联系平台，通过"向乡贤寄一封家书""征集乡贤微心愿"等倡议活动凝聚乡音、增进乡情。举办乡创大会，有效促进乡土、乡贤和人才有机结合，构建乡村振兴新局面。

数字人才篇

B.13

河北省文化创意产业数字化过程中
产业技术人才培养路径研究[*]

曹鹏 杨帆 王峰[**]

摘　要： 随着数字化变革在文化创意产业的不断深化，河北省文化创意产业处于关键转型期，文化创意产业的发展也成为河北省产业发展的重中之重。本文在分析河北省文化创意产业发展状况、文化创意产业数字化发展状况、文化创意产业技术人才发展状况的基础上，探讨了文化创意产业技术人才与产业数字化发展的关系。之后收集了河北省文化创意产业技术人才的相关数据，对文化创意产业技术人才与产业数字化发展之间的关系进行了数据检验，发现文化创意产业技术人才各变量与产业数字化发展呈正相关关系。根据数据分析的结果构建了包含建立文化创意产业数字技术人才库、扶持文

* 基金课题：2022年度河北省科技厅软科学研究专项"协同视角下加快科技体制改革攻坚的路径研究"（项目批准号225576178D）。

** 曹鹏，河北师范大学汇华学院副教授，主要研究方向为文化人才；杨帆，河北劳动关系职业学院法律与经济贸易系讲师，主要研究方向为电商人才；王峰，河北省人力资源社会保障科学研究所副研究员，主要研究方向为人力资源。

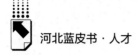

化创意产业数字技术人才创新创业等在内的河北省文化创意产业数字技术人才培养路径。

关键词： 文化创意产业　产业数字化　数字技术人才　河北

一　前言

　　文化创意产业在欧美、日韩等发达国家已经有较长时间的发展，由于其具有回报高、绿色环保等特征，被称为 21 世纪的朝阳产业。随着产业竞争的加剧，欧美、日韩等国家已经把文化创意产业作为主导产业进行发展。近年来，我国的文化创意产业也呈现迅猛的发展态势，成为国民经济的重要组成部分，涵盖了文化艺术、广播影视、新闻出版、软件服务等多个领域。同时，国家政策的扶持为文化创意产业的发展提供了有力保障。政府出台了一系列鼓励创新的政策，如税收优惠、资金扶持等，为文化创意企业提供了良好的发展环境。然而，文化创意产业在发展过程中也面临一些挑战。随着科技进步和消费者需求的变化，传统的文化创意产业已不能满足市场需求。因此，数字化发展成为提高产业附加值、提升竞争力的重要途径①。在这样的背景下，我国提出了"数字中国"战略，旨在积极推动数字经济、文化创意产业和信息化融合发展。数字化技术的应用对文化创意产业的创意与创新能力提出新的要求，数字化发展可以带来更多创新的商业模式、产品和服务形式。推动文化创意产业数字化发展将有助于挖掘文化资源、提升产业竞争力、推动经济发展、实现产业转型升级②。

　　河北省拥有悠久的历史和丰富的文化资源，为文化创意产业的数字化发

---

① 陈宇翔、李怡：《数字文化产业发展的"双重使命"：逻辑、挑战与路径》，《南京社会科学》2021 年第 5 期。
② 戴俊骋：《数字文化产业与地方营造的协同发展》，《同济大学学报》（社会科学版）2023 年第 5 期。

展提供了坚实的内容基础。目前，河北省处于产业结构调整和经济转型升级的关键阶段，推动文化创意产业数字化发展是推动河北省经济转型升级的重要举措[1]。近年来，河北省在国家政策的支持下，加大力度推动文化创意产业数字化发展，为相关企业和机构提供政策扶持和指导。由于文化创意产业数字化发展需要数字化技术的支撑，既了解文化创意产业又掌握数字化技术的人才就成为推动文化创意产业数字化发展的关键力量[2]。但是，产业基础薄弱、人才吸引能力不足等，导致河北省文化创意产业数字化发展面临技术人才供给短缺、人才队伍素质不高等现实问题，培养适应数字化需求的专业技术人才已成为推动产业数字化发展的迫切需求[3]。

本文在分析河北省文化创意产业发展状况、文化创意产业数字化发展状况、文化创意产业技术人才发展状况的基础上，探讨了文化创意产业技术人才与产业数字化发展的关系，分析认为，文化创意产业技术人才可以通过人才数量、人才创新、人才成果、人才素质、人才层次 5 个方面进行衡量，并据此提出了本文的研究假设。

二　研究综述与假设

（一）河北省文化创意产业发展状况

文化创意产业是河北省近年来备受关注的发展领域之一。作为全国人口大省，河北省拥有丰富的历史文化和自然资源，为文化创意产业提供了广阔的发展空间。近年来，河北省大力发展文化创意产业，产业发展有了长足的进步，学者们也对河北省文化创意产业的发展进行了广泛研究，主要分为以

---

① 戈璇、黄磊：《数字文化产业发展视域下校企协同育人现状调研及对策研究》，《江苏教育研究》2023 年第 18 期。
② 顾海峰、卞雨晨：《财政支出、金融及 FDI 发展与文化产业增长——城镇化与教育水平的调节作用》，《中国软科学》2021 年第 5 期。
③ 顾江：《文化强国视域下数字文化产业发展战略创新》，《上海交通大学学报》（哲学社会科学版）2022 年第 4 期。

下几个方面。第一，河北省文化创意产业的发展。随着国家政策对文化创意产业的重视，河北省文化创意产业取得了长足的进步。文化旅游、传统手工艺、文化创意设计等领域逐渐崛起，成为支撑当地经济增长的新动力①。同时，政府加大了对文化创意产业的扶持力度，推动了相关企业和机构的创新发展。相关研究主要集中在政府和相关部门推动文化创意产业发展的政策上，以政策推动文化创意产业发展②。第二，河北省文化创意产业的特色与优势。河北省作为华夏文明的发祥地，拥有悠久的历史和丰富的文化资源。承德避暑山庄等世界文化遗产以及豫剧等非物质文化遗产等均为文化创意产业提供了源源不断的灵感和创作素材。此外，河北省还拥有雄厚的科教基础，为文化创意产业的发展提供了强大支撑。但是目前河北省文化创意产业的特色优势明显发挥不足。一方面，在市场竞争日益激烈的背景下，文化创意产品的原创性和市场竞争力亟待提升；另一方面，文化创意产业链条尚未完善，缺乏统一规范和行业标准，使得资源利用和产业发展存在一定的不足③。同时，金融支持体系和知识产权保护等方面的问题也制约了文化创意产业的健康发展。第三，河北省的文化创意产业面临的机遇与挑战。一方面，河北省文化创意产业相关企业和机构要进一步加强知识产权保护，提升文化创意产品的原创性和市场竞争力；另一方面，文化创意产业要加强与科技、金融、教育等领域的融合，推动跨界发展④。同时，河北省需加大对文化创意产业人才的培养力度，培育更多的专业人才，推动文化创意产业的可持续发展。

总的来说，大部分学者认为河北省文化创意产业在政策扶持和市场需求

---

① 顾江：《党的十八大以来我国文化产业发展的成就、经验与展望》，《管理世界》2022 年第 7 期。
② 郭壬癸、乔永忠：《版权保护强度影响文化产业发展绩效实证研究》，《科学学研究》2019 年第 7 期。
③ 郭馨梅、罗青林：《文化产业价值创造的结构分析——基于同心圆模型的阐释》，《企业经济》2021 年第 5 期。
④ 黄辰洋、吕洪渠、程文思：《产业集聚与环境依赖对文化产业效率的影响》，《华东经济管理》2022 年第 1 期。

的推动下呈现蓬勃的发展态势，同时面临诸多挑战。加大政策支持力度、推动创新发展以及促进产业转型升级是今后河北省文化创意产业加速发展的前提条件。

（二）文化创意产业数字化发展状况

文化创意产业数字化是随着科技发展而兴起的一种新型产业形态，它在传统文化和现代科技相结合的背景下，为文化创意产品的生产、传播和消费提供了全新的途径。近年来，诸多学者对文化创意产业的数字化进行了研究，研究领域主要集中在以下几个方面。第一，文化创意产业数字化覆盖的产业范围。随着互联网、大数据、人工智能等新技术的广泛应用，文化创意产业数字化呈现多样化和个性化的特点[1]。从数字化艺术品交易平台到基于虚拟现实的文化遗产展示，从在线音乐、数字游戏到数字影视内容制作，文化创意产业数字化已经深入各个领域，并不断拓展新的业态和商业模式。第二，文化创意产业数字化赋能传统文化。利用数字化技术，保存和传承传统文化，同时与当代生活方式和审美趣味相结合，焕发新的魅力。例如，通过数字化手段，老唐卡、古建筑等传统文化元素得以复制和传播，为世界各地的人们所喜爱[2]。第三，文化创意产业数字化带来的市场革新。传统文化创意产品的生产、传播和销售方式受到了较大的冲击，数字化技术使得文化创意产品更加便捷地在全球范围内传播，也为消费者提供了更加多样化的选择。例如，数字化音乐平台使全球用户都能便捷地享受不同文化背景的音乐作品，在线博物馆和文化艺术品展示网站让人们在家中就能观赏全球各地的文化遗产[3]。第四，文化创意产业数字化所拓展的未来发展空间。随着5G、区块链、虚拟与增强现实等新技术的发展和应用，文化创意产业数字化将

① 黄永林、谈国新：《中国非物质文化遗产数字化保护与开发研究》，《华中师范大学学报》（人文社会科学版）2012 年第 2 期。
② 蒋正峰、陈刚、尹涛：《我国主要城市文化产业创新发展比较分析》，《科技管理研究》2021 年第 18 期。
③ 解学芳、祝新乐：《基于区块链的现代文化产业投融资体系创新研究》，《山东大学学报》（哲学社会科学版）2021 年第 5 期。

进一步深化，为文化创意产业注入更多创新动力①。但同时，文化创意产业需要面对数字版权保护、跨界融合、产业监管等方面的挑战，需要政府、企业和社会各界共同努力，促进文化创意产业数字化的健康持续发展。

总体来说，目前大部分研究都认为文化创意产业数字化是一个正在快速成长的新兴产业形态，它为传统文化注入新的活力，给文化创意产品的生产与消费方式带来了重大变革。随着技术的不断进步和产业的深度融合，文化创意产业数字化的发展前景将更加广阔。

（三）文化创意产业技术人才发展状况

文化创意产业技术人才的培养和发展是文化创意产业持续健康发展的关键因素之一。目前大部分学者主要围绕文化创意产业技术人才的现状、培养模式以及未来发展进行研究，主要研究内容分为以下几个方面。第一，技术人才对文化创意产业发展的作用。随着信息技术的飞速发展，文化创意产业已经进入数字化、网络化和智能化的新阶段，对技术人才的需求愈加迫切②。文化创意产业技术人才不仅需要具备传统文化和艺术方面的专业知识，还需要掌握数字化技术，从而将传统文化与现代科技有机结合，在产品设计、内容创作、体验营销等方面发挥重要作用。第二，文化创意产业技术人才面临的挑战。一方面，由于新兴技术更新换代较快，传统的文化教育和培训模式难以满足产业对复合型人才的需求；另一方面，传统文化创意产业从业者普遍缺乏对数字化技术的理解和应用能力，技术人才与传统文化创意产业从业者的融合与协同也面临一定的困难③。第三，文化创意产业技术人才培养模式的创新。为适应文化创意产业的发展需求，

---

① 潘爱玲、王雪：《现代文化产业体系与市场体系协同发展的机制和路径研究》，《华中师范大学学报》（人文社会科学版）2021年第1期。
② 邱建国、孙晋海：《健康中国背景下区域健身休闲文化产业发展状况及其战略研究》，《山东社会科学》2020年第9期。
③ 屈明洋：《生态城市建设与文化产业集群的协同发展研究》，《技术经济与管理研究》2020年第1期。

各级院校和相关培训机构纷纷调整专业设置，增设数字媒体艺术、文化创意设计等与技术相关的专业，以培养具备多项技能的复合型技术人才[①]。同时，一些文化创意企业开始与高校、科研院所开展合作，共同探索人才培养模式，为产业输送更多的技术人才。

随着数字技术的不断普及和深化，文化创意产业对技术人才的需求将持续增长。同时，随着文化创意产业的科技创新、跨界融合不断深入，需要更多具备传统文化素养和现代科技能力的复合型人才。因此，未来的研究主要围绕文化创意产业技术人才的培养和引导、推动产学研深度融合、促进文化创意产业人才队伍的结构优化和质量提升等方面展开。

（四）文化创意产业技术人才与产业数字化发展的关系

近年来，随着文化创意产业数字化程度不断加深，产业对于技术人才的需求也越来越大。技术人才无疑对产业数字化发展有着巨大的影响，学界围绕技术人才对产业数字化发展的影响进行了深入研究，研究范围主要包括以下几个方面。一是技术人才创新驱动产业数字化发展。文化创意产业技术人才是推动产业数字化发展的关键因素，他们通过不断探索和实践，将最新的数字化技术应用于创作中，推动产业技术创新和升级[②]。二是技术人才提升产业价值。技术人才在推动产业数字化发展的过程中，通过优化生产流程、提高生产效率，降低了生产成本，进一步提升了文化创意产业的附加值和市场竞争力[③]。三是技术人才拓展市场空间。技术人才在推动产业数字化发展的过程中，有助于拓展新的市场空间，满足消费者多样化的需求。他们利用数字化技术打造的虚拟现实、增强现实等新型消费体验，为文化创意产业开

[①] 沙家强：《经济审美之维及其美育定位——兼论文化产业发展的美学逻辑》，《管理学刊》2022 年第 2 期。

[②] 谭娜、黄伟：《文化产业集聚政策带动地区旅游经济增长了吗？——来自文创园区评选准自然实验的证据》，《中国软科学》2021 年第 1 期。

[③] 王冉：《数字经济对文化产业全球价值链分工地位攀升的影响》，《统计与决策》2023 年第 20 期。

辟了新的市场渠道①。

另外，由于目前我国文化创意产业数字化程度不高，技术人才在推动产业数字化发展过程中的作用发挥不足，部分学者研究了文化创意产业技术人才发展的不足之处，主要包括以下两个方面。一是技术与艺术融合不足。尽管技术人才在推动产业数字化发展方面发挥了重要作用，但技术与艺术之间的深度融合仍是亟待解决的问题②。技术人才需要不断提升自己的艺术素养，更好地将技术与艺术相结合。二是知识产权保护不足。在产业数字化发展过程中，知识产权保护成为一个突出的问题。技术人才需要增强知识产权保护意识，采取有效措施保护自己的创作成果。政府和行业协会等相关组织也要加大对技术人才知识产权的保护力度，发挥技术人才对产业数字化发展的助推作用③。

基于以上研究，本文提出如下假设。

假设1：文化创意产业技术人才数量对文化创意产业数字化发展具有正向影响。

假设2：文化创意产业技术人才创新对文化创意产业数字化发展具有正向影响。

假设3：文化创意产业技术人才成果对文化创意产业数字化发展具有正向影响。

假设4：文化创意产业技术人才素质对文化创意产业数字化发展具有正向影响。

假设5：文化创意产业技术人才层次对文化创意产业数字化发展具有正向影响。

根据上述假设，构建理论假设模型，如图1所示。

① 翁钢民、李凌雁：《中国旅游与文化产业融合发展的耦合协调度及空间相关分析》，《经济地理》2016年第1期。
② 吴理财、解胜利：《文化治理视角下的乡村文化振兴：价值耦合与体系建构》，《华中农业大学学报》（社会科学版）2019年第1期。
③ 许安明：《大数据与文化产业融合发展：内涵、机理与路径》，《求索》2022年第4期。

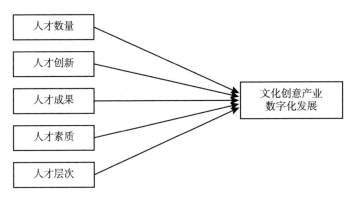

图 1　文化创意产业技术人才对产业数字化发展的影响

三　研究设计

（一）数据来源

本文以河北省文化创意产业技术人才为研究对象，选取的样本区间为 2011~2021 年，主要数据来源于国家统计局及历年《河北经济年鉴》《中国文化文物统计年鉴》《河北统计年鉴》。

（二）变量说明与模型构建

1. 被解释变量

目前学者们主要以经济贡献、市场规模、文化传播水平等衡量文化创意产业发展水平。其中，经济贡献以 GDP、就业人数等作为衡量指标；市场规模以产业销售额、市场份额等作为衡量指标；文化传播水平以文化影响力、国际传播力等作为衡量指标。为了便于统计和数据分析，本文将文化创意产业 GDP 作为文化创意产业发展水平（ *dci* ）的衡量指标。为消除极端异常值的影响，本文对所有连续变量进行 1% 和 99% 分位数的缩尾处理。

2. 解释变量

一是人才数量（*num*）。在衡量人才数量方面，学者们多以访谈、案例分析、横向比较、纵向跟踪等方法研究文化创意产业的人才数量问题。有的学者将人岗匹配作为研究的核心内容，探讨产业岗位与人才的匹配状况[①]。有的学者将创意人才数量、数字人才培养作为研究主体，分析创意人才和数字人才对产业发展的影响[②]。基于以往的研究，本文将文化创意产业就业人数作为人才数量的衡量指标。

二是人才创新（*inn*）。在衡量人才创新方面，学者们主要以人才创新能力与文化创意产业发展的契合度作为衡量指标。有的学者从非遗文化创意产业创新人才培养的视角对人才创新的相关指标进行了分析，认为提高人才创新能力是推动产业发展的重要因素[③]。有的学者以金融助力产业发展的视角分析了金融数字人才的创新能力对产业的推动作用[④]。基于以往的研究，本文将文化创意产业专利申请数作为人才创新的衡量指标。

三是人才成果（*out*）。文化创意产业人才成果相关研究主要存在于对文化创意产业创新人才培养的研究中，这些研究涵盖了人才培养模式、人才需求预测、人才评价体系、人才激励机制、创新能力培养等内容。相关研究结合这些内容对文化创意产业人才成果进行了界定，本文以技术成果转化数作为文化创意产业人才成果的衡量指标。

四是人才素质（*ass*）。文化创意产业人才素质方面的研究主要围绕跨学科能力、创新能力、数字技术能力、项目管理能力等方面展开。以往的研究以产业人才的学历、技术能力、创新能力、跨学科能力等作为衡量标准，基

---

① 戈璇、黄磊：《数字文化产业发展视域下校企协同育人现状调研及对策研究》，《江苏教育研究》2023 年第 18 期。

② 顾江：《文化强国视域下数字文化产业发展战略创新》，《上海交通大学学报》（哲学社会科学版）2022 年第 4 期。

③ 张捷、郭洪豹：《文化产业创新视角下非遗文化创意产业人才的培养路径》，《山西财经大学学报》2022 年第 S2 期。

④ 占文忠、毛莘娅：《金融数字创新赋能文化产业高质量推进》，《中国社会科学报》2021 年9 月 23 日。

于以往的研究，本文采用获得荣誉称号数作为文化创意产业人才素质的衡量指标。

五是人才层次（*lev*）。对文化创意产业人才层次的研究主要围绕人才的专业背景、行业声誉、工作经验、行业熟悉度等开展，衡量指标涵盖了人才学历、人才技能、人才管理等。基于以往的研究，本文采用高级职称数作为文化创意产业人才层次的衡量指标。

3. 控制变量

为了能够准确分析文化创意产业技术人才对文化创意产业数字化发展的影响，本文在检验模型中加入了相关的控制变量（*controls*）。根据以往的研究，总体资金投入会对文化创意产业技术人才产生一定影响，因此将政府投入人才资金（*govf*）作为一项重要的控制变量。此外，本文还将其他的经济和社会指标作为控制变量，包括文化创意产业企业数（*nci*）、产业薪酬平均值（*aip*）、行业奖项数（*nia*）、国家级项目数（*nnp*）、行业人才流动率（*itf*）。

4. 模型设定

为了验证本文的假设，设定模型如下：

$$dci = num \times \beta_1 + inn \times \beta_2 + out \times \beta_3 + ass \times \beta_4 + lev \times \beta_5 + controls \times \beta_6 + \varepsilon$$

四 实证结果与分析

（一）描述性统计

变量描述性统计如表 1 所示。从中可以看到，各变量平均值均大于标准差，说明数据离散程度不高，本文所构建的模型具有较高的有效性。另外，各变量的平均值和中位数较为接近，不存在极端异常值，各变量的增长趋势都较为线性。通过对各变量进行方差膨胀因子（VIF）分析，发现 VIF 远低于 10，因此各变量之间不存在显著的多重共线性问题。

表 1　变量描述性统计

变量	样本量	平均值	中位数	标准差	最小值	最大值
dci	150	32.984	31.570	8.864	19.300	45.660
num	150	77.000	76.000	2.236	75.000	81.000
inn	150	772.143	782.000	221.264	462.000	1089.000
out	150	11.957	11.900	0.820	10.900	13.100
ass	150	22.343	22.100	1.739	20.000	24.400
lev	150	270.286	276.000	64.874	189.000	356.000
govf	150	1278.714	1092.000	370.255	986.000	1867.000
nci	150	27536.584	28703.350	3903.132	20549.050	32163.250
aip	150	414789.129	389829.800	105064.006	273893.400	557713.000
nia	150	995.143	853.000	410.415	546.000	1672.000
nnp	150	115.286	118.000	3.498	110.000	118.000
itf	150	6.131	6.120	1.551	4.210	8.670

（二）回归分析

根据表 2 的样本总回归结果可以看出，文化创意产业技术人才的各项变量对产业数字化发展均有显著正向影响，t 值分别为 7.120、5.280、6.340、7.260、4.560，说明文化创意产业技术人才的各项变量对产业数字化发展均有显著的促进作用，假设 1、假设 2、假设 3、假设 4、假设 5 均成立。

表 2　样本总回归结果

变量	*dci*
num	4.641 *** (7.120)
inn	3.282 *** (5.280)
out	5.331 *** (6.340)
ass	4.526 *** (7.260)

变量	*dci*
lev	6. 289 ***
	(4. 560)
govf	0. 198 ***
	(3. 130)
nci	0. 157 ***
	(3. 280)
aip	−0. 137
	(−0. 560)
nia	0. 157 ***
	(3. 280)
nnp	0. 053 **
	(2. 400)
itf	0. 014 ***
	(2. 680)
constant	0. 667 **
	(2. 530)
行业固定效应	控制
年度固定效应	控制
N	150
调整的 R^2	0. 249
	(1. 820)

注：括号内为 *t* 值，*、**、*** 分别表示回归系数的双尾检验在10%、5%和1%的水平上显著。

（三）稳健性检验

对模型中关键变量使用不同的测量方法，可能会影响研究结论的准确性。为了验证上述结论的稳健性，本文以技术人才数（*tec*）代替就业人数，以专利获取数（*pat*）代替专利申请数，以科研成果获奖数（*rea*）

209

代替技术成果转化数，以行业奖项数（*awa*）① 代替获得荣誉称号数，以专家称号数（*exp*）代替高级职称数，稳健性检验结果如表3所示，可见虽然变量测量方法不同，但研究结论依然具有稳健性。

表3　稳健性检验结果

变量	*dci*
tec	4. 331 *** （5. 280）
pat	4. 397 *** （3. 220）
rea	3. 285 *** （2. 750）
awa	5. 218 *** （4. 750）
exp	4. 231 *** （3. 290）
控制变量	控制
constant	1. 209 * （0. 350）
行业固定效应	控制
年度固定效应	控制
N	150
调整的 R^2	0. 378 （1. 330）

注：括号内为 *t* 值，*、**、*** 分别表示回归系数的双尾检验在10%、5%和1%的水平上显著。

---

① 此处稳健性检验中的行业奖项数（*awa*）和上文控制变量中的行业奖项数（*nia*）在内涵上是一样的，但是稳健性检验是用其他相近或类似变量替代主分析变量，以验证结果是否相同或相近，在本部分稳健性检验中，用行业奖项数作为替代变量进行了稳健性检验，此时行业奖项数不再是控制变量，因此代码也不相同，一个为 *awa*，一个为 *nia*。

（四）研究结论

通过实证研究表明，河北省文化创意产业技术人才的各变量（人才数量、人才创新、人才成果、人才素质、人才层次）对产业数字化发展均有正向影响，且通过稳健性检验表明，各自变量对因变量的影响较为稳定，数据分析的结论较为准确。

五　河北省文化创意产业数字技术人才
培养路径构建

（一）建立文化创意产业数字技术人才库

在当前经济转型升级的大背景下，文化创意产业作为新兴产业日益受到重视。河北省具有得天独厚的文化资源和深厚的历史积淀，文化创意产业发展潜力较大。要实现文化创意产业的可持续发展，关键在于建立一支高素质的数字技术人才队伍，同时构建文化创意产业数字技术人才库，以推动行业的创新和发展。首先，加强文化创意领域的教育培训[①]。省内各高校可以设立文化创意专业，培养更多人才；在职业培训层面，可以举办文化创意产业数字技术培训班和讲座，提升从业人员的专业水平和技能，为建立文化创意产业数字技术人才库积累人才。其次，促进文化创意产业与其他行业的合作。例如，与高科技、互联网、设计等数字相关领域的企业和机构合作，通过跨界融合，让文化创意产业人才接触更多数字化内容，激发更多创意火花[②]。最后，建立健全文化创意产业数字技术人才信息平台，为人才提供更广阔的发展空间和更多交流机会。这样不仅可以帮助企业更好地找到所需人才，也可以为人才提供更多就业机会。建立文化创意产业数字技术人才库是

---

① 张铮、刘钰潭：《"双碳"战略下文化产业绿色发展的面向与路径——数字治理的视角》，《山东大学学报》（哲学社会科学版）2023 年第 6 期。
② 周海鸥、张云：《新时代县域文化产业的功能定位与发展路径》，《河北学刊》2020 年第 3 期。

一个系统工程，需要政府、企业和社会各界的共同参与和努力。只有通过全方位推进和长期坚持，才能为河北省文化创意产业的蓬勃发展奠定坚实的人才基础。

（二）扶持文化创意产业数字技术人才创新创业

河北省应将促进文化创意产业数字技术人才创新创业作为发展文化创意产业的重要战略举措。首先，河北省可以设立专项资金，支持文化创意产业数字技术人才的创新创业项目。这些资金可以用于项目研发、市场推广、团队建设等方面，为创业者提供更多支持和保障。其次，政府可以出台相关政策，简化创业流程，降低创业门槛，鼓励更多数字技术人才投身文化创意产业[1]。例如，可以提供税收减免、场地租金补贴、创业贷款等政策支持，让创业者更加有信心和动力创新创业。同时，河北省可以加强与高校、科研机构的合作，共同培养和孵化文化创意产业数字技术人才。通过建立产学研合作基地、数字技术转移中心等平台，让更多科研成果应用到实际生产中，促进数字技术成果的产业化和商业化，从而带动更多创新创业活动[2]。再次，河北省可以举办文化创意产业创新创业大赛、展会等活动，为数字技术人才提供更多展示和交流机会。这些活动可以让更多优秀项目得到关注和支持，激发数字技术人才的创新创业热情。最后，河北省可以建立创业导师制度，邀请行业内具有丰富经验和资源的人士担任导师，为创业者提供指导和帮助[3]。这样不仅可以帮助创业者解决实际问题，也可以为他们提供更广阔的发展空间和更多合作机会。只有通过全方位的政策支持和长期培育，才能为河北省文化创意产业数字化发展打下坚实的人才基础。

---

① 周世新、胡伟菊、朱文璟：《文化产业投入产出效率分析——以江西省为例》，《企业经济》2020年第8期。
② 王冉：《数字经济对文化产业全球价值链分工地位攀升的影响》，《统计与决策》2023年第20期。
③ 谭娜、黄伟：《文化产业集聚政策带动地区旅游经济增长了吗？——来自文创园区评选准自然实验的证据》，《中国软科学》2021年第1期。

（三）推动文化创意产业数字技术人才成果转化

河北省是一个拥有丰富历史文化资源的地区，其文化创意产业具有巨大的发展潜力。然而，要实现这一潜力的转化和释放，关键在于推动文化创意产业数字技术人才成果转化。首先，河北省可以出台政策，支持文化创意产业数字技术人才成果的转化应用。政府可以设立专项资金，用于支持科研成果的产业化和商业化，提供研发经费、知识产权保护、市场推广等方面的支持①。其次，河北省可以加强产学研合作，构建数字技术转移平台，推动科研成果向产业转移。通过与高校、科研院所等机构开展深度合作，打通科研成果与产业应用之间的"最后一公里"，实现科研成果与产业需求的对接和融合，从而加速数字技术成果的转化和应用。此外，加强知识产权保护工作也是推动文化创意产业数字技术人才成果转化的关键环节。要建立健全知识产权保护体系，让创新者更有信心将自己的成果推向市场，形成良性的数字技术创新生态②。最后，河北省可以积极举办文化创意产业数字技术成果推介活动和展览会。通过这些活动，为数字技术人才提供更多的展示和交流机会，帮助他们与潜在的合作伙伴和投资者进行对接，促进成果推广和转化。

（四）加强文化创意产业数字技术人才职业培训

随着科技的不断进步和数字化浪潮的席卷，文化创意产业对数字技术人才的需求日益增长，加强文化创意产业数字技术人才职业培训对于推动产业数字化发展至关重要。首先，河北省可以设立专业的文化创意产业数字技术人才培训机构，提供系统化、针对性强的培训课程。这些课程可以涵盖数字艺术设计、虚拟现实、数字营销、数字媒体制作等，以满足产业对于多样化数字技术人才的需求。其次，政府可以出台相关政策，鼓励企业参与文化创

---

① 吴理财、解胜利：《文化治理视角下的乡村文化振兴：价值耦合与体系建构》，《华中农业大学学报》（社会科学版）2019 年第 1 期。

② 许安明：《大数据与文化产业融合发展：内涵、机理与路径》，《求索》2022 年第 4 期。

意产业数字技术人才培训①。例如，可以在培训费用等方面给予企业一定的补贴和支持。同时，加强校企合作，将培训与产业实际需求结合起来。通过与文化创意产业企业合作，组织实习实训，让学员能够更好地了解产业实际需求，提高他们的实战能力和适应能力。再次，可以借助互联网和远程教育等手段，推动文化创意产业数字技术人才培训的普及。通过在线教育平台、数字化学习资源，让更多学员能够接受高质量的培训和教育，提升整体人才素质②。最后，建立健全评价考核机制，促进培训质量的提升。针对培训机构和企业，可以建立相应的培训质量评估标准和考核机制，从而推动培训工作的规范化和专业化发展。

（五）加大高层次文化创意产业数字技术人才引进力度

随着数字技术在文化创意产业中的广泛应用，文化创意产业对于高层次数字技术人才的需求日益增长。为了推动文化创意产业数字化发展，河北省需要加大对高层次文化创意产业数字技术人才的引进力度。首先，可以通过提供优厚的薪酬和福利待遇吸引高层次文化创意产业数字技术人才。可以设立专项资金，用于支持引进人才所需的薪酬、住房、子女教育等方面的支出，提供更加具有竞争力的条件，增强人才来河北省工作的动力。其次，政府可以出台相关政策，简化高层次文化创意产业数字技术人才的引进程序，降低人才引进的门槛③。通过简化办理手续、放宽引进条件、提供就业和落户便利等方式，让人才更容易来到河北省工作和生活。同时，河北省可以加强与国内外知名高校、科研机构的合作，共同培养和引进高层次文化创意产业数字技术人才。通过合作办学、联合开展科研等方式，拓宽引进渠道，引

---

① 杨秀云、李敏、李扬子：《我国文化产业空间集聚的动力、特征与演化》，《当代经济科学》2021年第1期。
② 邱建国、孙晋海：《健康中国背景下区域健身休闲文化产业发展状况及其战略研究》，《山东社会科学》2020年第9期。
③ 郭馨梅、罗青林：《文化产业价值创造的结构分析——基于同心圆模型的阐释》，《企业经济》2021年第5期。

进更多具有丰富经验和优秀成果的人才①。再次，组织开展文化创意产业数字技术人才招聘洽谈会和高端人才交流活动，为高层次文化创意产业数字技术人才提供更多展示和交流机会。这些活动可以帮助高层次文化创意产业数字技术人才更好地了解河北省的发展优势和就业机会，增进彼此之间的了解。最后，建立健全引进人才评价考核机制，促进引进质量的提升。针对引进的高层次文化创意产业数字技术人才，可以建立相应的考核机制和奖惩措施，激发其积极性和创造力，推动其在新的岗位上发挥更大的作用。综上所述，加大高层次文化创意产业数字技术人才引进力度需要政府、企业、高校和社会各界的共同努力。

---

① 顾江：《党的十八大以来我国文化产业发展的成就、经验与展望》，《管理世界》2022年第7期。

B.14
河北省"双碳"人才培养路径研究

鲍志伦　万宇扬*

摘　要：　近年来，随着"双碳"工作的进一步发展，社会对于"双碳"人才的需求不断增长，对于其能力也提出了更高要求。本文首先对"双碳"人才的内涵和作用进行了阐述，然后分析"双碳"人才培养的需求情况，在对河北省"双碳"人才培养困境及问题、国内外"双碳"人才培养的经验做法进行阐述的基础上，提出了河北省"双碳"人才培养的路径选择，即发挥"双碳"政策的导向作用，推动"政产学研用"协同创新，更新教学内容、变革教学形式，加大对"双碳"人才培养的资金投入力度，强化高校"双碳"学科的提质建设，合理构建课程体系，完善"双碳"人才培养的顶层设计，明确"双碳"人才培养的科学路径、推动"双碳"人才培养资源的集成共享、深化"双碳"人才培养的国际合作。

关键词：　"双碳"人才　"双碳"　河北

"双碳"即碳达峰与碳中和的简称。2020 年 9 月 22 日，国家主席习近平在第 75 届联合国大会一般性辩论上提出，中国力争 2030 年前二氧化碳排放达到峰值，努力争取 2060 年前实现碳中和目标①。党的二十大报告提出，实现碳达峰碳中和是一场广泛而深刻的经济社会系统性变革。立足我

---

*　鲍志伦，河北省社会科学院人力资源与劳动经济研究所副研究员，主要研究方向为人力资源管理与人才学；万宇扬，浙江传媒学院电视艺术学院本科在读，主要研究方向为环境保护。

①　《国家发展改革委发布碳达峰碳中和重大宣示三周年重要成果》，"国家发展改革委"百家号，2023 年 8 月 17 日，https：//baijiahao.baidu.com/s？id＝1774443612102369554&wfr＝spider&for＝pc。

国能源资源禀赋，坚持先立后破，有计划有步骤实施碳达峰行动。在"双碳"目标推进的过程中，人才是必不可缺的第一资源。现阶段，上海、天津、内蒙古等地区已经基于"双碳"目标制定与实施了一系列的方案，为推动"双碳"目标的实现提供科技支持。科技支持离不开对人才资源的挖掘，各方已经逐步认识到培养绿色低碳人才以及提升人才能力的重要性，并对专业人才的发展提出了进一步的要求。

一 "双碳"人才的内涵和作用

"双碳"人才是指生产的产品或提供的服务有益于环境或自然资源保护的人才，以及使得生产过程更加环保或者使用更少自然资源的人才。他们是推动实施"双碳"战略的关键，发挥着基础性、战略性、决定性作用。在我国，经过教育或培训的"双碳"人才有着良好的就业前景。现阶段，在进行"双碳"人才培养试点方面，我国主要将重点放在高校、部分金融机构以及第三方机构等。随着"双碳"目标对各行业影响的逐渐深入，人才缺口随之出现。

为了培养"双碳"人才、助推我国各大行业的"双碳"进程，工信部教育与考试中心推出"双碳"职业能力人才培养项目。该项目由工信部教育与考试中心组织考试、颁发证书，现设碳资产管理应用、碳排放管理技术、碳交易管理咨询、碳监测管理技术4个专业。在企业运营过程中，全程进行碳资产综合管理，如碳资产评估、碳资产开发、碳资产计量以及碳资产审计等工作，确保碳资产增值保值管理的专业技术人员被称为碳资产管理应用人才。碳排放管理技术人才是指从事企事业单位的二氧化碳等温室气体排放监测、统计核算、核查、交易、咨询等工作的专业技术人员。碳交易管理咨询人才是指按照《碳排放权交易管理办法（试行）》等文件规定，以及碳排放权交易机构的相关规则，制定企事业单位碳排放交易方案，进行企事业单位碳排放权的购买、出售、抵押等各项操作的专业技术人员。碳监测管理技术人才是指系统了解碳排放相关理论知识，能制定碳排放监测计划、建

立监测体系、开展监测活动、编制和报送监测报告，配合碳排放统计核算、核查等工作，为制定科学的碳排放管理策略提供依据的专业技术人员。

二 "双碳"人才培养的需求情况

根据中国石油和化学工业联合会数据，"十四五"时期我国"双碳"人才缺口为 55 万~100 万人。"双碳"工作专业性强，对"双碳"人才的专业能力提出了较高要求，要实现转型、创新发展，亟须直面人才储备等方面的挑战。

未来，大部分企业都会参与碳排放管理、碳交易、碳金融实务，企业需要大量的人才进行碳排放量的监测、碳资产金融属性的开发，市场主体碳资产的抵押贷款等也需要"双碳"人才评估和操作。但目前我国金融机构和相关企业缺少深度了解国际碳交易等相关政策法规的专业人才，不利于我国在全球碳交易市场上获得定价权，"双碳"人才的规模和质量还不能有力支撑"双碳"目标的实现，相关战略规划制定人才、产业领军人才、科技创新人才、国际谈判人才、碳排放测算人才、跨行业复合型人才等缺口较大。"双碳"人才产教融合和产才融合度较低、职业发展路径不够清晰、跨部门协同培养工作力度不足等问题也较为突出。建设符合国家"双碳"目标需求的人才队伍任重道远。

"双碳"工作需要的人才主要有两类，分别是技术型人才和政策管理人才。技术型人才以技术研发者为主体，主要研发节能减排、能源替代等核心技术。政策管理人才即实现"双碳"目标顶层机制设计、发展路径规划进一步落地所需的大量市场、法律、金融、咨询等相关人才。

三 河北省"双碳"人才培养困境及问题

当前，河北省对"双碳"人才的培养仍然处于起步阶段，需要根据实际情况有针对性地建立科学的"双碳"人才培养模式。现阶段，我国面临绿色低碳转型与经济社会发展的双重压力，而国际上部分发达国家已经实现碳达峰，并通过不断实践，积累了丰富的"双碳"人才培养经验，具有一定参考作用。除此之外，虽然我国在《中华人民共和国职业分类大典（2022年版）》中设计了一系列的"双碳"人才职位，如碳汇计量评估师、碳排放管理员等，但没有完善的评价标准及规范，无法对"双碳"人才的专业能力进行客观评价，从而出现了轻业绩重资历、轻质量重数量、轻能力重学历等一系列不科学的评价问题，缺乏对"双碳"人才的正向激励，在一定程度上影响行业发展。

（一）"双碳"人才培养面临的困境

一方面，"双碳"行业本身处于自我摸索的过程中，"双碳"目标的实现路径有待探索。对于到底需要什么样的人才、朝着什么方向去匹配等问题，目前供需双方都没有明确答案。另一方面，供需双方存在错配问题。虽然供需双方的具体要求逐步明确，但将信息有效地传递和对接还存在一些问题。比如，高校作为重要的人才培养单位，与企业的沟通渠道还不够畅通，且缺乏信息共享机制，如何将企业对"双碳"人才的具体需求纳入培养方案是高校目前面临的问题。

（二）"双碳"人才培养存在的问题

1."双碳"人才培养政策有待完善

首先，没有进行科学的人才培养体系设计。现阶段，河北省在培养"双碳"人才的过程中没有设立明确的培养目标，对于人才培养的阶段也没有详细规划；此外，市场与学校教育之间没有进行精准对接，对于人才培养没有形成合力。其次，"双碳"人才培养没有得到重视。河北省没有对"双碳"人才培养进行深入调研，其开展过程多依赖国家的原则性指导意见，实施方案不符合地区实际情况，导致"双碳"人才培养力度不够、政策性不强等问题，难以取得显著效果。最后，缺少科学合理的评估与监督系统，无法实现对"双碳"人才政策的有效落实和评价。

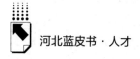
2. "双碳"人才培养与市场需求不匹配

首先，"双碳"人才培养是一个复杂的过程，常规的通识教育显然难以满足。对于通识教育，河北省的重视程度明显低于其他先进地区，在课程的深度以及广度上都存在不足。其次，市场需求是"双碳"人才专业教育的重要导向，但在实践过程中，专业教育在课程设置上存在一定的缺陷，如课程缺乏针对性、课程内容偏理论化、没有基于市场环境进行及时更新等，导致专业就业需求与产业发展的匹配度不足。最后，在课程上存在滞后，"双碳"与人文科学、自然科学以及社会科学之间都存在密切联系，但现阶段"双碳"领域与其他学科之间的交叉发展较为落后，各学科没有有效地关联，在一定程度上制约了"双碳"人才的发展与创新。

3. "双碳"人才缺少关键职业教育培养

河北省"双碳"人才在培养过程中存在职业成长基础薄弱的显著问题，"双碳"人才培养的主体为政府、企业以及社会组织，但各主体的参与度都相对欠缺。首先，企业内部缺少对于"双碳"人才的科学培养机制，对于"双碳"人才的引进主要依赖国外专家人才储备的扩大以及对高校毕业生的吸纳，科学培养机制的欠缺可能导致企业错失"双碳"转型契机。其次，现阶段，河北省可以为"双碳"人才提供的管理培训渠道较为单一，没有形成多元化的职业教育形式，市场上对于"双碳"技术方面的培训缺少竞争力。最后，没有实现产学研的深度融合，继续教育是人才培养的重要途径，当前社会组织机构与企业、社会、研究院所之间缺乏紧密、深层次的合作，使不同领域的人才无法融入低碳领域，不利于低碳领域的转型与发展。同时，课程内容与实际职业需求以及生产实践脱节，教育目标的实现遇到困难，进而造成了企业与学校之间"双碳"人才流动困难。

4. 资金投入不充分制约"双碳"人才的培养

首先，低碳类的新兴复合性学科获得的教育资金投入相对较少。高校需要大量资金保障"双碳"人才培养过程中的师资队伍建设以及科研项目启动。如果没有大量的资金保障各项活动开展，高校的"双碳"人才培养计划将大打折扣。其次，河北省的"双碳"市场存在产品不丰富、调整机制不成熟的问题，市场活跃度较低，缺少对资本的吸引力。

5.学生对于"双碳"知识的学习主动性不高

现阶段，对于"双碳"目标的实现，河北省正处于探索阶段，高校开设的"双碳"专业不多，能真正开展"双碳"专业教育的教师人才也较少，从不同角度来看，"双碳"专业看似很"热"，实则遇"冷"。一些选择"双碳"专业的学生对于"双碳"的理解较浅，没有了解清楚这一专业所学的知识，在学习目标上没有明确的方向，学习积极性与主动性明显不足。

6.课程设置不合理

"双碳"是近年来逐渐兴起的新专业，但由于缺少可以充分借鉴与引用的经验，河北省高校在进行"双碳"课程设计时存在不同程度的缺陷。事实上，"双碳"涉及的领域较广，需要跨越多学科的边界，为了让学生更有条理地进行知识学习，需要进行课程设计，在逐步掌握理论知识的前提下，逐渐过渡，获得实践能力。但目前河北省许多高校在课程教学活动中偏重基础概念等内容，缺乏与实践的有效融合，学生学习的知识浮于抽象的理论层次，学习兴趣难以被调动，不利于后续的实践。

7.高层次"双碳"科技人才的培养水平尚待提升

技术创新是推动"双碳"发展的核心，而高水平的科技人才是技术创新的重要保障。当前，在"双碳"人才的培养层次上，河北省还存在诸多问题，除了缺少高水平的"双碳"创新型人才，还存在人才断层、创新型人才老龄化等问题，这些问题的存在明显影响"双碳"人才的培养水平。

四　国内外"双碳"人才培养的经验做法

（一）国际方面

1.完善政策引导是构建"双碳"人才市场的有力支撑

在发达经济体中，"双碳"人才教育获得了高质量的发展，随着顶层设计的不断完善，"双碳"人才的教育质量得到了提升。欧盟近年来新增与调整了 280 万个低碳岗位，明确了未来以低碳经济为主的发展方向。低碳经济在英国已经成为国家能源战略的主要目标，低碳行业也是英国相关专业毕业生的主要就业方向。近年来，"绿色"与"生活"都是日本的重点发展领域，与此同时，日本的教育部门提出了低碳等新兴行业要借助大数据以及物联网等进行人才教育与培训。为了支持能源研究计划，德国联邦教育与研究部基于几个方向采取了多种举措，包括低碳人才培养、低碳教育、低碳研究等。与此同时，德国建立了统一的"双碳"资格认证机制，规范了"双碳"行业的执业标准。除此之外，还有一些国家建立了第三方评估体系，出台了碳中和国家资格认证与国家职业教育评估体系，包括南非、印度、澳大利亚等。部分国家通过多种举措稳定了"双碳"人才的就业，提升了行业竞争力，通过实施绿色计划为未来实现碳中和铺平了道路。

2. 以能力培养为目标的教育体系是培养"双碳"人才的基础

通过对发达经济体教育体系的研究可以发现，课程设置的灵活性、多学科交叉融合的优势以及基于能力培养的教育目标，都有助于发挥人才潜能，培育一批满足市场需求的高水平人才。具体来说，首先，发达经济体认识到低碳与工程、环境以及能源等领域的技术变革息息相关，因此将 STEM 学科[①]作为基础应用，加强通识教育，进行了复合型"双碳"人才储备。在日本、美国、英国的交叉学科教育、通识教育、综合教育中，STEM 学科是重要组成部分。此外，一些国家更加注重"双碳"教育的广度与深度，重视复合型"双碳"人才的培养，这些人才具备多领域多学科知识与能力。其次，一些国家基于碳中和政策适时调整与增设了碳中和相关专业与课程，2011 年，世界上第一个碳金融专业在英国爱丁堡大学设立，碳金融专业的理论课程以及实践活动都基于英国的低碳转型政策进行设计，包括碳交易实质、碳基准线测定等，培养的"双碳"人才具备理论与实践的双重能力。最后，基于"双碳"知识的综合性，一些国家为了提升"双碳"人才的创

---

① STEM 学科包括科学（Science）、技术（Technology）、工程（Engineering）、数学（Mathematics）。

新能力进行了交叉学科的建设与优化。碳中和的发展与经济学、能源系统等领域都具有关联，英国、美国等发达经济体通过加强多学科交叉融合来培养具有创新性的"双碳"领军人才。

3. 健全职业培训工作机制是"双碳"人才高质量发展的助推器

现阶段，以企业为主体、政府为主导、各种社会组织与机构参与其中的发达经济体绿色职业培训体系已经逐步建立与完善。首先，根据对接市场的实际情况，推动传统人才朝"双碳"方向转型。例如，一些"赤道银行"采用聘请节能减排、环境保护专业人员及组织培训与考核的方式提升"双碳"人才的实践能力。其次，在碳中和职业培训过程中，市场化课程的应用使培训选择更加多样化。美国区块链分析平台提供商 Lore. US 的多层次碳交易课程、新加坡金融管理局的绿色金融技能培训等，为金融从业人员以及企业高管提供了更多元的培训渠道。最后，加强"双碳"人才的产学研融合，实现"双碳"人才的自由流转。这些人才可以通过企业学习与学校学习获得相关知识，除此之外，这些人才也得到了政府低碳部门的重视与吸纳，对于人才流动以及碳中和政策的实施都具有积极的意义。

4. 市场发展、资本流动是培养"双碳"人才的重要保障

现阶段，碳市场快速发展，正向形成的"飞轮效应"在一定程度上为"双碳"人才提供了丰富岗位。2007～2017 年，伦敦的碳金融与低碳领域从业人员增长率分别为 131%、74%，英国基础设施银行获得了超过400 亿英镑的私人融资用于碳中和业务，世界银行的伞形碳基金以及欧盟的创新基金都为碳减排项目提供了充分的支持。另外，一些国家为"双碳"人才的培养提供了大量的资金，以色列为企业以及科研机构提供财政支持，日本的低碳产业职业培训获得了资金补贴，英国为支持 STEM 学科建设提供了 3.5 亿英镑的财政支持，并提供 100 万英镑用于低碳企业职工培训。

（二）国内方面

当前，我国"双碳"人才培养吸引多方积极参与，并逐步搭建了相

关的政策框架。2021年9月出台的《关于完整准确全面贯彻新发展理念做好碳达峰碳中和工作的意见》对"双碳"人才体系进行了明确要求。教育部在2022年4月印发的《加强碳达峰碳中和高等教育人才培养体系建设工作方案》中对高等教育绿色低碳教育体系提出了明确要求。自2021年以来，我国的许多高校，如北京大学、清华大学以及同济大学等都设立了碳中和研究院。2021年4月，由同济大学牵头的《促进碳达峰碳中和高校行动倡议》发布，该倡议提出，各高校要抓住关键技术，加强交流与开放，组建学科团队，聚力于优秀的"双碳"人才培养。同年10月，"碳中和世界大学联盟"成立，该联盟由东南大学和英国伯明翰大学发起，推动一批知名高校就碳中和高水平人才培养达成了共识。除此之外，社会企业的碳中和培训也正在不断优化，如商道纵横自2021年起与上海环境能源交易所合作举办碳中和专家能力培训班，致力于推动"双碳"人才培养。

五　河北省"双碳"人才培养的路径选择

为了更好地实现"双碳"目标，在人才的培养方面，要基于"双碳"目标的覆盖面以及内容的复杂性，进行创新性、专业性等方面的能力培养。在未来的发展道路上，要结合河北省的"双碳"目标以及地区的实际经济情况、经济发展规划，切实制定可以落地的"双碳"人才培养模式与计划。在具体实践中，可以从以下几个方面着手。

（一）发挥"双碳"政策的导向作用

在"双碳"人才培养过程中，要发挥"双碳"政策的导向作用，从政策层面指导并监督高校的人才培养工作，促使高校的"双碳"人才培养更有针对性、更具科学性。除此之外，政府还应为高校的"双碳"人才培养制定相应的激励制度，从而引导高校更好地优化人才培养目标，培养更多高质量的"双碳"人才。

（二）推动"政产学研用"协同创新

在"政产学研用"合作中，政府要致力于为企业以及高校提供服务、优化协同创新环境、建立创新服务平台、完善低碳技术评估与交易体系，不断推动研究平台的搭建，集聚"双碳"人才。为了提高河北省"双碳"产业与"双碳"人才的契合度，高校要发挥阵地作用，基于产业需求，加强"双碳"教育与产业链的融合，与企业联合制定"双碳"人才培养方案，持续进行技术集成攻关，通过多种途径转化"双碳"研究成果，建立"双碳"人才队伍，发挥"双碳"人才培养的实践作用。除此之外，政府要制定相关政策，推动构建高校与企业之间的人才互助交流平台，加强对国外先进碳中和技术与理论的学习与应用，强化与国外碳企业的技术与人才交流，提供资源支持，推动校办低碳企业进行技术开发，提升产业化应用能力。

（三）更新教学内容、变革教学形式

高校在低碳创新教育背景下要做到与时俱进，对"双碳"在各领域的应用与交叉关系进行发掘与巧妙融合，组织导师进行指导，加强低碳知识与各领域各学科的融合。除此之外，在传授低碳知识的过程中，不应拘泥于某一固定知识点，而应鼓励学生进行创新研究，对知识结构进行思考与优化，不断寻找新的思路。作为一门应用型专业，低碳专业的教学活动应当丰富多样，除了常规的理论知识教学，要加强实践应用，关注学生将理论知识进行实践应用的能力培养，并且巧妙地将绿色理念、新能源以及碳中和等融入课堂活动。运用校企合作场景开展教学，帮助学生更熟练地掌握理论知识与专业技能。

（四）加大对"双碳"人才培养的资金投入力度

"双碳"人才的培养需要大量的资金支持。基于此，政府要通过财政补贴等方式对高校进行资金投入。这些资金一方面用于师资力量的建设，如引进具有低碳专业背景的优秀教育者、组建高水平的低碳研究教师团

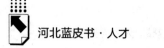

队；另一方面用于设立"双碳"专项基金，作为"双碳"这一新兴领域的研究经费补贴。

（五）强化高校"双碳"学科的提质建设

高校在"双碳"学科的提质建设过程中，要基于产业需求，加大"双碳"师资队伍建设力度，打造高水平的教学团队，加强与各交叉学科的融合建设。河北省高校应加强"双碳"人才培养实践，开设"双碳"通识课程，创建一批技术创新中心，落实实践基地建设，打造"双碳"国家重点实验室，建设"双碳"学院，打造"主修+辅修"复合培养模式，整合一系列与"双碳"相关的专业实体，促进资源集聚，创新人才培养管理形式。一些有条件的高校可以尝试建设示范性能源学校，发挥配套改革以及技能培训作用。

（六）合理构建课程体系

高校应当明确"双碳"人才的培养目标以及意义、所涉及的内容与方向、各个领域之间的紧密度以及主次关系，对于现阶段已经开设的"双碳"课程，要明确其与其他交叉学科的联系。在此基础上，还应基于"双碳"课程知识体系优化思政课程，除了关注学生专业技能培养，还要引导学生树立正确的价值观，实现技能与价值观的统一，全方位地培养"双碳"人才。

（七）完善"双碳"人才培养的顶层设计

实现"双碳"目标的过程牵涉许多领域的主体利益，除了运用常规手段进行利益冲突的协调，还需要进行柔性的财政政策激励。要基于当前高校"双碳"人才培养遇到的瓶颈，多角度、多方位进行完善，推动人才培养约束机制的建立。各部门应协调推进机制建设，加强省级层面的统筹谋划以及人才培养政策的完善，通过开展人才培养项目、加强重点科研基地建设等，为"双碳"人才培养提供精准支持。此外，还可以通过人才计划的制定与实施、人才政策的落实等多种途径加大"双碳"人才培养力度,打造高层次、高水平的"双碳"人才队伍。

(八)明确"双碳"人才培养的科学路径

"双碳"目标的实现涉及经济产业转型、国土空间开发以及资源能源利用等方面,基于"双碳"目标,河北省要因地制宜、因材施教,尊重"双碳"人才培养规律,遵循科学发展规律。"双碳"人才的成长是一个循序渐进的过程,要基于国内外"双碳"人才培养理论和实践案例,利用实地调研、深度访谈、多维对标、模型分析等综合性方法,识别我国"双碳"人才培养中的难点痛点,探索符合国情、省情的"双碳"人才培养科学路径,推动"双碳"人才数量和质量快速提升。

(九)推动"双碳"人才培养资源的集成共享

"双碳"人才培养应立足全球科技前沿和国情、省情,基于中国及河北省实际情况,形成兼具国际性特征与中国特色的培养路径。应通过加强国内外、省内外科研院校及政府、企业、协会的多方合作交流,促进科教融合、产教融合、学科交叉融合,从师资力量建设、硬件设施投入等多个角度推动"双碳"人才培养资源的集成共享,推动实现我国及河北省"双碳"目标。

(十)深化"双碳"人才培养的国际合作

首先,推动国际办学合作,基于专业人才培养需求与"双碳"人才培养目标,推动河北省高校加强与国际高校的合作,试点开展"双碳""3+2"本硕一体化国际联合办学。其次,加强国际项目合作,在绿色技术以及装备、服务等方面,推动河北省与国际友好城市进行交流协作,发挥河北省在"双碳"人才培养上的基础研究优势,合理运用多学科交叉整合的特征,引进优秀海外人才参与河北省"双碳"学科建设和科学研究,鼓励在"双碳"领域具有相对领先优势的河北省高校与国际高校开展"双碳"技术交流沟

通，就碳中和领域科技创新等内容与国外一流高校进行技术交流合作。最后，深化国际平台合作。通过合理引进国际科研机构、碳企业以及高校的相关资源，搭建碳中和国际科技合作创新平台，合作开展"双碳"国际人才培养培训。

参考文献

刘习平、庄金苑：《对接国家重大战略需求的"碳达峰、碳中和"人才培养路径研究》，《湖北经济学院学报》（人文社会科学版）2023年第6期。

张玄：《努力打造"双碳"专业人才队伍》，《中国人才》2023年第1期。

马海韵、陈红喜：《优化提升"双碳"人才培养模式》，《群众》2022年第18期。

张怡等：《双碳人才培养的国际经验及启示》，《银行家》2022年第3期。

B.15
数字经济背景下河北省人才集聚的
对策研究

王彦君　于嘉慧[*]

摘　要： 近年来，数字经济发展速度之快、辐射范围之广、影响程度之深前所未有，数字经济正成为重塑经济结构的关键力量。在数字经济不断发展的背景下，加强人才集聚需要强化产业人才队伍建设，通过推动产业链与创新链的深度融合，促进人才资源的有效利用和开发，进而推动河北省经济高质量发展。通过调查研究，本文总结了河北省在区位资源、数字经济产业发展、数字经济发展环境方面的优势，指出了本土人口增长活力不足、人才引进难且流失严重、人才投入力度有待加大、数字化人才质量有待提高等方面存在的问题，从加强人才顶层设计和规划引领、探索多样化的人才投入模式、加强人才平台载体建设、完善人才扶持政策、提升数字化人才培养质量等方面提出了相关对策，致力于构建具有竞争力的人才集聚策略。

关键词： 数字经济　人才集聚　河北

数字经济的两大重要内容即数字产业化和产业数字化，前者涉及互联网中心建设与服务等数字产业链和产业集群的不断发展壮大；后者涉及数字化的技术、商品与服务多方向、多层面与多链条加速渗透传统产业。发

---

* 王彦君，河北省社会科学院人力资源与劳动经济研究所助理研究员，主要研究方向为人力资源管理；于嘉慧，河北农业大学人文社会科学学院本科在读，主要研究方向为汉语言文学。

展数字经济的最主要目的之一就是实现产业智能化。数字经济与各行各业的融合渗透发展将带动新型经济范式加速构建，改变实体经济结构，提升生产效率，可以说数字经济是推动区域经济发展的加速器。数字经济具有较高的创新性、覆盖性和渗透性，是新的经济增长点，所以发展数字经济是河北省把握新一代科技革命和产业变革新机遇的战略选择。首届中国国际数字经济博览会的成功举办，以及《河北省数字经济发展规划（2020—2025 年）》和《加快建设数字河北行动方案（2023—2027 年）》的印发，更是彰显了河北省发展数字经济的超前意识和坚定决心。在数字经济变革浪潮中，人才是第一资源，数字经济的创新驱动实质是人才驱动。近年来，河北省出台政策加强工业互联网人才队伍建设、实施科技卓越人才国际交流计划、大力引进科技领军人才、加大人才引进力度。此外，河北省支持高校和企业共建实验室、实践教学基地、实训基地、应用技术协同创新中心，根据企业需求培养专业性、针对性、实用性的技术人才。随着数字产业化和产业数字化的协同推进，数字化人才已经成为劳动力市场的核心竞争资源，最大限度地集聚数字化人才是保证未来经济高质量发展的动力。随着数字经济的不断发展，河北省各个行业对人才的要求越来越高，对技能人才、高质量人才的需求持续增长。据统计，河北省 2022 年数字经济规模达 1.51 万亿元，占 GDP 的比重达到 35.6%，同比增长 8.5%[1]。未来数字经济规模占 GDP 的比重将持续提升，数字经济的主导地位将进一步凸显，会存在较大人才缺口，各层次人才短缺已经成为河北省数字经济发展的重要瓶颈。

一　数字经济背景下人才集聚的核心意义

数字经济的发展对人才队伍建设有强烈的促进效应。数字经济推动了传统行业商业逻辑的改变，催生了大量新兴就业，拥有特定技能的高素质人才

---

[1]　资料来源：河北省工业和信息化厅。

的关键核心作用将被进一步放大。人才集聚有助于区域不断储备自身战略发展所需要的人才，通过提升人才的数字技能、增强人才的创新意识，河北省可以构建一个高素质的数字化人才队伍，进一步完善人才梯队，缓解人才规模和人才质量与产业发展需求不匹配的矛盾。

（一）强化人才队伍建设

数字经济的蓬勃发展为河北省提供了难得的机遇，而人才集聚则成为把握这一机遇的关键路径。在数字经济时代，各行各业对专业化、数字化技能的需求不断攀升，人才集聚促使河北省有望在数字经济浪潮中抢占先机。

首先，人才集聚有利于推动河北省数字技术领域高端人才队伍建设。数据科学家、人工智能工程师、网络安全专家等专业人才在数字经济中扮演着重要角色，通过引导这类人才集聚，带动区域内外知识传播和经验分享，可以更加有效地吸引和留住相关领域各层次数字化人才，为各行业的数字化转型提供坚实支撑。通过建立与高校、科研机构的紧密合作，河北省可以搭建数字化人才培养长效机制，确保人才储备不断跟上行业的技术发展步伐。其次，数字经济的发展不仅依赖技术，更依赖创新。人才集聚有利于河北省培养具有创新思维和问题解决能力的高素质人才，通过已经建立的创新研究中心、孵化器等平台，汇聚多层次人才，促进各领域的跨界合作，形成创新文化，推动从产品和服务到商业模式的全方位创新。

综合来看，数字经济背景下，河北省通过人才集聚进行人才队伍建设，不仅有助于应对技术变革带来的挑战，更能在竞争激烈的数字经济中赢得先机。通过重视数字技能的提升和创新意识的增强，河北省将构建一个高素质的数字化人才队伍，为产业发展提供强有力的支持，推动数字经济的可持续繁荣。

（二）促进产业发展

除了信息和通信技术行业，制造业、金融业和消费品行业是数字化人才从业人数最多的三大行业①。习近平总书记强调，加快打造具有国际竞争力的战略性新兴产业集群，推动数字经济与先进制造业、现代服务业深度融合②。随着新一轮科技革命和产业变革的深入推进，大数据、互联网、云计算、人工智能等数字技术正在与实体经济进行更加紧密且高效的融合，这意味着技术不再是孤立的存在，而是逐渐渗透各类产业，重新定义了商业和生产方式，实现了资源的最优配置，为产业高质量发展奠定坚实基础。

数字经济的推动力在于其不断集聚、融合各类产业所需的不同类型的专业人才。这些人才不仅具备产业内的核心知识，还能将数字技术运用到实际生产和服务中。尤其是在处于"无人区"或者"卡脖子"阶段的数字产业领域，通常情况下一个高层次人才"带来一个项目、形成一个团队、打造一个场景、催生一个细分产业"。此外，知识的交叉融合催生了新的思想和创新，促使各行各业实现技术创新和应用突破。举例来说，制造业中的智能工厂利用大数据分析和物联网技术提高了生产效率，医疗行业利用人工智能改进了诊断和治疗方式，金融业则借助区块链技术实现了更高的安全性和效率。

人才集聚为产业数字化提供技术支撑。通过数字技术，企业能够在数字化转型中找到"新赛道"，更好地了解市场需求，优化供应链，改进产品设计和生产流程，更加灵活地应对市场变化，并更快速地推出新产品和服务。同时，数字经济提供了更多商业模式创新机会，如共享经济、订阅模式和在线市场。这些新兴模式促进了人才创业和初创企业的发展，推动了产业的竞争和进步。

（三）加强人才资源的开发利用

数字经济的发展为各行业带来了深刻的影响和转变，有利于加大人才资

---

① 《中国经济的数字化转型：人才与就业》，清华大学经济管理学院互联网发展与治理研究中心、LinkedIn（领英），2017。

② 《【理响中国】以网络强国建设服务构建新发展格局》，光明网，2023年9月14日，https://politics.gmw.cn/2023-09/14/content_36833594.htm。

源开发和利用的力度。在传统产业数字化方面，数字经济与传统产业的融合不仅限于技术层面，还包括管理、营销、服务等多个方面。例如，制造业通过引入智能制造和物联网技术，提高生产效率和产品质量；零售业通过线上平台和大数据分析，实现更精准的市场定位和客户服务。在新业态方面，新兴的数字产业如云计算、大数据、人工智能等，不仅自成体系，还在金融、教育、医疗等多个行业中发挥越来越重要的作用。这些新业态催生了许多新的职业和工作模式，如数据分析师、云服务工程师等。以上两方面都要求从业者具备更高的技能和更强的学习能力。除了专业技术知识，数字经济的发展对人才的数据分析、跨领域整合、创新思维等能力的需求也日益增长，激励各行业人才不断进行自我提升，持续开发自我潜力。此外，数字技术的应用使企业能够更精准地分析人才的能力和需求，从而进行更有效的人才配置和管理。通过大数据分析、人工智能辅助的人才评估和培训系统，企业能够最大限度地发挥人才的潜力。

综合而言，数字经济的崛起为各行业提供了发展新动能，数字经济通过不断创新和提高生产效率，促使各行业更加重视人才的培养和激励，从而更有效地促进人力资源开发和利用，推动经济的可持续发展。

二　数字经济背景下河北省人才集聚的优势分析

（一）区位资源优势

习近平总书记在党的二十大报告中强调深入实施区域协调发展战略，推进京津冀协同发展①。京津冀地区作为科技资源富集区域，蕴含着强大的创新势能。河北省面临充分发挥其独有的内环京津、外环渤海的"两环"优势，加快自身发展的难得的历史机遇。要紧跟数字化、信息化发展新趋势，

---

① 《习近平：高举中国特色社会主义伟大旗帜　为全面建设社会主义现代化国家而团结奋斗——在中国共产党第二十次全国代表大会上的报告》，中国政府网，2022年10月25日，https://www.gov.cn/xinwen/2022-10/25/content_5721685.htm。

不断完善京津冀在要素、产业、平台等方面的协同创新机制，加强在生产力布局、产业分工和基础设施衔接共享等方面的协调合作，让"两环"潜力得到充分释放。

河北省东临渤海、内环京津，西为太行山地，北为燕山山地，坐拥雄安新区。其地理区位关键，同时是华北地区重要的经济支柱。雄安新区建设火热，旨在承接北京非首都功能疏解。河北省拥有丰富的煤炭、铁矿、钼矿等矿产资源，农业、重工业是传统优势产业。从经济总量来看，2022年河北省GDP为4.24万亿元，比上年增长3.8%，排全国第12位。从人均GDP来看，2022年河北省人均GDP为5.70万元，不及全国8.57万元的平均水平，在全国处于中下游，但河北省仍在华北地区起到经济支柱作用[1]。

（二）数字经济产业发展优势

河北省委、省政府对数字经济的发展给予高度重视，采取了一系列措施推动数字产业化和产业数字化，促进数字经济和实体经济紧密结合。一是河北省数字产业化水平稳步提高，大数据产业集聚效应凸显。河北省近年来聚焦钢铁、装备、石化、建材等传统产业，培育省级工业互联网创新发展重点项目1370个、国家级智能制造试点示范项目12个，评定省级"两化融合"示范企业94个，争创国家级"两化融合"示范企业10个。2022年，河北省15个项目入选国家新一代信息技术与制造业融合发展试点示范，数量居全国第2位[2]。河北省以张家口、廊坊为主打造了大数据产业创新发展高地，培育了一批行业领军企业。截至2023年，全省已投运大型数据中心项目57个，张北云计算产业基地和怀来大数据产业基地被评为国家新型工业化产业示范基地。阿里巴巴、软通动力、智云信息等软件开发、外包和信息

---

[1] 《河北省2022年国民经济和社会发展统计公报》；《河北经济分析报告》，新浪网，2023年6月23日，https：//finance. sina. cn/zl/2023－06－25/zl－imyynmas5093667. d. html？from＝wap。

[2] 资料来源：河北省工业和信息化厅。

服务企业先后运营，依托大数据产业基础和环境，大数据应用企业正在加速发展，对人才的需求量较大。二是企业数字化转型加速。一方面，河北省积极构建以"1+21"为架构的工业互联网平台体系，致力于打造全省工业互联网公共服务平台；另一方面，河北省支持各行业领军企业搭建企业级平台，并努力培养一系列具有行业特色和区域特色的工业互联网平台。截至2023年，河北省拥有各级各类工业互联网平台329个[①]，同时注重推动企业业务向云端延伸，云上企业超8万家，全省企业工业设备上云率达到19.7%，居全国首位[②]。

（三）数字经济发展环境优势

一是出台一系列政策文件。河北省陆续出台了《关于支持数字经济加快发展的若干政策》《河北省数字经济促进条例》《河北省数字经济发展规划（2020—2025年）》《河北省5G应用"领航"行动计划（2022—2024年）》《加快建设数字河北行动方案（2023—2027年）》《关于着力推进新型工业化和信息化融合的实施方案》《河北省"十万企业上云"行动计划（2022—2025年）》等政策文件。二是推出多种人才引进工程。河北省瞄准"高精尖缺"领域，实施省级创新人才推进计划等重大引智计划，近年来建设院士工作站48个、院士合作重点单位77个、外国院士工作站37个。河北省还在28个国家和地区建设境外引智工作站77个，累计引进海内外高层次人才6.2万余人次。三是优化数字政府服务。《河北省人民政府关于加强数字政府建设的实施意见》提出，到2025年，政府履行职责的各个业务领域将主要依靠数字化和智能化手段，云计算、网络、数据处理能力以及共性应用的支持功能将显著提升。同时，河北省将初步建立一套集成的政务大数据系统。

---

① 《河北数字经济蓬勃发展》，《人民日报》2023年9月20日。
② 《在数字浪潮中奋楫争先——河北数字经济建设赋能高质量发展》，《人民日报》2023年7月13日。

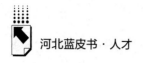

三 数字经济背景下河北省人才集聚的缺陷

（一）本土人口增长活力不足

河北省人均产出与全国平均水平差距持续扩大，人口吸引力较弱，2013~2022年，迁入人口增速持续为负。河北省是人口大省，常住人口数位居全国前列，但人均产出较低。按常住人口计算，2022年河北省人均GDP为5.70万元，比全国水平低2.87万元。通过计算第六次和第七次全国人口普查的常住人口差额，剔除这期间河北省常住人口的自然增长，分析河北省常住人口的净流入（出）情况可知，2010~2020年河北省常住人口净流出128.21万人。河北省人口自然增长率在2017年前的大部分年份维持在6‰以上，自2018年开始快速下降，在2021年首次出现负增长。在此背景下，《河北省"十四五"人口发展规划》提到，在京津冀协同发展程度加深和雄安新区加快建设下，河北省人口吸引力有望提升，2021~2025年，河北省人口将从净流出阶段逐步过渡到低水平迁入阶段。从人口年龄结构来看，河北省出生率和老龄化程度与全国水平接近。2021年，河北省65岁以上人口比重为14.9%，与全国平均水平（14.2%）相近；而人口出生率略低于全国平均水平，体现了人口增长活力不足。

（二）人才引进难且流失严重

河北省在发展数字经济的过程中，面临区域经济和产业结构基础不均衡所带来的挑战。与东部发达地区相比，河北省在产业基础、技术创新能力、人力资源供应及基础设施建设等多个关键领域均有所欠缺。这种不平衡不仅体现在经济和技术层面，还体现在数字化人才的地区分布上。以薪酬为例，尤其是对中小企业而言，高昂的引才成本和当地实际的薪酬水平之间存在较大差异，这促使数字化人才主要流向经济更加发达的京津地区和东部沿海地区。尤其是高端人才，由于本地缺乏高质量企业，河北省面临高端人才的大量流失，加剧了人才不均衡的状况。在人才建设方面，河北省目前主要依靠地方科技部门牵头,与其他政府部门和企业共同推动人才的招聘、引进、培养和创新项目落地。然而,这一体系在实际操作中遭遇了不少问题。科技部门在理解数字经济的特性和需求方面可能还不够成熟,导致人才政策的实施效果不佳,人才引进过程困难重重。同时,科研平台的建设往往流于形式,创新激励措施也未能达到预期效果。

(三)人才投入力度有待加大

从研究和试验发展(R&D)经费投入角度来看[①],2022 年全国有 12 个省份的 R&D 经费投入超千亿元,全国 R&D 经费平均投入强度为 2.54%,河北省 R&D 经费投入达 848.9 亿元,R&D 经费投入强度为 2.00%。河北省发明专利授权量为 1.2 万件,仅占全国的 0.28%。可见,河北省 R&D 经费投入强度和科技创新能力有待提升。从教育平台来看,据数据统计,北京拥有的"211"和"985"院校数量均位居全国第一,分别为 26 所、8 所,而隶属于或办学地址在河北省的"211"高校仅有 3 所,全省缺少影响力较强的研发机构和知名高校,集聚人才的水平有待提高。有学者提出,文化教育是影响数字化人才集聚的基础因素,区域内文化环境为数字化人才的成长提供了良好的教育基础,是人才成长的"软环境"[②]。在人才培养过程中,高等资源平台的限制容易造成学术型研究生缺乏参与重大科研活动的机会、应用型研究生的真实工程技术实践不够,导致学术型研究生创新能力不足、应用型研究生实践水平难以提高。从平台建设角度来看,河北省与北京的差距较大,除了高校、科研院所和国家重点实验室等平台,北京国际化平台的建设也十分成功。北京致力于建设国际科技创新中心,汇聚 90 多家高校、1000 多家科研院所、128 家国家重点实验室和近 3 万家国家高新技术企业;以北京国际交往研究中心为依托,打造国际化高端智库平台,加强与国际权威智

---

① 资料来源:《中华人民共和国 2022 年国民经济和社会发展统计公报》《河北省 2022 年国民经济和社会发展统计公报》。

② 郭珍、陈莉:《福建省数字人才集聚度及影响因素研究》,《太原城市职业技术学院学报》2023 年第 2 期。

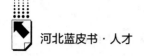

库的交流。高水平平台的成功建设促进了北京人才的集聚，据 2020 年统计数据，北京"高被引科学家"达 253 人，首次超过硅谷。科研经费投入和平台建设质量直接影响河北省人才的创新与培养，进而影响河北省人才资源竞争和人才集聚。

（四）数字化人才质量有待提高

河北省在数字化人才的培养上面临重大挑战，主要源于培养体系的不完善、资源分配的不均衡和现有资源的低效利用。这些问题导致了数字化人才在质量和数量上的双重不足。尤其是在数字化转型的关键阶段，需要具有跨学科能力的复合型人才，如在设计和技术融合方面的设计师人才，但相关人才的培养明显滞后。例如，制造业领域急需能够融合数字技术和传统制造经验的复合型人才，这种关键人才的缺乏导致河北省制造业尚未形成一个有效的数字化人才梯队。高校作为人才培养的核心，正面临一个普遍的问题：现行的人才培养体系难以适应数字经济的快速发展。数字产业的不断更新迭代，使得实践项目受限、知识覆盖面窄，学生的综合应用技能和适应职场的能力显得不足。尽管有许多院校开设了数字化相关专业，但毕业生的规模和质量都未能满足企业的实际需求。企业在数字化人才培养方面通常缺乏长远的战略规划和清晰的培养标准。随着技术发展的加速和人才体系的不断完善，企业现有的人才培养模式难以跟上岗位发展的步伐。此外，河北省面临的一个关键问题是，虽然数字技术在各行各业的应用日益增多，但与此同时，培养能够灵活应用这些技术的人才却成为重要瓶颈。对于高校和职业培训机构来说，更新课程内容、加强与行业的合作、增加实践机会和提升教育方法的现代化水平都是迫切需要解决的问题。

四　数字经济背景下河北省人才集聚策略研究

随着数字经济加速向纵深发展，加速集聚各层次人才成为各地区提升人才竞争力的关键。河北省应深入学习贯彻习近平总书记关于人才的重要指示精神，牢固树立人才是第一资源的理念，加大人才集聚力度，为经济高质量发展注入强大动力。

（一）加强人才顶层设计和规划引领，完善数字经济发展所需人才引进机制

一是规划引进数字经济高端人才并培养专业人才。河北省应顺应数字经济发展趋势，围绕传统产业数字化改造任务和急需紧缺人才，分析当前行业特征，深入开展各行业人才调查研究，充分了解数字人才现状和需求，依据《数字保定建设与发展白皮书》制定全省数字领域人才白皮书，从产业规划、人才功能、行业特点、人才需求、人才特点等角度分析人才集聚的优势和劣势，突出需求导向和应用导向，推动河北省数字经济人才战略规划及相关措施的落地，推动市场与人才供需精准对接，提升河北省人才活力指数。二是按照雄安新区科技和产业发展规划，提前做好数字经济人才培养规划，引进全球顶尖数字化人才。充分发挥首批疏解到雄安新区的北京高校的作用，建设高水平人才培养基地、科创基地、文化传承基地等，与北京高水平研究生院开展合作，引进高层次教师团队，满足初创企业高科技需求，服务河北省科技创新发展。为了增强对人才的吸引力，政府可以加大对科技型企业的扶持力度，制定并不断完善科技型企业来河北省进行投资的政策，通过按比例补助的方式激励企业加大研发投入力度，为企业内专业技术人才提供更加便利的发展环境。政府还可以通过设立奖学金、科研项目等形式，吸引更多的数字化人才在河北省集聚，共同参与数字经济的发展。三是充分发挥人才工作领导小组的作用，做好人才统筹协调和战略规划工作。运用数字技术，精准掌握省内人才供需情况，定期评测人才工作、生活满意度，分析评价人才激励效果，为进一步推动人才集聚做好铺垫。

（二）探索多样化的人才投入模式，提升数字经济发展所需人才集聚能力

一是在政策、财政、基础教育等方面加大高质量人才培养力度，为人

才成长提供更多更好的机会和渠道。要着眼于本土人才培养，推广石家庄市政府与清华大学签署全面合作框架协议的方式，提升省内基础研究、科技创新和人才培养能力，缓解河北省顶尖高校空缺的长期矛盾。倡导建立产学研联合培养机制，在河北省一些重点科研院所选拔领跑人才并作为培养对象，依托顶尖数字理论和引进的专家，以及先进的科研设施和配套的技术转化资源，推动本地人才"内育"工程。相较于引进人才，本土人才更能深刻理解当地企业的需求，因此其服务企业的忠诚度更高，可以最大限度地发挥他们在地方经济建设中的作用和价值。二是建立高级人才寻访机制，确保人才寻访服务的需求得到明确的界定，服务方式遵循规范化的标准，且整个服务流程实现统一化管理。这样既提高了服务的效率和质量，也为企业提供了更加专业和可靠的人才挖掘渠道。在此基础上，建立市场化的激励机制可以更有效地吸引和留住高端技术人才。这种激励机制应该包括但不限于薪酬激励、职业发展机会、创新项目机会等。尤其是对那些专注于特定领域、追求技术创新和特色发展的"专精特新"企业来说，这种机制将大大提高它们吸引顶尖人才的能力。为了有效构建这一机制，河北省相关部门应与专业的人才挖掘机构、行业协会和高等教育机构合作，以获取更丰富的人才资源。三是除了关注领军企业，要重视中小企业数字化人才培养。河北省大多数中小企业属于传统产业，所以省委、省政府应当注重县域特色产业的数字化转型，适当降低转型门槛，调整产业链上下游重要环节，利用数字技术实现产业增效，促进县域中小企业的数字化发展。

（三）加强人才平台载体建设，打造数字经济发展所需人才集聚创新平台

在数字化环境下，河北省既要大力推进硬件设施的建设，又要注重软件服务水平的提升；既要注重与全球的合作交流，又要围绕本地区特色和优势，打造具有竞争力的创新载体。一是借助雄安新区打造高层次平台载体，这不仅涉及对资源和信息的整合，更关乎区域创新能力的提升。应加大雄安新区平台建设力度，以支持有实力的科研机构争创国家级科研平台。科研平

台可以包括但不限于生物科技、人工智能、节能环保、新能源等各类前沿领域，以增强河北省在科研领域的全国甚至全球影响力。依托国家级新区的身份，推动国际化重大科技创新平台建设，放眼全球集聚一批有潜力的青年人才。积极构建与数字信息技术相关的国家重点实验室，进一步挖掘数据价值，推动信息技术与实体经济深度融合。同时，要加强与国内外一流科技企业的合作，引进全球数字领域领军企业，通过合作互鉴实现双赢。二是设立"一站式"在线交流平台，让高层次人才能够在一个平台上获取所需的各类信息和服务。可以通过建设各类数字经济研究机构和实验室，开展国家级学术会议、产业展览、产业高层次论坛等，为数字化人才提供一个交流合作的平台。同时，整合专业服务机构和优质资源，为高层次人才提供高品质的服务和培训，满足其个性化的学习、生活和发展需求。三是以数字企业为主体，支持企业创建工程技术中心、实验室等研发平台，推动产业技术创新。可以通过校企合作创办产业技术研究院，提高产学研合作效率。同时建立专业的产权保护平台，保障科技成果的转化和应用，推动科技企业的快速发展。

（四）完善人才扶持政策，加大人才集聚所需服务保障力度

科研创新环境越是优越，越能集聚优秀人才。一方面，要加大人才专项资金投入力度，构建人才政策体系，覆盖人才的引进、培育、服务、创新等环节。同时，政府和企业要加大科研经费支持力度，提高科研经费的支出比例，特别是在传统企业提高数字化、智能化工具的使用比例，及时对技术人才进行培训，不断更新和丰富技术人才的数字化技能。此外，加大对人才的薪酬激励力度，在政府提供的人才落户、子女教育、医疗保障、住房补贴、创业补助等保障的基础上，鼓励河北省各行业领军企业和优秀中小科技企业采用"年薪+奖金"的形式，满足来冀人才生活、工作、社交、家庭、娱乐等方面的需求。针对兼职人才收入不稳定的情况，推动建立多层次社会保障体系，推进社会保险从制度全覆盖到人员全覆盖。另一方面，营造爱才、重才的友好型城市，优化城市布局，丰富城市服务，打造集人才服务、人才引育和人才创新创造于一体的人才综合服务平台，实现人才户籍、档案、职称等多项事务"一站式"办理。

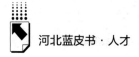

（五）提升数字化人才培养质量，为人才集聚加固底座

河北省要从多方面重视数字化人才培养。一是鼓励区域内高校和职业院校主动参与各行业人才的培养工作，根据市场需求增设相应的数字化专业和课程，不断提升教育质量，不仅重视理论知识的传授，还应重视实践技能的培养，确保学生能够适应快速变化的职业环境。二是强调跨学科和联合培养的重要性，积极招募具有数字技术跨专业知识背景的高端人才加入教育团队，共同参与课程设计、案例研究和科学研究，以构建一支既有深度又有广度的师资队伍，从不同角度解读和传授数字化知识。此外，建议学校聘请数字化领域的成功企业家成为客座教授或实践教授，利用他们的经验填补现有教师团队在企业实践经验方面的空白；将他们丰富的实战经验带入课堂，为学生提供真实的行业信息，帮助学生理解理论知识在实际应用中的作用。三是发挥企业、教育机构、政府、人力资源培训机构和个人等关键角色的综合优势，推动企业与学术机构和科研机构广泛合作，共同建立产学研一体的数字化人才培养基地和实训基地，充分利用企业的基础设施、教育机构的系统化知识和科研机构的前沿研究，发展多元化的育人模式，如"订单式"培养和学徒制等，形成良性循环，为数字产业培养更多人才。四是促进企业重视内外部的数字化发展，对外通过数据分析等手段密切跟踪客户需求的变化，增强市场竞争力；对内积极培养数字化人才，引入创新的思维和工作模式，建立一个推动企业持续变革的内部机制。同时，引入外部专家弥补管理层在数字化理念上的不足，进一步激发企业的转型动力。通过内外部的协作和优势互补，建立高效的数字化人才培养体系，解决人才培育难题和培训速度慢的问题，最终实现企业在成本和效率上的优化。

参考文献

沈涛、郑展、柴美群：《河北省中小企业数字化人才需求调查研究》，《科技和产业》2023 年第 14 期。

年度热点篇 ⟩⟩

B.16
新时代背景下正定"人才九条"
对河北省的现实启迪

赵 萌*

摘 要： 习近平总书记高度重视人才工作，早在正定工作时期就聚焦人才工作，开创性地提出了《树立新时期的用人观点，广招贤才的九条措施》（简称正定"人才九条"）。正定"人才九条"以解决人才问题、助力经济发展为逻辑起点，以坚持党对人才工作的领导为根本原则，以加强政策创新和宣传为主要手段，以不拘一格地选拔人才为实践要义。河北省面临人才环境竞争力优势不明显、产业转型升级背景下高层次人才需求旺盛以及"虹吸效应"制约人才资源集聚等机遇与挑战，深入研究正定"人才九条"具有深刻的启示意义。河北省应借鉴正定"人才九条"经验，加快建设人才强省，以适应经济发展为目标构建人才工作体系、以创新型政策为手段弥补区位优势不足、以政策宣传普及为驱动推进招贤引智、以科

---

* 赵萌，河北省社会科学院人力资源与劳动经济研究所研究实习员，主要研究方向为劳动经济。

学的人才评价标准为保障促进多层次人才发展、以"承接"减弱"虹吸"赋能人才工作。

关键词: 正定"人才九条"　人才工作　河北

一　正定"人才九条"的逻辑体系分析

正定"人才九条"是习近平同志在正定工作期间将实践和理论相结合的产物,是为正定破局开路的创新型政策。结合历史背景深入分析正定"人才九条"的逻辑体系是深刻领悟正定"人才九条"精神内核的有效手段①。

(一)逻辑起点:解决人才问题、助力经济发展

正定"人才九条"产生于特殊的历史时期,党的十二大明确提出从1981 年到 20 世纪末力争使全国工农业总产值翻两番,正定面对艰巨的任务却苦于缺乏科技人才和技术骨干,当时许多企业和单位都已经出现亏损。习近平同志当时充分意识到人才对经济社会发展的重要性,他认为,没有人才,县不能富,民不能强②。习近平同志指出:"对人才问题早认识、早重视、早去抓,我们的经济工作就早主动、早搞活、早见效。"③ 基于此,习近平同志提出正定"人才九条",以广招贤才,充分调动人才的积极性、创造性和能动性④。

① 霍晓丽、刘荣荣、周洁等:《"不拘一格地选拔人才"》,《河北日报》2023 年 6 月 12 日;薛钧君:《习近平关于人才的重要论述研究》,博士学位论文,西南大学,2020。
② 霍晓丽、刘荣荣、周洁等:《"不拘一格地选拔人才"》,《河北日报》2023 年 6 月 12 日。
③ 霍晓丽、刘荣荣、周洁等:《"不拘一格地选拔人才"》,《河北日报》2023 年 6 月 12 日。
④ 胡跃福:《习近平推进人才工作的探索与实践》,《求索》2019 年第 1 期。

（二）根本原则：坚持党对人才工作的领导

为了最大限度地利用好人才资源，广泛吸引各路人才，习近平同志在党领导人才工作这一根本原则的基础上提出了正定"人才九条"，依靠党和政府总揽全局、协调各方的核心作用，以及制定吸引力强的政策和广泛宣传广纳英才。正定"人才九条"体现了强烈的人才意识，县委、县政府带头联系服务专家人才，责任明确，落实各项引才、用才、留才措施，形成企业、政府、学校三方合力汇聚英才之风[1]。

（三）主要手段：加强政策创新和宣传

人才政策能够影响一个地区对人才的吸引力，是人才工作的重要保障。正定"人才九条"涉及正定人才工作的各个方面，包括责任划分、人才引进、人才培养、人才奖励、人才评价等，宽容的政策内容体现了正定县对人才的高度重视，体现了习近平同志对人才工作的战略眼光和系统谋划[2]。在创新政策的基础上，习近平同志利用报纸将正定"人才九条"推广至全国，让各行各业了解正定的人才引进和补贴政策，激发引才用才积极性，发挥人才在企业转型升级中的引领、示范、支撑作用，号召全国各地、各行各业的人才充分发挥自身优势，结合自身实际积极为正定引进更多技术人才，助力正定经济社会高质量转型发展。

（四）实践要义：不拘一格地选拔人才

正定"人才九条"打破了人才评价固有标准的束缚，广泛接收多层次人才，注重人才能力，弱化人才的出身和背景，以创新之举破解人才政策制约。具体表现在以下几点。一是打破人才地域限制。正定"人才九条"明确，为助力正定企业发展的县内外人才提供适当的政策支持，并且为人才流

---

① 李文静：《内蒙古人才环境竞争力研究》，硕士学位论文，内蒙古大学，2020。
② 孙俊华、魏丽：《高等教育发展能否转化为区域经济增长点？——基于2008—2018年中国30省市数据的空间计量分析》，《江苏高教》2022年第11期。

动提供最大限度的政策方便。二是打破人才背景制约。正定"人才九条"产生于特殊的历史时期，企业用人时在一定程度上会考虑人才的出身，正定"人才九条"大胆创新，为由于个人背景难以就业的人才提供谋生之道。[①]

二　新时代背景下河北省人才工作面临的机遇与挑战

正定"人才九条"的提出基于正定的县情，要分析正定"人才九条"对河北省的现实意义，首先需明确河北省人才工作面临的机遇与挑战。人才在中国特色社会主义新时代具有突出意义，是衡量国家综合国力的重要指标。为加快建设经济强省、美丽河北，河北省高度重视人才工作，在人才培养、人才引进、人才留用、人才服务和人才评价等方面均提供了较完备的政策支持，然而由于区位优势不足、产业环境制约等，河北省在新时代背景下的人才工作在全国范围内不具有明显的优势。

（一）人才环境竞争力优势不明显

良好的人才环境是孕育和吸引人才的基础。人才环境包括与人才相关的诸多要素，既包括城市建设水平、科技发展水平、薪资待遇等硬性条件，也包括医疗水平、教育水平、文化生活水平等柔性条件。人才环境竞争力是一个国家或地区必须具备的吸引和促进人才发展的综合实力，这种综合实力会因为各种影响因素而产生变化[②]。本文从教育环境、经济环境和科技环境3个方面评价河北省人才环境竞争力。

1. 教育环境较发达地区差距较大

本文选取教育经费支出、教育经费支出占当地 GDP 比重、高等教育发展水平 3 个主要指标评价地区教育水平，选取普通及职业高等学校数量，普

---

① 本书编写组《让群众过上好日子——习近平正定足迹》，河北人民出版社，2022。作者总结归纳而得。
② 郭书剑：《中国大学学术精英的流动》，博士学位论文，南京师范大学，2020。

通及职业本专科招生数、在校生数、毕业生数以及每十万人口高等教育平均在校生数作为次要指标,用于掌握当地教育发展整体情况,根据河北省上述指标的全国排名和与发达省份数值对比衡量河北省教育环境水平。首先,根据《中国统计年鉴2022》,河北省2020年教育经费支出为2128.28亿元,在全国排名第七,占GDP的比重为5.92%,相比发达省份占比较高(见表1)。其次,《中国统计年鉴2022》数据显示,2021年河北省普通及职业高等学校共有123所,在全国排第8名;每十万人口高等教育平均在校生数为2926人,在全国排第20名;普通及职业本专科招生数为482794人,在全国排第6名;普通及职业本专科在校生数为1704330人,在全国排第6名;普通及职业本专科毕业生数为408859人,在全国排第7名。从全国范围来看,河北省普通及职业本专科学生数量较多,然而每十万人口高等教育平均在校生数与全国平均水平有一定差距,排名处于中下水平。综合分析河北省高等教育资源发现,河北省高等教育存在以下发展困境。一是高等教育资源不足。作为河北省省会,石家庄仅有10所公办本科院校,在高等教育发展上存在明显的劣势,无法满足社会对高素质人才的需求。二是整体水平较低。河北省省内没有"双一流"大学,只有一所高校的一个学科为一流建设学科,但行业影响力相对较低,整体排名较低。顶尖大学的缺失,不仅制约了学术研究水平和教学水平的提升,也影响了相关学科的发展和创新。三是教育资源外溢。河北省唯一的"211"大学位于天津,省内综合排名前三的大学均不在省会城市。综上所述,河北省教育环境水平落后于发达省份,人才环境缺乏竞争力。

表1 2020年部分地区教育经费全国排名及其占地区生产总值的比重情况

地区	教育经费支出(亿元)	教育经费支出全国排名(名)	GDP(亿元)	教育经费支出占GDP的比重(%)
北京	1508.50	14	36013.80	4.19
天津	603.18	27	14008.00	4.31
河北	2128.28	7	35943.30	5.92
上海	1442.76	16	38963.30	3.70

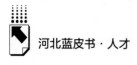
地区	教育经费 支出(亿元)	教育经费支出 全国排名(名)	GDP(亿元)	教育经费支出占 GDP 的比重(%)
江苏	3371.73	2	102807.70	3.28
浙江	2884.61	4	64689.10	4.46
山东	3102.26	3	72798.20	2.26

资料来源:《中国统计年鉴 2022》。

2. 经济环境竞争力不强

经济发展水平是人才选择就业地区的重要考虑因素,根据《中国统计年鉴 2022》数据综合分析河北省 GDP、居民人均可支配收入、城镇非私营单位就业人员平均工资的全国排名,发现 2021 年河北省 GDP 在全国排第 11 名,居民人均可支配收入在全国排第 17 名,城镇非私营单位就业人员平均工资在全国排第 28 名,均低于全国平均水平,和北京、上海、浙江等发达省份相比,河北省经济环境尚不具备明显竞争力,直接导致人才流失问题加剧。相关数据显示,2018 年河北大学本科及以上学历人才流失率达 55.6%,1999 年以来,包括河北师范大学等 9 所大学在内的高校"长江"和"杰青"人才流失率达 100%①。综合河北省历史发展进程、产业结构和生态环境情况分析发现,制约河北省经济发展的主要原因有以下几点。一是重工业带来了较严重的环境污染问题。河北省是中国的重要工业基地之一,工业是河北省的重要经济支柱。然而,工业发展也带来了环境污染问题。这不仅影响了人民的身体健康,也影响了企业的发展。环境污染问题已经成为制约河北省经济发展的重要因素。同时,因华北平原缺水,河北省的水源需要供养两个大城市,用于发展的水资源就更少了。二是经济结构不合理。经济发展过度依赖传统的重工业,如钢铁、煤炭、水泥等,在新时代背景下这些产业的发展已经到了瓶颈期,产能过剩、环境污染等问题非常突出。与此同时,河北省的服务业和高技术产业发展缓慢,这导致了经济结构不合理,难以适应新的经济形势。三是就

---

① 刘冬、王丽锟:《正定"人才九条"时代价值研究》,《活力》2022 年第 22 期。

业机会不足，人口流失严重。由于经济发展缓慢、就业机会不足，很多年轻人选择离开河北省去其他地区谋生。这导致了河北省的人口结构年长化，劳动力不足，企业难以招到合适的人才，制约了河北省经济的发展。四是政策发展水平滞后于发达省份。对比发达省份，河北省的政策发展水平和服务水平较低，企业办事难、办事慢，营商环境和管理水平的落后给企业的发展带来了很大的障碍[①]。河北省部分人才政策较为落后，缺乏吸引人才、资本的政策，也缺乏对新兴产业的支持，这导致河北省的经济发展滞后。五是基础设施建设不完善。河北省的高速公路、铁路、机场等交通设施建设滞后，导致物流成本高、交通不便等问题，这也制约了河北省经济的发展。

3. 科技环境优势不足

科技研发经费的投入有助于提高当地的技术实力，提高企业经济效益，推动科技创新实现可持续发展。首先，科技研发经费是企业创新的关键驱动力。创新是现代企业保持竞争力的核心，而科技研发经费是实现技术创新的必要投入。只有进行持续的研发投资，企业才能不断开发新的产品或优化现有产品的性能，从而在激烈的市场竞争中脱颖而出。其次，科技研发经费的投入有助于提升企业的技术实力。在技术日新月异的今天，企业必须紧跟时代步伐，不断更新技术以适应市场需求。科技研发经费的合理投入可以推动企业技术的升级换代，使企业在行业中保持领先地位。再次，科技研发经费的投入有助于提高企业的经济效益。通过研发创新，企业可以实现更高的生产效率、更低的生产成本和更优的产品质量。这些优势将转化为企业的经济效益，提升企业的市场竞争力。最后，科技研发经费的投入还有助于推动企业的可持续发展。通过不断的技术创新和产品研发，企业可以适应市场的变化和消费者需求的变化，为未来的发展奠定坚实的基础[②]。本文选取 R&D人员全时当量、R&D 经费支出、R&D 项目数、专利申请数、发明专利数和有效发明专利数 6 个指标用于衡量河北省科技发展水平，根据《中国统计

---

① 习近平：《知之深爱之切》，河北人民出版社，2015。
② 王丽锟：《习近平人才观的正定溯源与实践研究》，《中共石家庄市委党校学报》2020 年第12 期。

年鉴2022》数据排名发现，2021年河北省R&D人员全时当量在全国排第
14名，R&D经费支出在全国排第11名，R&D项目数在全国排第12名，专
利申请数在全国排第13名，发明专利数在全国排第12名，有效发明专利数
在全国排第13名。总体来看，河北省科技研发经费投入及科技发展水平处
于全国中等水平，与排名前三的广东、江苏和浙江差距较大，在激烈的人才
竞争中优势不明显。

（二）产业转型升级背景下高层次人才需求旺盛

习近平总书记在党的二十大报告中强调，加快建设国家战略人才力量，
努力培养造就更多大师、战略科学家、一流科技领军人才和创新团队、青年
科技人才、卓越工程师、大国工匠、高技能人才[①]。我国正处于经济转型发
展、提质增效的重要阶段，实现高水平科技自立自强，归根结底要靠高水平
创新人才。高层次人才引进是提高科研成果数量和质量、提高产业科技整体
实力和影响力的重要环节。河北省12个主导产业中有8个是第二产业，其
中包括5个传统产业[②]。《河北省质量强省建设行动方案（2023—2027
年）》明确了8个方面的重点任务，分别是推动标准化建设引领质量提升、
推动经济发展质量动能提升、推动产品质量提升、推动工程质量提升、推动
服务质量提升、推动企业质量和品牌提升、推动质量基础建设提升和推动质
量治理效能提升。在当前新产业革命背景下，推动传统产业转型升级是实现
质量强省目标、促进产业结构稳定和可持续发展的必经之路，其中高层次人
才在河北省经济社会的高质量发展过程中起着至关重要的作用，以此为背
景，河北省高度重视高层次人才培养、引进和使用，为在全国人才竞争中实
现人才有效集聚、优化人才队伍建设体系、以人才推动经济可持续发展提供
吸引力强的政策[③]。

---

① 《理论视界 | 努力培养造就更多高技能人才》，"河北日报"百家号，2023年5月5日，
　　https：//baijiahao.baidu.com/s？id=1765007417275283306&wfr=spider&for=pc。
② 资料来源：《河北省建设全国产业转型升级试验区"十四五"规划》。
③ 王丽锟：《习近平人才观的正定溯源与实践研究》，《中共石家庄市委党校学报》2020年第
　　12期。

1. 举办高层次人才引进、交流活动

举办高层次人才引进、交流活动是企业、政府、人才三方深入了解、实现高效对接的主要手段之一，为吸引更多高层次人才，河北省大力宣传其发展环境、人才及产业政策，多次举办高层次人才引进、交流活动，如石家庄市举办了"春暖花开'职'等你来"2023年春季高层次人才招聘活动，以五大主导产业企业为主，优选489家企事业单位，为人才提供6883个岗位，积极对接147所国家"双一流"建设高校。在2023年石家庄市高层次人才交流洽谈会上，245家有高层次人才需求的驻石企事业单位共提供高端岗位5098个，同时征集了315个"英才入石"事业单位直聘岗位。2023年10月，河北省举办了第十三届河北省沿海经济崛起带高层次人才交流大会，共组织发动900余家京津冀地区支柱企业、重点建设项目单位和大型企事业单位及其他大中型国有、民营企业参会，吸引了5000余名来自省内外重点高校的毕业生及硕士、博士研究生应聘洽谈。以吸引高层次人才为主要目的的各项交流活动在河北省各地广泛开展，河北省对高层次人才的重视程度可见一斑。

2. 提供吸引力强的高层次人才奖励

相比青年人才和一般人才，河北省为高层次人才提供了更具吸引力的政策，展现了河北省对高层次人才的高度重视。例如，2023年11月，雄安新区发布《关于打造创新高地和创业热土聚集新人才的若干措施》，提出给予到雄安新区工作的顶尖科学家2000万~5000万元的科研经费和300万元的生活补贴，奖励一套不低于200平方米的住房；给予海内外高层次人才及带技术、带项目、带资金来雄安新区创办企业的人才最高5000万元的资金支持；给予企业引进的世界技能大赛、中华技能大奖获奖者和全国技术能手20万~100万元的补贴。雄安新区等省内地区针对高层次人才的优惠政策力度更大、吸引力更强。

（三）"虹吸效应"制约人才资源集聚

相较于北京和天津，河北对人才的吸引力不足，导致人才流失；人才受到周边经济发达省份的"虹吸"，导致河北引才和留才工作受到制约。分析

发现，现阶段，"虹吸效应"在不同程度上制约河北省内外人才集聚。一是从河北省外部来看，京津地区对河北有"虹吸效应"。京津冀三地同属华北地区，河北环绕北京、天津，三地地域相连、背景相近，产业、文化资源具有较强的相容性。然而由于经济基础、产业结构及城市功能定位不同等因素，京津冀三地经济发展水平差异明显，区域性产业关联度和互补性偏低，河北在人才智力支持方面较京津短板突出①。京津冀区域人才一体化格局以"首都优势"为特色，在人才评价政策、人才服务、创新创业生态环境方面，京津对高层次人才的吸引力远强于河北，京津对人才的"虹吸效应"是造成河北人才流失的重要原因，制约了河北人才资源集聚。二是从河北省内部来看，人才分布不均，部分地区对人才的吸引力远超其他地区。比如，雄安新区作为国家级新区，地处北京、天津、保定腹地，拥有吸引力强的人才政策、区位优势、完善的基础设施和宜居的环境，人才集聚能力在河北处于较强位置，雄安新区的大规模建设将对河北省内人才分布产生更深刻的影响。

三 正定"人才九条"对河北省的现实启迪

（一）以适应经济发展为目标构建人才工作体系

人才是推动经济发展的核心资源，人才培养是一个国家或地区长期发展的必要手段。现代经济发展对高素质人才的需求越来越大，人才培养对于经济的贡献和重要性也在不断提高。河北人才工作需要"对症开方"，应立足经济发展需求构建人才工作体系。2023年河北开展重点项目建设"强引领·增动能"行动，积极承接京津产业转移，建设重点产业创新示范区。为适应产业转型升级，河北省高度重视科技人才、创新人才和高层次人才。

---

① 孟庆云、娄海波：《习近平在正定时期的人才战略思想》，《中共石家庄市委党校学报》2016年第3期。

新时期提出了新要求，应围绕经济发展情况，适时构建符合时代要求的人才工作体系①。一是突出党管人才，重塑人才工作格局。把落实"坚持和加强党对人才工作的全面领导"作为人才工作的根本原则，坚持党管人才。在现有人才工作领导小组的基础上，在教育、医疗、科技等重点领域和职能部门成立人才工作领导小组及工作机构，统筹本领域、本系统人才工作总体规划、政策制定、服务保障和督查考核等工作，切实打通制度落实"最后一公里"，构建上下贯通、执行有力的组织体系。二是聚焦核心产业引才，深化人才链与产业链融合发展。首先，紧扣发展需求。通过开展专场引才活动、实施高素质人才引进计划、引进乡村振兴人才等，柔性引进高层次人才，坚持"招商引资、招才引智"协同发力，在发达地区甚至海外设立招才引智工作站，积极对接在外专家教授、杰出企业家，回引创新创业团队，落地重大人才项目。其次，深化合作交流。与省内院校深入开展校企合作，共同设立大学生实习实训基地，为在校学生提供实习机会。深入开展校企合作，学校可以与企业合作培养高技能人才，加快产业发展。最后，搭建平台载体。深入实施企业与高层次人才间的引才行动，召开企业与高层次人才的对接会，达成相关战略合作。成立人才工作专班，指派专业人员到企业指导申报省、市创新平台，探索"揭榜挂帅"机制，积极组织高端人才到企业指导工作，帮助企业破解核心技术难题，加快推动河北省产业转型升级②。

（二）以创新型政策为手段弥补区位优势不足

紧扣创新驱动发展战略，围绕河北省重点发展行业和特色优势产业，建立创新型人才政策体系，以政策为引才的主要抓手，弥补河北省区位优势的不足。

一是加快实行专项引才计划。大力推进人才引进工作，组织实施各类专

---

① 赵佳、罗大明：《习近平关于人才工作重要论述的科学内涵及其时代价值》，《邓小平研究》2019 年第 3 期。

② 魏晓敏：《在"人才九条"中细悟"用才之道"》，《新华日报》2023 年 7 月 17 日。

项引才计划和工程，深度实施高层次人才创新专项计划，集聚海内外高端人才和团队。在贯彻落实国家重大人才计划的基础上出台符合当地发展现状的创新型政策，建设海外高层次人才创业基地，吸引掌握前沿技术、引领产业发展、有成功创业经历的海外高层次人才来河北省创业。

二是提供高质量的人才承接平台。项目是吸引高层次人才的重要载体，河北省应立足已有项目，抓紧引进更多更好的科研项目，依托重点支撑项目，洽谈引进更多高端产业项目，从而逐步建立高质量的人才承接平台。

三是提升多方人才激励效果。一方面，政府要出台更多人才激励政策，包括物质和精神激励政策。省委、省政府把握总体基调，加强顶层制度设计，发挥政策体系的协调和指导作用，各地结合当地特色产业及人才引进重点细化政策实施措施。另一方面，企业要创新绩效管理理念，优化考核手段，提升考评结果的"说服力"。突出量化考核，梳理分析工作流程、目标和质量要求，明确人才工作业绩、能力、态度的量化标准，为形成绩效优先、公平合理的薪酬激励体系奠定基础；突出动态考核，提升绩效考核的效果；突出流程考核，形成上下连责、左右联动的责任追究和压力传导机制，打破壁垒，促进各环节协同联动，提升管理效能。

（三）以政策宣传普及为驱动推进招贤引智

积极开展人才政策宣传落地活动，梳理汇总河北省各类人才政策，全面系统进行解读，营造"近悦远来"的人才生态。第一，要整合各类资源，提高宣传成效。打造有河北特色的人才品牌，利用现代科技手段，把河北人才资源开发总体情况融入网络、电视、报纸及微信、微博等各种媒介和节目中，用生动活泼的形式宣传河北人才政策。例如，通过各地新闻网站、人社网站及微博、抖音等官方账号，广泛、全面介绍宣传河北省及省内各地人才政策法规、人才供求信息及高端人才引进情况；不断加大宣传力度，及时将用人信息在新闻、广告中推广；建立专门的河北人才微信公众号，及时推送河北人才建设最新进展及人才供求、人才激励政策等，运用大众传媒广泛的影响力形成尊重科学、尊重知识、尊重人才的社会风气，提升河北人才政策在国内外的知名度和影响力。第二，要织密宣讲"覆盖网"，打造政策"直通车"，梳理各领域人才支持政策，分门别类地进行推广。采取线上提标扩面、线下精准对接相结合的方式，努力推动人才政策宣讲"广覆盖、无盲区"。线上开辟人才工作专栏，即时发布最新人才信息及政策清单，让政策"随时可享""触手可及"；线下开展人才走访、人才政策宣讲等活动。第三，要集中优势资源，绘制政策"导航图"，全力解决人才政策"找不全、看不懂、碎片化"等问题。系统梳理河北省出台的人才政策，从人才引进、人才服务、生活补贴、安居保障、创业项目、创新平台等多个方面梳理人才政策，印发政策宣传册。组建政策宣讲团队，从组织、工信、人社、农业、教育、卫体等部门抽调业务骨干组成政策宣讲团，深入企业、学校、医院等开展主题宣讲活动，为人才集中解读政策、解答疑问。打造媒体宣传矩阵，在新媒体多渠道、全方位开展政策宣传，扩大人才政策宣传覆盖面。

（四）以科学的人才评价标准为保障促进多层次人才发展

客观、科学的人才评价标准是发挥人才资源价值的重要保障，构建可行、有效的人才评价体系，要关注以下几点。一是构建专项人才素质评价体系。提高人才素质评价的科学化、人性化水平，在借鉴国内外人才评价的先进经验和理论成果的基础上，自行研发专门的人才素质评价体系并在部分企事业单位中试运行。该体系应囊括多类人才的具体评价指标、评价方法和实施细则，确定品德、知识、能力、业绩等多维度的评价指标。根据复合型人才理论和岗位胜任特征的内在要求，针对人才与用人单位的不同需求，推出相关人才综合素质评价报告，不断优化人才评价体系。二是扩大引才考核范围。积极探索建立与人才评价相结合的人才引进机制。对全省引才目标进行量化，并将引才任务详细分解给河北省各个地区、人才管理机构和重点企业。不断完善考核指标，提升引才质量和引才投入考核比重，扩大引才考核范围，全面开展人才素质综合评价，对品德、能力和业绩突出的紧缺人才，可破格予以引进。三是构建与岗位高度适应的人才评价体系。人才与岗位的适应度是提高人力资源利用水平、促进组织发展的关键，也是提升人才使用、引进效能的重要因素。构建相关人才评价体系时，不仅应涉及人才与人才需求单位的具体匹配程度，同时应充分考虑人才引进部门、猎头公司等中介平台的作用和价值，明确多边参与的人才评价标准，在评价指标征询和规范、人员和岗位间互评等多重机制中促进人才和岗位的有效统一，保证各层次、各类人才都能在适合的岗位上发挥价值。四是将人才评价结果与人才激励紧密结合，提高人才评价落地的实效。用人单位应根据不同人才类型合理确定评价周期，适当延长基础研究人才、青年科技人才等的评价考核周期，鼓励实行聘期评价，自主开展评价聘用工作。要更加突出岗位履职评价，不能简单地以学术头衔、人才称号等确定薪酬待遇、配置学术资源和研究资源。要科学合理运用人才评价结果，促进人才评价与培养、使用、激励相结合。可以适当发挥评价结果在评奖评优、岗位晋升、薪资调整等方面的作用，但要避免评价结果的滥用，不把论文、专利、头衔等作为人才承担科研项目及参与职称评聘、评奖的限制性条件，克服评价结果终身化，完善"能进能出"的动态评价管理机制。

（五）以"承接"减弱"虹吸"赋能人才工作

先进地区、中心城市对周边地区的"虹吸效应"客观存在。京津冀作为我国三大城市群之一，汇聚了各类创新要素，是我国北方经济规模最大、最具活力的地区，在人才集聚方面具有示范作用。新时代背景下，京津冀一体化程度逐步加深，北京协同天津、河北两地共同出台了《京津冀人才一体化发展规划（2017—2030年）》《京津冀人社部门人才工作协同发展合作框架协议》等政策文件，打造了"通武廊""通宝唐"等一批区域人才一体化发展品牌。河北三河市主动融入北京城市副中心建设，以人才创新驱动助力京津冀协同发展提质增效，2023年3月建成京津冀（河北三河）人力资源服务产业园，将京津冀三地优势产业与人力资源服务产品精准对接，实现了人才流动互通互融、人才开发互利互惠，赋能京津冀人才一体化创新发展。截至 2023 年 6 月，园区已入驻"全国人力资源服务品牌五十强""中国互联网综合实力百强"人力资源机构 34 家，其中北京机构 17 家、天津机构 3 家、河北机构 14 家，服务域内就业 2000 余人。以"承接"减弱"虹吸"，要关注以下几点。一是解放思想、转变观念。吸引人才、留住人才需变被动为主动，充分认识人才问题的特殊性，从被动等靠、保守僵化的思想惰性、思维定式中解放出来，增强信心、振奋精神，敢于去想、善于去谋，放开手脚干事创业，实现思想大解放、能力大提升、作风大转变、工作大落实。二是抓准机遇，将机遇优势转化为发展优势。河北省面临前所未有的重大机遇，无论是深入推进京津冀协同发展，还是高标准高质量建设雄安新区，都将对河北省的经济社会产生深刻影响，都将是河北省吸引人才、留住人才的优势。同时，河北省可通过雄安新区建设获得部分北京优质教育资源。河北省应趁势而上、主动作为，完善多层次人才发展体系，赋能人才工作。

B.17

新业态灵活就业者劳动权益保障面临的
突出制约与破解路径研究

——基于河北省的调查分析

周爱军*

摘　要：　随着平台经济等新业态的快速发展，新业态灵活就业者队伍不断壮大，新业态灵活就业者劳动权益保障缺失的问题日益引起广泛关注。本文聚焦新业态灵活就业者这一新兴群体，通过调研了解新业态灵活就业者在劳动合同、劳动报酬、工作时间、社会保险、职业伤害保障等方面的现状，并分析了问题及原因，包括劳动合同订立率低、劳动报酬扣罚过重、超时工作成为常态、社会保险参保率不高。在此基础上，本文立足并对照国内现行的有关新业态灵活就业者的政策与试点经验，提出了河北省的政策设计思路，包括构建新业态灵活就业者劳动关系识别体系、打造新业态灵活就业者劳动权益保障监管信息平台、完善新业态灵活就业者社会保障机制、充分发挥工会组织和行业协会的作用。

关键词：　新业态灵活就业者　劳动关系　社会保险　职业伤害保障劳动权益保障　河北

　　随着大数据、物联网、人工智能等现代信息技术在日常生产生活中的广泛应用，基于共享经济、平台经济的新业态在我国快速发展，随之而生的灵

---

　　*　周爱军，河北省社会科学院人力资源与劳动经济研究所副所长、副研究员，主要研究方向为人才战略与人才政策、劳动就业与社会保障。

活就业形式也不断扩展，不再局限于原来的劳务派遣、非全日制就业和个体经济等，而是衍生了依托新业态的新型灵活就业模式，如网络约车、快递物流、外卖送餐、网络主播、预约家政等。中国人民大学灵活用工课题组与人瑞人才联合推出的《中国灵活用工发展报告（2022）》显示，2021年中国有61.14%的企业涉及灵活用工，比2020年增长了5.46%，企业倾向于扩大而非缩减灵活用工规模。中华全国总工会第九次全国职工队伍状况调查报告显示，截至2023年2月，全国职工总数约为4.02亿人，其中新就业形态劳动者约为8400万人，占比超1/5。面对经济增速放缓、外部环境复杂多变等多重因素冲击，传统就业岗位压减，新业态灵活就业形成新的就业增长点，吸纳了大量农民工和高校毕业生群体，对稳定就业基本盘发挥了积极作用。但新业态灵活就业组织方式平台化、劳资关系复杂化、劳动参与弹性化的新特征，也导致了其权益保障的严重缺位，具体体现在劳动报酬、休息休假、社会保险、职业伤害保障等方面，是当前亟待解决的民生难题。

一 河北省新业态灵活就业者劳动权益保障现状调研基础分析

（一）调研对象的界定与选择

对于新业态灵活就业者，目前尚无统一的定义。马慧认为，新业态灵活就业者主要是指以互联网平台为依托，以提供服务或产品为收入来源并接受相应规则、制度和管理，在劳动关系、工作报酬、工作场地等方面更为灵活的就业群体[①]。方长春认为，从劳动关系的视角来划分，新业态灵活就业者可分为"多雇主化"的劳动者和"去雇主化"的劳动者。前者仍存在雇员与雇主间的劳动关系，只不过从"一对一"转变为"一对多"，劳动权益需

---

① 马慧：《新业态灵活就业人员劳动保障问题研究——基于石家庄市三个就业群体的调查》，硕士学位论文，河北师范大学，2023。

要靠雇主间的责任划分来保障。后者缺乏明确的雇佣关系，是一种典型的非标准化就业，其承接主体又可以分为以劳务派遣或服务外包形式的用工、以自然人身份且以个体化方式承接劳务或工作事项的劳动者；就劳务派遣或服务外包而言，劳动者的劳动关系可以与隶属的派遣公司或服务承接商约定，其中真正值得重点关注的是以自然人身份且以个体化的方式承接劳务或工作事项的劳动者或平台以"众包"方式吸纳的劳动者①。

与拥有固定劳动关系的传统就业者不同，新业态灵活就业者，尤其是以上提到的以自然人身份且以个体化的方式承接劳务或工作事项的劳动者或平台以"众包"方式吸纳的劳动者，普遍面临劳动合同、劳动报酬、休息休假、社会保险、职业伤害保障和公共就业服务方面的权益缺位。为此，本文的调研对象是新业态全领域的灵活就业者，重点是未确立劳动关系的人群，以及以自然人身份且以个体化的方式承接劳务或工作事项的新业态灵活就业者。

（二）调研现状分析

为做好问卷设计，调研组首先进行了预调研，选择秦皇岛市各平台企业、合作加盟企业、基层网点负责人进行了面对面座谈，就新业态从业员工的劳动合同订立、社会保险缴纳、职业伤害保障、劳动报酬与工作时间等问题进行了深入探讨。在此基础上，调研组起草设计了包含43道选择题的新业态灵活就业者劳动权益保障调查问卷。通过问卷星小程序面向全省新业态灵活就业者发放，共回收有效问卷811份。调研时间为2023年12月12日至2024年1月8日。具体调研结果分析如下。

1. 新业态灵活就业者基本情况分析

数量较多。根据对秦皇岛市主城区网约车公司、快递公司、外卖平台企业三类新业态灵活就业平台企业的座谈调研，包括阳光出行网约车公司、美团外卖秦皇岛分公司、顺丰速运秦皇岛分公司等在内的头部企业员工总数在

---

① 方长春：《"第三类劳动"及其权益保障：问题与挑战》，《人民论坛·学术前沿》2022年第8期。

2万人左右，占秦皇岛市城区常住人口的1%。

类别众多。此次调研共发放问卷811份，其中快递员431份、网约配送员117份、网约车司机58份、货车司车18份、网络主播17份、公众号等全媒体运营人员10份、网络文学写手8份、电子竞技员4份、预约家政2份、其他146份。从数据来看，以快递员、网约配送员、网约车司机为调研主体。

男性占绝大多数。在参与调研的811人中，有672人为男性，占总数的82.9%。

从业年龄结构趋于年轻化。在参与调研的811人中，30岁以下的有401人，30~40岁的有283人，41~50岁的有97人，50岁以上的有30人，分别占人员总数的49.4%、34.9%、12.0%和3.70%。从数据来看，30岁以下的年轻人占比接近一半，40岁以下的中青年占比超过80%，表明新业态灵活就业者趋于年轻化，也从侧面说明部分新业态工作强度较大。

从业人员学历层次普遍较低。从调研数据来看，学历为初中及以下的有207人，高中或中专的有342人，大专的有167人，大学本科及以上的有95人，分别占人员总数的25.5%、42.2%、20.6%和11.7%。可见，河北省新业态灵活就业者学历水平普遍较低，高中或中专及以下的超过2/3，大学本科及以上的仅占1/10左右。

从业人员户籍地以本地为主，且农村户口占多数。从调研数据来看，本地户籍的从业人员有698人，其中农村户口从业人员有549人。可见，新业态灵活就业者以本地就业为主，农村外出务工人员占比较高。

从业人员已婚比例较高，且多育有子女。从调研数据来看，在参与调研的811人中，已婚人数为565人，占总数的69.7%；对237名已婚从业人员进一步调研得知，育有子女的有214人，占比超过90%，说明现有从业人员大多需要支撑家庭和抚育子女，生活压力较大。

2.订立劳动合同情况分析

根据问卷统计结果，在参与调研的人员中，订立劳动合同的有636人，未订立任何合同的有175人，分别占78%、22%（见图1）；在订立劳动合同的636人中，订立正规劳动合同的有375人，占59%（见图2）。可以发现，虽然订立劳动合同的占大多数，但真正订立正规劳动合同的人数仍较少。此次参与调研的平台企业基本上是行业头部企业，小型企业订立正规劳动合同的人数更少。由此可知，尚有超过一半的新业态灵活就业者未与平台企业明确劳动关系，其中，175人未订立任何合同，劳动权益无从保障，另外261人只订立了书面协议，实际保障效力无法与正规劳动合同相比。

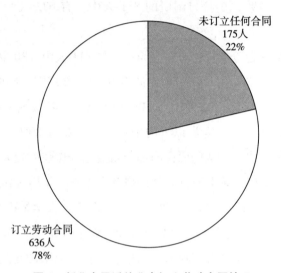

图1　新业态灵活就业者订立劳动合同情况

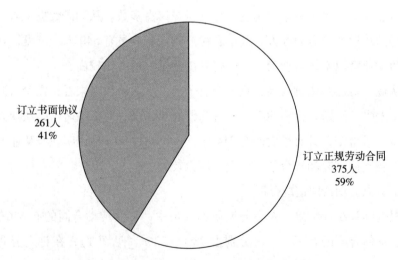

图2　新业态灵活就业者订立劳动合同类型情况

3. 劳动报酬情况分析

从表1来看，新业态灵活就业者的薪酬呈现典型的梭形结构，收入高和收入低的处于两端，且占比接近，近七成的中等收入者处于中间位置，月收入为3500~5000元的人数相对多些，占据四成左右。从以上数据可以看出，整体薪酬结构较为合理，但总体水平不高，月收入为5000元及以下的占比超过50%，月收入为5001~6000元的人数不足30%。另外，从对从业人员基本情况的调研可知，超过80%的从业者为全职，即表明这是他们的唯一收入来源，在扣除必要的生活开支后，个人负担社会保险的能力大大减弱。

表1 新业态灵活就业者劳动报酬情况

单位：人，%

月收入	人数	占总人数比例
3500元以下	124	15.29
3500~5000元	331	40.81
5001~6000元	226	27.87
6000元以上	130	16.03

根据调研，影响新业态灵活就业者薪酬水平的因素除了计件工资的增量，还有平台企业对未很好完成任务的扣罚这一减量。扣罚原因主要包括考勤不合格、不符合工作规范和受到消费者投诉等，其中受到消费者投诉是最主要的扣罚原因。值得注意的是，受到扣罚的人数比例接近60%，月扣罚金额超过收入10%的人数比例超过14%（见表2）。较高的扣罚人数和金额比例大大降低了新业态灵活就业者的薪酬水平。

表2 新业态灵活就业者受平台企业扣罚情况

单位：人，%

月扣罚金额占收入的比重	人数	占总人数比例
20%以上	58	7.15
10%~20%	56	6.91
10%以下	366	45.13
0%	331	40.81

4. 工作时间情况分析

从图 3 来看，每天工作 8 小时以下的新业态灵活就业者仅有 109 人，占总人数的 13%。这说明超过 80% 的新业态灵活就业者的日工作时长超过传统工作的 8 小时。值得注意的是，有 165 人（占 20%）的日工作时长超过 12 小时。图 4 展现的是新业态灵活就业者的月休息时长，有 31% 的人仅休息 1~2 天，有 19% 的人一天不休。综合以上统计数据可以发现，大部分新业态灵活就业者几乎是全天候超时工作。这虽然取决于新业态工作的特点，但如此高比例的超时工作人群、如此高强度的超时工作，已严重侵害新业态灵活就业者的身心健康，大大增加了工作风险。

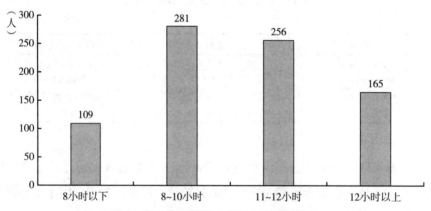

图 3 新业态灵活就业者日工作时长情况

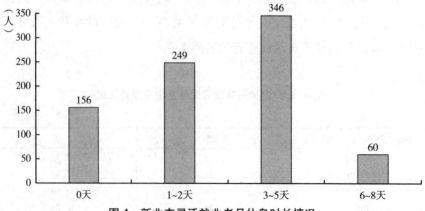

图 4 新业态灵活就业者月休息时长情况

5. 社会保险情况分析

（1）新业态灵活就业者参保意愿情况

根据问卷调查结果可知，参与调研的新业态灵活就业者中，有意愿参与养老保险、医疗保险、工伤保险、失业保险的分别有575人、559人、512人、451人，分别占总数的71%、69%、63%、56%；不想参保的有184人，占总数的23%（见图5）。可见，新业态灵活就业者绝大多数是有意愿参与社会保险的，但由于种种原因难以实现。

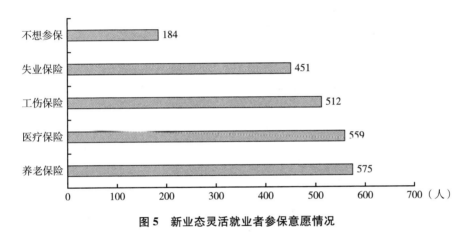

图5 新业态灵活就业者参保意愿情况

（2）平台企业为新业态灵活就业者参保情况

从图6可知，由平台企业缴纳社会保险的新业态灵活就业者占52%（420人），缴纳商业险的占23%（189人），未参加任何保险的占25%（202人）。由此可知，仍有近一半的新业态灵活就业者没有社会保险的兜底保障，有1/4的新业态灵活就业者没有任何保险保障，与当前传统企业职工全覆盖的保险待遇相比差距较大。

（3）新业态灵活就业者个人参加养老保险情况

为进一步了解新业态灵活就业者社会保险保障情况，对个人主动参加养老保险情况进行了调研，结果显示，有316人参加了城乡居民基本养老保险，有248人参加了城镇职工基本养老保险，分别占调研总人数的39%和31%，但参保时间都较短，参保2年及以下的有262人，参保3~5年的有252人，共占

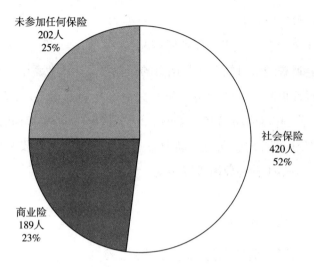

图6 平台企业为新业态灵活就业者参保情况

参保总人数的91%，参保满15年的有76人，仅占参保总人数的13%。由此可知，虽然有七成新业态灵活就业者参加了养老保险，但有超过90%的缴费年限在5年及以下，还有10年甚至更长的缴费周期，对他们来说是一笔较为沉重的支出负担。对承担能力的调研结果有力地证明了这一推论，有267人表示承担起来有困难，有113人明确表示无力承担。

（4）新业态灵活就业者个人参加医疗保险情况

调研结果显示，有406人参加了城乡居民基本医疗保险，有237人参加了城镇职工基本医疗保险，分别占调研总人数的50%和29%，仍有21%的人无社会医疗保障。针对医疗保险缴纳能力的调研显示，有261人表示承担起来有困难，有111人明确表示无力承担。

（5）新业态灵活就业者没有参加社会保险的原因

根据调研结果，如表3所示，"收入少、经济困难"是新业态灵活就业者未参保的一个重要原因，占比36.37%，与前面的分析结果是吻合的。另外，选择"不了解政策和参保途径""年龄小，缴费太早""只为挣快钱，不想上保险""原单位已缴纳""未达到企业上保险要求"的新业态灵活就业者总计占20.84%；"其他"占比最高，为42.79%。

表3　新业态灵活就业者未参保原因

单位：人，%

未参保原因	人数	占总人数比例
其他	347	42.79
收入少、经济困难	295	36.37
不了解政策和参保途经	55	6.78
年龄小,缴费太早	38	4.69
只为挣快钱,不想上保险	31	3.82
原单位已缴纳	24	2.96
未达到企业上保险要求	21	2.59

6.职业伤害保障情况分析

此次参与调研的人员以快递员、网约配送员和网约车司机为主体，这3类工种均易发生交通事故，通过调研结果可知，有33%的新业态灵活就业者发生过交通事故，发生过1次、2次、3次交通事故的新业态灵活就业者分别占16%、8%、3%，发生过3次以上交通事故的新业态灵活就业者占比达到6%（见图7）。以上数据充分说明，新业态灵活就业者面临相当严峻的工作风险，特别是以上提到的3类工种。同时，经统计，新业态灵活就业者依

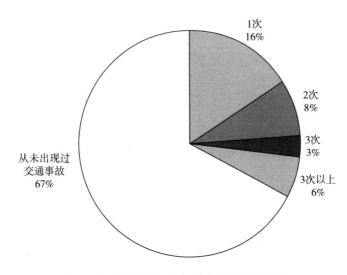

图7　新业态灵活就业者发生交通事故情况

托的平台企业或分包商在劳动安全保障方面做得很不到位，有近60%的参调人员表示从来没有或只偶尔得到安全护具和高低温补贴，有超过1/3的参调人员表示从来没有或一年只接受一次平台企业组织的安全培训。另外，在对交通事故的处理中，有近一半的参调人员表示平台企业未提供物质和精神上的补偿。

7. 新业态灵活就业者对劳动权益的改进意愿分析

为调查新业态灵活就业者对劳动权益的改进意愿，问卷设计了6个改进方向，经统计，劳动报酬收入保障、为劳动者缴纳社会保险和去除不合理扣罚项目是新业态灵活就业者最为关注的3个方面（见图8）。劳动报酬和扣罚均与收入有关，因此新业态灵活就业者最为关注的权益有两个方面，一是收入，二是兜底保障。其他的改进意愿也直接或间接与这两个方面相关。

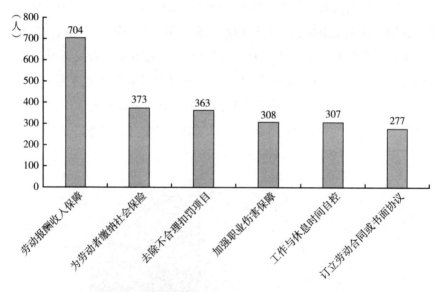

图8 新业态灵活就业者对劳动权益的改进意愿情况

二 河北省新业态灵活就业者劳动权益保障 面临的突出制约与原因剖析

通过以上调研结果可知，河北省内新业态灵活就业者数量庞大、分布广泛，已成为不可或缺的重要力量。但由于新业态的"去雇主化"特征，新业态灵活就业者在劳动合同、劳动报酬、工作时间、社会保险、职业伤害保障等方面仍不同程度地面临权益保障缺失的风险。

（一）劳动合同订立率低

对劳动合同的调研结果显示，在订立劳动合同的人员中，仅有 59% 的参调人员订立了正规劳动合同，虽然在人社部《新就业形态劳动者劳动合同和书面协议订立指引（试行）》的引导下，有部分参调人员与平台企业订立了书面协议，但仍有 22% 的参调人员未订立任何合同，新业态灵活就业者劳动合同订立率低已成不争的事实。

究其原因，一是劳动合同的政策设计尚无法打破劳动二分法的传统框架，只能通过政策引导订立书面协议来确认平台企业在用工劳动权益方面的主体责任，但承接平台任务的个人并未包括在内。二是平台企业自身基于风险规避和经济理性，与平台从业人员签订劳务合同、承揽合同或其他形式的合同以代替正规劳动合同，新业态灵活就业者的身份被"置换"为独立承包商，平台企业不承担其劳动权益保障义务。三是新业态灵活就业者在劳动合同订立过程中处于弱势，且对相关政策了解不全面，劳动权益保障意识不足。

（二）劳动报酬扣罚过重

对劳动报酬的调研结果显示，月收入为 3500~6000 元的新业态灵活就业者占比近 70%，与 2022 年全省城镇私营单位就业人员平均工资 48494 元[①]（月平均工资 4041 元）相比，属于高收入群体。依托平台派单的新业态灵活就业者是以计件、计单获取收入的，另一项关于新业态灵活就业者受扣罚情况的调研结果显示，全省参调人员中，有近 60% 的新业态灵活就业者曾受到平台企业的扣罚，扣罚比例超过劳动报酬 10% 的占 14.06%，整体

① 《2022 年全省城镇单位就业人员平均工资》，河北省统计局网站，2023 年 5 月 30 日，http://tjj.hebei.gov.cn/hbstjj/sj/zxfb/101702088650946.html。

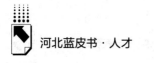

拉低了薪资水平。

究其原因，李莹辉认为，平台企业在以算法为基础的考核管理上存在盲目性和将利益归于消费者的倾向性，以至于在新业态灵活就业者面临用户投诉、未及时派送、货品破损等问题时，不细致区分是否存在过错以及责任大小等情形，而是采取"以罚代管"的简单方式，一律由新业态灵活就业者承担责任，这种粗放的管理方式给新业态灵活就业者的劳动报酬权益造成了实质性侵害①。

（三）超时工作成为常态

对工作时间的调研结果显示，参调人员中，有超过80%的新业态灵活就业者日工作时长超过8小时，超过20%的新业态灵活就业者日工作时长在12小时以上；而且，有31%的新业态灵活就业者每月仅休息1~2天，有19%的新业态灵活就业者全月无休。这严重侵害了劳动者的身心健康。

究其原因，一是平台企业以算法为基础构建派单工作机制，这种数字化机制忽略了劳动者作为自然人的身体状况、休息时间、情感表达，只是机械地加大劳动者的劳动强度，以达到工作效率最大化和收益最大化。二是新业态灵活就业者在平台的算法激励下，为谋求更高的工资收益，主动放弃休息和休假，这也使得这一权益的保障变得更为复杂。

（四）社会保险参保率不高

对社会保险的调研结果显示，新业态灵活就业者参加社会保险的意愿很强烈，但为新业态灵活就业者缴纳社会保险的平台企业只占52%，有25%的新业态灵活就业者未参加任何保险；新业态灵活就业者个人主动参与养老保险的占比达71%，主动参与医疗保险的占比达69%，与传统企业员工养

---

① 李莹辉：《被算法裹挟的"裸奔人"：新就业形态下网约工群体劳动权益调查》，《中国青年研究》2022年第7期。

老、医疗保险全覆盖相比，总体参保率较低。

究其原因，是社会保险制度设计、平台企业主体责任、新业态灵活就业者个人参保决策三个方面博弈的结果。从社会保险制度设计视角来看，我国现行的社会保险制度以劳动二分法为基础，主要缴纳群体是签订正式劳动合同的单位职工，对未签订正式劳动合同的员工或自由职业者按灵活就业群体的方式进行管理，但从制度设计来看，灵活就业群体的社保完全由个人负担，尤其是养老保险，导致个人负担较重。从平台企业主体责任视角来看，有些平台企业签订非正规的电子承揽合同或将业务转包给二级加盟商的做法存在有意规避为新业态灵活就业者提供社会保险的责任问题；有些平台企业虽然为从业者缴纳了商业险，但在真正发生交通事故、造成重大伤残时，事故认定烦琐，赔付审核严苛，赔付额度十分有限，与社会保险的保障能力差距甚远。从新业态灵活就业者个人参保决策视角来看，新业态灵活就业者以青年群体和中年群体为主，前者多认为缴费太早，只想挣快钱，不想上保险；后者则将大部分收入用于当下生活支出。综合以上三个方面因素，新业态灵活就业者社保参保率较低是必然。

三 基于国内政策梳理的河北省新业态灵活就业者劳动权益保障政策设计思路

（一）我国新业态灵活就业者政策发展历程

继滴滴打车、美团等企业的网约业务正式上线后，各类网络视频平台、网络文学平台、电商平台以及"快手""抖音"等直播平台如雨后春笋般涌现，国内平台经济迅猛兴起，作为新业态灵活就业新锐的互联网平台用工也相继出现。伴随新型平台用工模式的出现，国家各主管部门开始了对平台用工治理政策的初步探索，可简单划分为三个阶段，如表4所示。

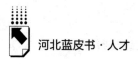

表4　新业态灵活就业者相关政策

发展阶段	政策出台部门及时间	政策名称	政策主体内容
第一阶段 （2017~2018年）	国务院 （2017年4月13日）	《关于做好当前和今后一段时期内就业创业工作的意见》	支持新兴业态发展，完善适应新就业形态特点的用工和社保等制度
	国家发改委等 （2017年7月3日）	《关于促进分享经济发展的指导性意见》	积极发挥分享经济促进就业的作用，研究完善适应分享经济特点的灵活就业人员社会保险参保缴费措施，切实加强劳动者权益保障
	国家发改委等 （2018年9月18日）	《关于发展数字经济稳定并扩大就业的指导意见》	及时完善新就业形态下的劳动用工政策，切实维护劳动者合法权益；全面实施全民参保计划，推动依托互联网平台实现灵活就业人员纳入社会保障覆盖范围；加快新就业形态薪酬制度改革，不断完善兼职、一人多岗等灵活就业人员按次提成、计件取酬等工资制度
第二阶段 （2019~2020年）	国务院办公厅 （2019年8月1日）	《关于促进平台经济规范健康发展的指导意见》	抓紧研究完善平台企业用工和灵活就业等从业人员社保政策
	国务院办公厅 （2020年3月20日）	《关于应对新冠肺炎疫情影响强化稳就业举措的实施意见》	支持劳动者依托平台就业，引导平台企业与平台就业人员就劳动报酬、工作时间、劳动保护等建立制度化、常态化沟通协调机制；取消灵活就业人员参加企业职工基本养老保险的省内城乡户籍限制
	国务院办公厅 （2020年7月28日）	《关于支持多渠道灵活就业的意见》	研究制定平台就业劳动保障政策，明确互联网平台企业在劳动者权益保护方面的责任
第三阶段 （2021~2023年）	人社部等 （2021年7月16日）	《关于维护新就业形态劳动者劳动保障权益的指导意见》	规范用工，明确劳动者权益保障责任，健全最低工资和支付保障制度，完善休息制度及基本养老保险和医疗保险相关政策，强化职业伤害保障

发展阶段	政策出台部门及时间	政策名称	政策主体内容
第三阶段 （2021~2023 年）	中华全国总工会 （2021 年 8 月 30 日）	《关于切实维护新就业形态劳动者劳动保障权益的意见》	督促平台企业履行社会责任，促进新就业形态劳动者体面劳动、舒心工作、全面发展；积极推动和参与制定修改劳动保障法律法规，加快完善工时制度，推进职业伤害保障试点工作；推动完善社会矛盾纠纷多元预防调处化解综合机制，重点针对职业伤害、工作时间、休息休假、劳动保护等与平台用工密切相关的问题，为新就业形态劳动者提供法律服务
	人社部办公厅 （2023 年 2 月 21 日）	《关于印发〈新就业形态劳动者劳动合同和书面协议订立指引（试行）〉的通知》	企业应当与符合确立劳动关系情形的新就业形态劳动者依法订立劳动合同，与不完全符合确立劳动关系情形的新就业形态劳动者订立书面协议

资料来源：雷晓大、柴静：《从"发展中规范"到"规范中发展"：互联网平台用工治理的演进过程与机制》，《中国人力资源开发》2022 年第 5 期。

（二）国内政策要点与进展梳理

通过对国内新业态灵活就业者劳动权益保障相关政策文件的梳理，将主要政策要点与进展总结如下。

1. 对劳动关系的认定政策

在劳动二分法的框架下，能否享受相应的劳动权益是以劳动合同为基础的。而新业态灵活就业者群体成员构成十分复杂，有专职从业人员、本身有正式职业的兼职人员、大学生兼职人员、居家人员、退休人员、农民工、自由职业者等。他们有些签订了劳动合同，有些签订了电子承揽协议，有些自主承接平台业务，劳动关系相对复杂。企业对符合确立劳动关系情形或不完全符合确立劳动关系情形但由企业进行劳动管理的新业态灵活就业者的劳动权益保障承担相应责任。

2. 对平台企业的监管政策

平台企业要建立与工作任务、劳动强度相匹配的收入分配机制，规范自主定价行为，降低过高的抽成比例；不得通过算法等手段侵害劳动者的正当权益，平台算法的制定、修订应充分听取工会或劳动者代表的意见，通过"算法取中"的方式合理确定考核指标；发挥平台技术优势，合理确定工作时长，优化派单机制，提高运营效率，避免超时劳动；依法为符合确立劳动关系情形的从业人员缴纳社会保险；等等。

3. 职业伤害保障试点政策

针对新业态灵活就业者职业伤害保障严重不足的问题，2022年7月开始，人社部主导开展职业伤害保障试点，主要进展如下：试点工作在北京、上海、江苏、广东、海南、重庆、四川7个省份的出行、外卖、即时配送、同城货运4个行业开展，涵盖了曹操出行、美团、饿了么、达达、闪送、货拉拉、快狗打车7家平台企业；截至2023年10月，试点省份累计做出职业伤害确认结论3.2万人次，支付职业伤害保障待遇共计4.9亿元，切实保障了新业态灵活就业者的职业伤害权益，特别是对重大伤亡事故的兜底保障功能得到有效发挥①。

（三）河北省新业态灵活就业者劳动权益保障政策设计思路

对照调研反映的政策需求和国内现行政策进展，河北省可从以下几个方面着手谋划新业态灵活就业者劳动权益保障工作。

1. 构建新业态灵活就业者劳动关系识别体系

一是针对新业态与传统就业在劳动关系上具有一定重合性的特点，厘清劳动者的工作方式、劳动强度、工作时间、收入来源、社会保障等要素，进一步明确新业态的劳动关系边界，确立不同类型企业与劳动者的权利和义务，并明确合法地位；二是针对新业态涉及领域、类型繁多的特点，确立新业态分类指导标准，明确各类型的主管部门及职责权限，以实现分类指导。

---

① 《职业伤害保障试点覆盖4个行业7家平台，已有668万人纳入保障范围》，新浪网，2023年10月26日，https://cj.sina.com.cn/articles/view/6192937794/17120bb42020023vwp。

2.打造新业态灵活就业者劳动权益保障监管信息平台

一是由分管部门引导相关领域平台企业开放从业者数据，建立数据采集及数据共享准则，动态把握新业态灵活就业者劳动权益保障信息，逐步减少平台算法对劳动者的裹挟，督促平台企业做好算法与劳动权益的协调，引导平台企业合理安排工作强度、控制惩罚力度，强化最低工资保障；二是在不同分管部门间实现信息共享，打造跨区域、跨部门的数据共享平台，充分做好对从业者信息的监测与分析，全力提升对平台企业和劳动者的数字监管能力，为新业态灵活就业者申请社会保障服务、认定职业伤害等提供判定依据，为新业态的未来发展做好长期规划和风险预警。

3.完善新业态灵活就业者社会保障机制

一是将订立书面协议的新业态灵活就业者纳入现有社会保险体系，由平台企业和劳动者共同负担保险费用，对参照相关标准缴纳保险费用的个体业务承揽者，适当调低社会保险缴费基数和比例，提高低收入劳动者的参保率；二是允许新业态灵活就业者以个人名义参加工伤保险；三是申请将河北省纳入职业伤害保障试点范围，探索建立具有河北省地域特色的职业伤害保障制度。

4.充分发挥工会组织和行业协会的作用

一是建立由新业态灵活就业者组成的行业性或地区性工会，降低新业态灵活就业者参加工会的门槛，利用技术平台拓宽申诉渠道，积极回应权益诉求；二是鼓励行业协会强化行业自律，通过出台劳动定额办法、算法规则、奖惩准则等规章制度和行业标准，规范新业态平台企业的用工管理。

B.18
河北省环首都地区医养结合康养产业
创新发展的现实路径及对策建议

常思琳 李 茂*

摘 要： 做好环首都地区医养结合康养工作是落实京津冀协同发展、健康中国、积极应对人口老龄化三项国家战略的有力举措。本文在分析河北省环首都地区发展医养结合康养产业配套的交通、医疗、资源等现实基础上，发现仍存在优质医疗资源匮乏，各地对加快产业发展信心不足，土地、资金和政策等要素受到限制，省内缺乏更高层面的统筹谋划和错位思考等问题。本文提出了继续加大省级层面统筹力度、抓紧制定产业标准、推动扶持政策创新、加强与北京相关政策资源的衔接共享、加强配套设施建设等建议。

关键词： 环首都地区 医养结合康养产业 河北

　　"打造京畿福地、老有颐养的乐享河北"是河北省在党的二十大以后谋划的中国式现代化河北8个重点场景之一，也是河北省通过京津冀协同发展服务北京、发展自身的重要抓手。2023年3月14日，河北省人民政府发布了《加快建设京畿福地、老有颐养的乐享河北行动方案（2023—2027年）》（以下简称《方案》），这是落实积极应对人口老龄化国家战略的具体体现，是承接北京养老服务需求、疏解非首都功能的重要安排，也是满足老年人日益增长的多层次、多样化养老服务需求的重大举措，对于提高老年人生活品质、创

---

* 常思琳，河北省社会科学院省情研究所研究实习员，主要研究方向为社会治理与社会决策；李茂，博士，河北省社会科学院省情研究所研究员，主要研究方向为社会政策、乡村治理与劳动就业。

建老年友好型社会等都具有十分重要的意义。同时，《方案》提出，到2027年环京协同养老示范带形成规模效应，有效承接北京养老需求，康养产业实现集聚化、规模化、品牌化发展，打造一批百亿元级的产业集群。

本文聚焦环首都14个县（市、区），课题组成员通过实地走访、召开座谈会等形式收集第一手资料，针对如何更加精准对接北京养老市场需求、如何更加科学布局医养结合康养产业、如何更加有效破除阻碍河北和北京医养结合康养产业协同发展的政策壁垒等进行深入研究，提出对策建议，旨在促进河北省真正成为京津冀老人颐养天年、乐享养老之地。

一　环首都地区医养结合康养产业发展具备的现实基础

近年来，随着北京市老年人口总量持续增长，北京市老年人到河北"就近康养"的市场需求非常大。河北省环首都地区凭借得天独厚的康养资源、与北京软硬件的持续对接以及前期在医养结合康养产业方面的有益探索，已开发固安县来康郡、涿州市安享城和香河县大爱城等成熟的养老项目。同时，河北省自上而下对环首都地区发展医养结合康养产业的重视程度不断加深，正在加快推动"京畿福地，乐享河北"场景的实现。

（一）河北省环首都地区具备得天独厚的康养资源

在京津冀协同发展战略下，养老一体化已经成为三地共识，张承、太行山、燕山等环京津休闲旅游区的生态涵养、自然资源禀赋、成本优势和交通区位优势使河北省发展养老服务业具有得天独厚的条件。

河北省与北京接壤的县（市、区）有14个，其中廊坊市6个（广阳区、安次区、固安县、三河市、大厂回族自治县和香河县），张家口市3个（怀来县、赤城县和涿鹿县），保定市2个（涿州市和涞水县），承德市3个（丰宁满族自治县、滦平县和兴隆县）。上述14个县（市、区）范围内拥有丰富的人文自然资源，如溶洞、温泉、森林等康养资源，仅4A级以上旅游景区就有

16 个，其中滦平县的金山岭长城和涞水县的野三坡风景名胜区达到 5A 级（见表 1）。固安县和赤城县的温泉、香河县的运河、丰宁满族自治县的草原和森林、怀来县的葡萄酒、兴隆县的雾灵山等在北京都享有很高的知名度，使相关县（市、区）成为北京市民短途旅游和短期旅居的首选目的地，也是众多北京市老年人就近养老的首选区域。

表 1　环首都 14 县（市、区）4A 级及以上旅游景区

地市	县（市、区）	5A 级旅游景区	4A 级旅游景区
廊坊市	三河市	—	梦东方·未来世界景区
	香河县	—	金钥匙家居品牌 CBD 中信国安第一城
	大厂回族自治县	—	—
	固安县	—	—
	广阳区	—	金丰农科园
	安次区	—	—
张家口市	涿鹿县	—	中华三祖圣地黄帝城遗址文化旅游区
	赤城县	—	赤城温泉
	怀来县	—	黄龙山庄旅游区
承德市	丰宁满族自治县	—	京北第一草原风景名胜区 七彩森林景区 大汗行宫景区 马镇旅游度假区
	滦平县	金山岭长城	—
	兴隆县	—	兴隆山国家级自然保护区 兴隆溶洞
保定市	涿州市	—	—
	涞水县	野三坡风景名胜区	鱼谷洞景区

资料来源：河北省文化和旅游厅。

（二）河北省环首都地区与北京的交通、医疗对接已进入崭新阶段

在交通对接方面，随着京津冀协同发展的不断深化，截至 2022 年底，高铁已覆盖京津冀所有地级市，快速推进半小时、一小时城际交通圈建设，环首都 14 个县（市、区）到北京的公共交通线路已全部开通，北京大兴国

际机场很大一部分面积在廊坊市域内，而且北三县与北京的地铁线路不久将实现通车。调研发现，环首都 14 个县（市、区）中，除承德市丰宁满族自治县，其他 13 个县（市、区）到北京的自驾时间均不超过 1.5 小时，路况较好，通勤较为便利。

在医疗对接方面，自 2023 年 4 月 1 日起，京津冀参保人员在区域内定点医药机构就医、购药，无须办理异地就医备案手续，即可享受医保报销待遇，实现"一卡通行"，并且基本实现了检查检验结果互认、药品耗材联合集采、医保基金联合监管，北京的优质医疗资源为河北省环首都地区提供了卓有成效的帮扶，如北京儿童医院全面托管保定市儿童医院，张家口探索"同仁"模式，河北燕达医院与北京朝阳医院、天坛医院、首都儿研所、北京中医医院等开展深入合作并成功获批河北首家民营三甲综合医院等。以上软硬件对接的升级，为环首都地区发展医养结合康养产业提供了空间便捷转换和优质医疗资源共享的现实条件。

（三）河北省环首都地区在医养结合康养产业方面已进行有益探索

京津冀协同发展 10 年来，京津养老项目不断向河北省具备条件的地区延伸，河北省也以环首都 14 个县（市、区）为重点，着力布局医养、康养相结合的养老服务业。截至 2023 年 4 月，河北省环首都地区协同养老项目达 112 个，总投资 1336 亿元（见表 2），建成大型医养机构 82 家、医养结合机构 19 家[①]。固安县来康郡、涿州市安享城和香河县大爱城等成熟的养老项目吸引了一批京津地区的老年人。特别是三河市燕达金色年华健康养护中心，作为第一批京津冀养老工作协同发展试点单位之一，该养护中心率先落地北京市养老机构运营补贴，与毗邻的三甲综合医院河北燕达医院实现京冀医保互联互通，通过与北京朝阳医院、天坛医院、北京中医医院、北京协和医院等权威三甲医院的合作，提高整体诊疗水平，数十位北京知名专家及

---

① 《河北加快推进环京协同养老项目建设，截至 4 月底全省环京协同养老项目达到 112 个》，《河北日报》2023 年 6 月 3 日。

老中医长期坐诊，为入住长者提供医疗保障，截至 2023 年 12 月已吸引近 5000 名北京市老年人入住①，在环首都地区乃至全省形成了良好的示范带动作用，也探索了一条可供借鉴的环首都地区医养结合康养产业发展的成熟路径。

表2　截至 2023 年 4 月河北省环首都地区协同养老项目建设情况

单位：个，亿元

项目	项目数量	总投资额
前期项目	28	267
2023 年新开项目	23	183
续建项目	61	886
项目总计	112	1336

资料来源：《2022 年北京 60 岁及以上常住人口为 465.1 万人，增幅五年来最高》，"北京日报客户端"百家号，2023 年 6 月 29 日，https：//baijiahao. baidu. com/s？ id = 1770025520981868926&wfr = spider&for = pc。

（四）未来北京市老年人到河北省"就近康养"的市场需求非常大

近年来，北京市老年人口总量持续增长、占总人口的比重不断提升，人口老龄化程度进一步加深。2021 年，北京市 60 岁及以上常住人口占比首次突破 20%，北京市正式跨入中度老龄化社会；2022 年底，北京市 60 岁及以上人口为 465.1 万人，占总人口的 21.3%，比全国平均水平高出 1.5 个百分点，其中户籍老年人口约为 414 万人，占户籍总人口的 29.0%；65 岁及以上人口为 330.1 万人，占总人口的 15.1%；预计到 2035 年，北京市老年人口将超过 700 万人，人口老龄化水平将超过 30%，北京市将进入重度老龄化阶段。另外，截至 2023 年 5 月，北京市入住养老机构的老年人占户籍老年人口的比例不足 1%，普惠型养老服务供给不足、居家养老服务供给结构失衡、老年人"买不到""买不起"养老服务等问题仍比较突出，以目前北京本

---

① 《京津冀"跨城养老"走热 京津长者青睐河北》，河北新闻网，2023 年 12 月 31 日，https：//lf. hebnews. cn/2023－12／31/content_9122095. htm。

地资源来看，缺乏足够的空间，很难完全依靠自身力量解决养老问题①。

调查发现，在同类型养老服务价格上，北京市较三河、固安、香河等地要高出1.5~3倍，而且北京市有超过60%的65岁以上老人"渴望"或者"愿意"到医疗条件较好的河北省短期或长期养老。综合上述因素，河北省环首都地区发展医养结合康养产业以吸引北京市老年人就近养老的市场前景广阔。

（五）自上而下对河北省环首都地区发展医养结合康养产业的重视程度不断加深

自《京津冀养老工作协同发展合作协议（2016年—2020年）》和《河北省"大健康、新医疗"产业发展规划（2016—2020年）》出台以来，河北省就开始布局环京津健康养老产业圈，政策法规体系和服务体系不断健全，产业竞争力、技术水平、创新能力显著增强，养老服务能力大幅提升。《河北省康养产业发展"十四五"规划》也指出，"十四五"时期，河北省着力打造"一环引领、两极带动、三带集聚、多点支撑"的康养产业空间发展格局；到2025年，全省康养产业体系基本健全，产业规模不断扩大，服务能力显著提高，产业竞争力明显增强，产业品牌不断涌现，形成较为完整的康养产业链，打造一批功能齐全、设施完善的康养园区、基地和小镇，形成若干千亿元、百亿元级康养产业集群。

为适应人口老龄化发展态势，更好满足老年人日益增长的多层次、多样化养老服务需求，2023年3月14日，河北省人民政府发布《加快建设京畿福地、老有颐养的乐享河北行动方案（2023—2027年）》。2023年5月，习近平总书记到河北省调研时明确指出，要推进医联体建设，推动京津养老项目向河北具备条件的地区延伸布局②。这让全省上下对环首都地区发展医

---

① 《北京最新养老格局：99%老年人在家养老，机构养老不到1%》，京报网，2023年5月22日，https://news.bjd.com.cn/2023/05/22/10438678.shtml。

② 《河北深入推进京津冀医疗卫生协同发展》，"光明网"百家号，2024年1月8日，https://baijiahao.baidu.com/s? id=1787479612482994031&wfr=spider&for=pc。

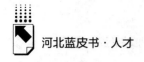

养结合康养产业重要性的认识进一步深化，省发改委于 2023 年 5 月 30 日在廊坊市大厂回族自治县举行了环首都协同养老项目现场推进会，各相关地级市和县（市、区）领导也纷纷到基层和康养服务机构调研、到北京同相关头部企业对接，怀来、固安等一些县（市、区）还制定出台了促进当地医养结合康养产业发展的政策措施，希望以此为抓手更好地融入京津冀协同发展大局，并借机帮助一些房企转型脱困，助力当地经济发展。

二 环首都地区医养结合康养产业发展面临的现实问题及原因分析

河北省环首都地区虽已具备良好的发展医养结合康养产业的现实基础，但调研中发现，河北省医养深度结合康养的养老机构非常有限，优质医疗资源缺失。部分地方对加快产业发展信心不足，缺乏更高层面的统筹谋划和错位思考。在建和目标转型项目配套设施不完善，且受制于土地、资金和政策等要素，项目推进受到制约。

（一）缺乏更高层面的统筹谋划和错位思考，产业发展带有盲目性

在省委、省政府的号召和推动下，河北省环首都地区推动医养结合康养产业发展在一定程度上呈现"争先恐后""一拥而上"的特征，但深入调研发现，各地普遍缺乏对医养结合康养产业概念、内涵与外延的深度理解，缺乏对河北省推动该项工作的重大意义及其背后深刻内涵的正确认识，缺乏结合自身实际对当地如何发展医养结合康养产业的深入思考与独特谋划，一些地方简单地把发展医养结合康养产业理解为提升传统养老服务机构的内部医护水平，还有些地方将文旅康养与医养结合康养混为一谈，把原有项目冠以医养结合康养之名，却并没有与之对应的内涵支撑。

目前省、市两级缺乏对环首都地区发展医养结合康养产业的整体性规划，也没有空间布局上的统一考虑，甚至没有明确地市级层面的重点发展方向，在很大程度上导致了各地发展的盲目性，而各地的盲目发展不仅造

成了模式趋同与特色缺失，还导致了各地对优质医疗资源等相关要素的过度竞争，在一定层面上造成了不小的资源浪费，错位发展不足。各县（市、区）自身项目没有鲜明特色，从长远和全局来看，不利于河北省环首都地区医养结合康养产业品牌的树立。

（二）河北省医养深度结合康养的养老机构非常有限，优质医疗资源缺失

河北省环首都地区依托优质医疗资源开展医养深度结合康养的养老机构非常有限，目前依托三甲以上医疗机构的仅有三河市燕达金色年华健康养护中心一家，未发现深度依托二甲以上医疗机构开展医养深度结合康养的养老机构，绝大多数养老机构处于医疗资源紧缺状态，拥有专业医疗服务的养老机构更是屈指可数。但是北京中高端养老服务消费者普遍要求养老机构具备优质医疗资源。随着京津冀协同发展的深入，北京医疗机构与河北省医疗机构开展了大量合作，基于医养结合康养视角，引导北京优质医疗资源进一步外延已受到现有资源要素存量的明显制约，当前环首都地区发展医养结合康养产业的核心短板是医疗资源短缺，特别是具备北京医疗机构背景、在北京市老年人中具有较高认可度的优质医疗资源缺失，这严重制约着河北省高品质医养结合康养机构的发展。

（三）养老产业的公益性质导致部分地方对加快该产业发展仍心存顾虑

鉴于纯粹的医养结合康养养老机构的准公益性质①，医疗机构和养老机构基本全部是民非组织，这一性质决定了其对当地财政和经济发展的贡献度必然处于偏低水平。调研发现，部分县（市、区）担心医养结合康养项目会挤占其他行业发展所需的土地指标等资源要素，影响当地招商引资效

---

① 准公益事业单位大多带有公益性质，为公共服务，但由于事业单位改制，也可以自己创收，但多半还是有财政资助的。

果和省、市两级的考核排名；有些县（市、区）则认为医养结合康养项目过多，从长远来看会影响当地财政收入状况和公共服务支出，得不偿失。来自基层的顾虑和担忧应引起足够重视，必须对某些观念进行纠偏，对某些政策进行科学调整，避免对"京畿福地，乐享河北"场景的打造进程造成不利影响。

（四）受制于土地、资金和政策等要素，项目推进不顺畅

目前，多数环首都县（市、区）存在用地指标紧张的情况，一些地方经济发展快、招商引资多、用地需求大，导致自身土地储备不足；张家口、承德两地的一些县（市、区）则受到建设首都水源涵养功能区和生态环境支撑区的限制，例如，承德市丰宁满族自治县县域内60%以上的土地被划在了生态红线以内，进行成片、成规模的土地开发利用非常困难。在地方财政相对紧张、工商业用地指标保障较为困难的情况下，公益性较为明显的医养结合康养项目的用地保障就显得更为困难，一些前景不错的项目因实际用地需求不能得到满足而无奈"搁浅"的情况屡见不鲜。因此，必须对融资政策进行调整，让一些仍有潜力和具备医养结合康养产业转型条件的项目获得融资支持。

（五）两地扶持政策衔接存在壁垒，在建和目标转型项目配套设施不完善

调研发现，目前北京市针对老年人出台的福利政策和针对养老机构出台的扶持政策很难与环首都地区为北京市老年人服务的养老机构共享，如唯一获得北京市养老机构运营补贴的三河市燕达金色年华健康养护中心，该中心60岁以上的北京市老年人免费注射疫苗必须去北京市的医疗防疫机构，因京冀老人的医保报销目录尚不完全一致。这不仅增加了当前省内部分医养结合康养产业服务机构的运行成本，还降低了北京市老年人到河北省养老的意愿，对投资预期起到了抑制作用。

三　推动河北省环首都地区医养结合康养产业创新发展的路径选择

针对河北省环首都地区的现实基础和产业发展存在的问题，应该从以下几个方面发力：加大省级层面统筹力度，指导产业错位发展；加强与北京相关政策资源的衔接共享，加快培育特色服务品牌；制定医养结合康养产业标准，依托行业协会强化行业发展管理；推动扶持政策创新，引导房地产企业转型发展；加强配套设施建设，提振潜在投资者意愿和北京市老年人入住的信心。

（一）加大省级层面统筹力度，指导产业错位发展

建议尽快组建河北省推动环首都地区医养结合康养产业发展领导小组，由省委、省政府主要领导任组长，省政府分管领导任副组长，发改、民政、卫健、财政、自然资源、人社等部门参与，统筹环首都各县（市、区）医养结合康养产业发展工作，以推动各地在相关产业发展中突出特色、合理布局，实现错位高质量发展。

在强化统筹的重点内容方面，一是将北京向外50公里、通勤1小时以内的环首都县（市、区）划定为医养结合康养产业发展先行示范区，包括廊坊北三县、固安、怀来、涿州等，在上述区域优先布局医养深度结合康养产业，制定政策引导首都的优质医疗资源重点向这一区域延伸，进而创造条件让该区域成为北京市老年人来冀养老的主要承接地。二是在距北京50~100公里的环首都地区布局若干医养结合康养产业发展特色县（市、区），重点针对北京市老年人的短期疗养和健康旅居需求，结合该范围内的温泉、森林等特色资源，鼓励和引导北京和河北省内的优质医疗资源向该区域延伸，打造该区域内医养结合康养产业各具特色、差异化发展并对北京市老年人吸引力不断增强的生动局面。三是省、市两级要深入研究如何延伸医养结合康养产业发展链条，根据各县（市、区）该产业发展实际情况和当地其

285

他产业发展特征，积极布局相关上下游行业、丰富行业内涵，提高该产业的整体附加值，提升该产业对当地经济发展和财政的贡献度，进而从根本上打消人们对发展医养结合康养产业的顾虑，推动产业快速健康发展。

（二）加强与北京相关政策资源的衔接共享，加快培育特色服务品牌

一是紧盯重点区域，以建设廊坊北三县与通州医疗卫生一体化示范区为切入点，优先承接北京疏解的医疗资源，为医养结合康养产业发展奠定基础。建议借助廊坊北三县与通州建设协同发展示范区的便利，按照规划一体化、建设一体化和使用一体化的方向，创新建立有利于廊坊北三县与通州医疗卫生一体化发展的政策体系，真正为医疗卫生资源的共建共享探索路径。同时要加大省级层面的政策支持力度，在项目、资金、用地等方面重点倾斜，指导采用机构托管、建立分院、合作建院、整体搬迁等深层次合作模式，切实引导一批北京医疗卫生资源向廊坊北三县疏解。

二是找准政策堵点，着力创新突破，为河北省的医养结合康养产业发展及北京市老年人入冀养老提供政策支撑。建议在医疗服务政策方面，按照"缩小差距，争取统一"的原则，重点针对起付标准、服务价格、医保用药目录、诊疗项目、医疗服务设施目录等两地差异进行政策创新，加强对接协调，突破原有制度障碍，加深政策协同层次。另外，要加紧制定京冀区域内医师多点执业的配套措施，尽快协调出台京冀两地流动医护人员职称衔接互认的具体办法，并针对京津派遣专家待遇和职称互认出台专门规定，增强三地医护人员流动的便利性，提升老人对环首都地区医疗服务的安心程度。同时需在争取北京养老运营补贴、疫苗跨省接种等细节上加强对接，以实际服务北京市老年人数量为依据，争取北京养老运营补贴和相关疫苗补助政策向河北省有关机构延伸，减少其运营成本，加大民间资本的投入力度。

三是建设与宣传并重，培树河北省环首都地区医养结合康养品牌，提升北京市老年人对环首都地区医养结合康养产业的知晓度与认可度。建议在加

快"京畿福地，乐享河北"场景建设的同时，从省、市、县三级政府层面加大对环首都地区医养结合康养产业的宣传力度，以京津老年人为重点投放对象，从深度医养、健康旅居、消夏避暑、运动健康等多个维度培树医养结合康养品牌，切实提升该区域内医养结合康养产业特色机构、特色项目、特色服务等的知名度。

（三）制定医养结合康养产业标准，依托行业协会强化行业发展管理

随着人民生活水平的提高，老年人养老更注重环境的舒适度及配套功能的完备性，缺乏发展标准可能会导致医养结合康养产业发展存在较大的不确定性，无法为老年人提供精细化服务。因此，建议由省级发改、卫健、民政等相关部门联合推动，组织北戴河生命健康、三河燕达、石家庄以岭等头部企业，参照国内外先进做法，尽快联合制定河北省医养结合康养产业标准，细化管理办法，包括产业的服务内容、服务标准等，对全省特别是环首都地区该产业发展进行有效规范，为有意投资或专项进入该行业的企业投资提供参考。在制定省级行业规范的基础上，建议发改、民政和卫健等部门积极推动在省、市、县三级成立"医养结合康养产业协会"，负责相关产业标准的落实，推动行业自律发展，并作为桥梁纽带充分发挥其在政企沟通、自然资源保护与价值挖掘、宣传培训、创新经营等方面的作用，推进全省医养结合康养产业规范化发展。

（四）推动扶持政策创新，引导房地产企业转型发展

鉴于河北省环首都地区部分地产项目停建、闲置、烂尾等现实情况，为了最大化利用闲置资产，为部分房企提供转型空间与机会，并加快该区域医养结合康养产业发展，建议由省发改委和省金融监管局牵头，组织国有金融机构加强与具备转型条件、拥有转型意愿且相关资产没有诉讼纠纷的房地产项目的对接，重点是在融资政策上加大创新力度，开辟一条可行的融资"输血"渠道，设计专属的金融产品，真正为这些企业脱困转型提供实质性

帮助，并在税收、人才、政策等方面给予扶持，进而打通这些企业的转型路径。为进一步推动医养结合康养产业发展，建议尽快就《加快建设京畿福地、老有颐养的乐享河北行动方案（2023—2027年）》制定配套支持性文件，同时组织成立环首都地区房地产项目转型医养结合康养产业评定专家组，对申请转型项目按照1A~5A的标准进行评定，确定标杆示范打造、重点扶持、针对性帮助、防范风险、禁止转型等扶持政策适用范畴，以实现分类指导、分类帮扶的目标，避免资源的浪费和潜在风险的扩大。

（五）加强配套设施建设，提振潜在投资者意愿和北京市老年人入住的信心

加大对河北省环首都地区医养结合康养项目的支持力度，完善在建和目标转型项目周边的配套设施，让投资者有信心、运营者能安心、消费者肯放心。逐步实现北京三甲医院配套背书、专业的CCRC养老运营团队运营、有央企项目背景3个条件，更有效地吸引北京优质老年客户的认可和入住。建议在环首都地区实施公共配套设施攻坚行动，重点完善在建的医养结合康养项目和具备转型条件的房地产项目周边的配套服务设施，省、市两级财政应对此类投资给予必要的融资、转移支付和债券等政策支持，从而切实减轻相关投资者负担，提振投资信心；积极对接央企和北京三甲医院，减少投资者与合作机构的担忧，真正为当地医养结合康养项目吸引优质资产、医疗资源和运营管理团队夯实基础。

参考文献

冯阳：《河北环京协同养老项目有序推进》，《河北日报》2023年7月25日。

赵杨：《北京市机构养老供给现状及环京布局》，《北京社会科学》2022年第9期。

胡宏伟、王静茹：《京津冀养老服务协同中的政府驱动治理研究——基于组织多重制度逻辑的视角》，《北京联合大学学报》（人文社会科学版）2022年第1期。

高鹏、杨翠迎：《我国医养结合服务模式实践逻辑与协同路径分析：基于"全国医

养结合典型案例"的扎根理论研究》，《兰州学刊》2022 年第 8 期。

李长远：《我国医养结合养老服务政策推进的基本经验与未来设想》，《宁夏社会科学》2022 年第 3 期。

李玉玲、胡宏伟：《京津冀养老服务协同发展研究——基于 SWOT 框架的分析》，《人口与发展》2019 年第 5 期。

刘晓静、张向军、谢秋实：《京津冀协同发展视域下河北省养老服务面临挑战及发展建议》，《河北大学学报》（哲学社会科学版）2019 年第 1 期。

王雯、张菲：《京津冀协同发展背景下北京老年人异地养老服务研究》，《经济与管理》2018 年第 6 期。

社会科学文献出版社

皮 书

智库成果出版与传播平台

❖ 皮书定义 ❖

皮书是对中国与世界发展状况和热点问题进行年度监测,以专业的角度、专家的视野和实证研究方法,针对某一领域或区域现状与发展态势展开分析和预测,具备前沿性、原创性、实证性、连续性、时效性等特点的公开出版物,由一系列权威研究报告组成。

❖ 皮书作者 ❖

皮书系列报告作者以国内外一流研究机构、知名高校等重点智库的研究人员为主,多为相关领域一流专家学者,他们的观点代表了当下学界对中国与世界的现实和未来最高水平的解读与分析。

❖ 皮书荣誉 ❖

皮书作为中国社会科学院基础理论研究与应用对策研究融合发展的代表性成果,不仅是哲学社会科学工作者服务中国特色社会主义现代化建设的重要成果,更是助力中国特色新型智库建设、构建中国特色哲学社会科学"三大体系"的重要平台。皮书系列先后被列入"十二五""十三五""十四五"时期国家重点出版物出版专项规划项目;自2013年起,重点皮书被列入中国社会科学院国家哲学社会科学创新工程项目。

皮书网

（网址：www.pishu.cn）

发布皮书研创资讯，传播皮书精彩内容
引领皮书出版潮流，打造皮书服务平台

栏目设置

◆ 关于皮书

何谓皮书、皮书分类、皮书大事记、
皮书荣誉、皮书出版第一人、皮书编辑部

◆ 最新资讯

通知公告、新闻动态、媒体聚焦、
网站专题、视频直播、下载专区

◆ 皮书研创

皮书规范、皮书出版、
皮书研究、研创团队

◆ 皮书评奖评价

指标体系、皮书评价、皮书评奖

所获荣誉

◆ 2008年、2011年、2014年，皮书网均
在全国新闻出版业网站荣誉评选中获得
"最具商业价值网站"称号；

◆ 2012年，获得"出版业网站百强"称号。

网库合一

2014年，皮书网与皮书数据库端口合
一，实现资源共享，搭建智库成果融合创
新平台。

皮书网

"皮书说"
微信公众号

权威报告·连续出版·独家资源

皮书数据库
ANNUAL REPORT(YEARBOOK)
DATABASE

分析解读当下中国发展变迁的高端智库平台

所获荣誉

- 2022年，入选技术赋能"新闻+"推荐案例
- 2020年，入选全国新闻出版深度融合发展创新案例
- 2019年，入选国家新闻出版署数字出版精品遴选推荐计划
- 2016年，入选"十三五"国家重点电子出版物出版规划骨干工程
- 2013年，荣获"中国出版政府奖·网络出版物奖"提名奖

皮书数据库

"社科数托邦"
微信公众号

成为用户

登录网址www.pishu.com.cn访问皮书数据库网站或下载皮书数据库APP，通过手机号码验证或邮箱验证即可成为皮书数据库用户。

用户福利

- 已注册用户购书后可免费获赠100元皮书数据库充值卡。刮开充值卡涂层获取充值密码，登录并进入"会员中心"—"在线充值"—"充值卡充值"，充值成功即可购买和查看数据库内容。
- 用户福利最终解释权归社会科学文献出版社所有。

社会科学文献出版社 皮书系列
SOCIAL SCIENCES ACADEMIC PRESS (CHINA)

卡号：474941262764
密码：

数据库服务热线：010-59367265
数据库服务QQ：2475522410
数据库服务邮箱：database@ssap.cn
图书销售热线：010-59367070/7028
图书服务QQ：1265056568
图书服务邮箱：duzhe@ssap.cn

中国社会发展数据库（下设 12 个专题子库）

　　紧扣人口、政治、外交、法律、教育、医疗卫生、资源环境等 12 个社会发展领域的前沿和热点，全面整合专业著作、智库报告、学术资讯、调研数据等类型资源，帮助用户追踪中国社会发展动态、研究社会发展战略与政策、了解社会热点问题、分析社会发展趋势。

中国经济发展数据库（下设 12 专题子库）

　　内容涵盖宏观经济、产业经济、工业经济、农业经济、财政金融、房地产经济、城市经济、商业贸易等 12 个重点经济领域，为把握经济运行态势、洞察经济发展规律、研判经济发展趋势、进行经济调控决策提供参考和依据。

中国行业发展数据库（下设 17 个专题子库）

　　以中国国民经济行业分类为依据，覆盖金融业、旅游业、交通运输业、能源矿产业、制造业等 100 多个行业，跟踪分析国民经济相关行业市场运行状况和政策导向，汇集行业发展前沿资讯，为投资、从业及各种经济决策提供理论支撑和实践指导。

中国区域发展数据库（下设 4 个专题子库）

　　对中国特定区域内的经济、社会、文化等领域现状与发展情况进行深度分析和预测，涉及省级行政区、城市群、城市、农村等不同维度，研究层级至县及县以下行政区，为学者研究地方经济社会宏观态势、经验模式、发展案例提供支撑，为地方政府决策提供参考。

中国文化传媒数据库（下设 18 个专题子库）

　　内容覆盖文化产业、新闻传播、电影娱乐、文学艺术、群众文化、图书情报等 18 个重点研究领域，聚焦文化传媒领域发展前沿、热点话题、行业实践，服务用户的教学科研、文化投资、企业规划等需要。

世界经济与国际关系数据库（下设 6 个专题子库）

　　整合世界经济、国际政治、世界文化与科技、全球性问题、国际组织与国际法、区域研究 6 大领域研究成果，对世界经济形势、国际形势进行连续性深度分析，对年度热点问题进行专题解读，为研判全球发展趋势提供事实和数据支持。

法律声明

"皮书系列"（含蓝皮书、绿皮书、黄皮书）之品牌由社会科学文献出版社最早使用并持续至今，现已被中国图书行业所熟知。"皮书系列"的相关商标已在国家商标管理部门商标局注册，包括但不限于 LOGO（▨）、皮书、Pishu、经济蓝皮书、社会蓝皮书等。"皮书系列"图书的注册商标专用权及封面设计、版式设计的著作权均为社会科学文献出版社所有。未经社会科学文献出版社书面授权许可，任何使用与"皮书系列"图书注册商标、封面设计、版式设计相同或者近似的文字、图形或其组合的行为均系侵权行为。

经作者授权，本书的专有出版权及信息网络传播权等为社会科学文献出版社享有。未经社会科学文献出版社书面授权许可，任何就本书内容的复制、发行或以数字形式进行网络传播的行为均系侵权行为。

社会科学文献出版社将通过法律途径追究上述侵权行为的法律责任，维护自身合法权益。

欢迎社会各界人士对侵犯社会科学文献出版社上述权利的侵权行为进行举报。电话：010-59367121，电子邮箱：fawubu@ssap.cn。

社会科学文献出版社